国家出版基金项目
NATIONAL PUBLICATION FOUNDATION

中国共产党
理论武装一百年丛书

# 马克思主义中国化一百年

MAKESI ZHUYI ZHONGGUOHUA YIBAI NIAN

中共广东省委宣传部 编

SPM
南方出版传媒
广东人民出版社
·广州·

图书在版编目（CIP）数据

马克思主义中国化一百年 / 中共广东省委宣传部编. —广州：广东人民出版社，2021.6（2021.9 重印）

（中国共产党理论武装一百年丛书）

ISBN 978-7-218-15071-0

Ⅰ. ①马… Ⅱ. ①中… Ⅲ. ①马克思主义—发展—研究—中国 Ⅳ. ①D61

中国版本图书馆 CIP 数据核字（2021）第 104539 号

MAKESI ZHUYI ZHONGGUOHUA YIBAI NIAN

马克思主义中国化一百年

中共广东省委宣传部　编

出 版 人：肖风华

出版统筹：钟永宁　卢雪华
责任编辑：曾玉寒　廖智聪
责任校对：梁敏岚　林　俏
封面设计：河马设计
版式设计：书窗设计工作室
责任技编：吴彦斌　周星奎

出版发行：广东人民出版社
地　　址：广州市海珠区新港西路 204 号 2 号楼（邮政编码：510300）
电　　话：（020）85716809（总编室）
传　　真：（020）85716872
网　　址：http://www.gdpph.com
印　　刷：广州市浩诚印刷有限公司
开　　本：787mm×1092mm　1/16
印　　张：22.75　字　数：300 千
版　　次：2021 年 6 月第 1 版
印　　次：2021 年 9 月第 2 次印刷
定　　价：80.00 元

中国共产党理论武装一百年丛书

# 编委会

主　任：李　斌

副主任：陈金龙

委　员：（以姓氏笔画为序）

李　丹　　杨　亮　　连黎斌

张　浩　　张应祥　　张承良

张鹏辉　　林进平　　罗嗣亮

黄学胜　　崔凤国　　舒建华

曾　荣　　谢迪斌　　蓝　强

魏安雄

# 《马克思主义中国化一百年》
# 编撰人员

## - 主　编 -
陈金龙

## - 著　者 -
陈金龙　　张鹏辉

杨　亮　李　丹

# 前　言

　　思想是行动的先导，理论是实践的指南。坚持以科学理论引领、用科学理论武装，是马克思主义政党永葆先进性纯洁性的根本保证，也是中国共产党历经百年风雨依然风华正茂的重要法宝。一百年来，我们党之所以能历经磨难而不断发展壮大，很重要的一条就是始终重视思想建党、理论强党，用党的科学理论为中国革命、建设、改革提供强大思想武器，坚持用科学理论武装广大党员、干部的头脑，使全党始终保持统一的思想、坚定的意志、强大的战斗力，在攻坚克难中从胜利走向胜利。

　　我们党的历史，是一部不断推进理论创新、进行理论创造的历史，是一部不断推进马克思主义中国化、时代化、大众化的历史。一百年来，我们党不断推进马克思主义中国化。自诞生之日起，我们党就把马克思主义确立为自己的指导思想，坚持把马克思主义基本原理同中国具体实际相结合，坚持解放思想和实事求是相统一、培元固本和守正创新相统一，产生了毛泽东思想、邓小平理论、"三个代表"重要思想、科学发展观，产生了习近平新时代中国特色社会主义思想，指引近代以来久经磨难的中华民族实现了从站起来、富起来到强起来的伟大飞跃。一百年来，我们党不断推进马克思主义时代化。肩负不断开辟马克思主义新境界这一神圣职责，我们党坚持用马克思主义观察时代、解读时代、引领时代，立足时代之基，回答时代之问，引领时代之变，不断探索时代发展提出的新课题、面临的新挑战，形成了既一脉相承又与时俱进的科学理论体系。一百年来，我们党不断推进马克思主义大众化。时刻牢记"人民群众是历史的创造者"，促进"理论掌握群众"向"群众掌握理论"转化，我们党始终把组织群众、宣传群众、凝聚群众、服务群众作为重要职责，注重用人民群众普遍接受的方式宣传马克思主义，使马克思主义为人民群众所理解和接受、认同和信仰、掌握和运用，让科学理论在掌握群众的过程中不断转化为群众认识世界、把握规律、追求真理、改造世界的强大力量。

党的十八大以来，以习近平同志为主要代表的中国共产党人，坚持马克思主义立场观点方法，根据时代特点和实践要求，以崭新的思想内容丰富和发展了马克思主义，创立了习近平新时代中国特色社会主义思想。这一思想，是新时代中国共产党的思想旗帜，是国家政治生活和社会生活的根本指针，是引领中国、影响世界的当代中国马克思主义、21世纪马克思主义。站在"两个一百年"的历史交汇点上，统筹中华民族伟大复兴战略全局和世界百年未有之大变局，更好推进全面建设社会主义现代化国家、向第二个百年奋斗目标进军，必须始终坚持马克思主义指导地位，持续抓好理论武装工作，用习近平新时代中国特色社会主义思想统一思想、统一意志、统一行动。要坚持马克思主义立场观点方法，坚持唯物史观，教育引导广大干部群众从深层次上掌握党的创新理论的精髓要义，不断提高政治判断力、政治领悟力、政治执行力，切实把增强"四个意识"、坚定"四个自信"、做到"两个维护"落实到行动上。要坚持推进实践基础上的理论创新，加强对改革开放和社会主义现代化建设实践经验的系统总结，深化对重大理论和现实问题的研究，提炼出有学理性的新理论，概括出有规律性的新实践，为丰富和发展党的创新理论作出新的贡献。要坚持推进理论宣传普及，努力构建接地气有生气、富有吸引力感染力的大众话语体系，广泛组织开展分众化、对象化、互动化理论宣讲，用丰富多样、有时代气息的形式载体进行宣传普及，架起科学理论通向人民群众的桥梁，推动习近平新时代中国特色社会主义思想"飞入寻常百姓家"。

在中国共产党百年华诞之际，由中共广东省委宣传部组织省内部分高校和省委党校专家学者历时两年时间编撰的《中国共产党理论武装一百年丛书》得以公开出版。这套丛书由《马克思主义中国化一百年》《马克思主义时代化一百年》《马克思主义大众化一百年》和《马克思主义在广东传播一百年》4部专著组成，系统回顾和总结了我们党一百年来推动马克思主义中国化、时代化、大众化的伟大历程、生动实践和宝贵经验，以及广东在这一历程中的重要地位和特殊贡献，为广大干部群众了解我们党开展理论武装工作的历史提供了一套简明、生动、系统的著作，值得广大干部群众认真阅读、学习。希望这套丛书能够帮助广大干部群众更好地感悟马克思主义的真理力量和实践伟力，特别是结合党的十八大以来党和国家事业取得历史性成就、发生历史性变革的进程，深刻学习掌握新时代党的创新理论，坚持不懈用习近平新时代中国特色社会主义思想武装头脑、指导实践、推动工作。

中共广东省委宣传部

2021 年 5 月

# 目　录

# 第一章

## 马克思主义中国化的总体阐释

马克思主义产生于 19 世纪的西方，既源于那个时代，又超越了那个时代；既是那个时代精神的精华，又是整个人类思想的精华。用马克思主义来指导中国革命、建设、改革实践，既是中国国情、时代特点的需要，也是马克思主义发展的内在要求。1938 年 10 月，毛泽东在党的六届六中全会《论新阶段》的报告中指出："马克思主义的中国化，使之在其每一表现中带着中国的特性，即是说，按照中国的特点去应用它，成为全党亟待了解并亟须解决的问题。"① 这里既提出了马克思主义中国化的概念，

① 毛泽东：《论新阶段》，《解放》第 57 期（1938 年 11 月 25日），第 37 页。

也提出了马克思主义中国化的任务。马克思主义中国化是贯穿中国共产党百年历史发展的脉络，是中国共产党百年历史发展的重要航标。

# 一、何为马克思主义

马克思主义，从狭义来说，是指由马克思、恩格斯的基本观点和学说组成的科学理论体系；从广义来说，是指由马克思、恩格斯创立，由列宁推进到新阶段，并由毛泽东、邓小平、江泽民、胡锦涛、习近平等为代表的中国共产党人加以中国化和与时俱进、持续发展而形成的科学理论体系。

## （一）马克思主义的创立、形成与发展

马克思主义作为认识世界、改造世界的科学世界观和方法论，是自己所处时代的产物。历史的发展提出了创立科学理论的迫切要求，同时也为马克思、恩格斯完成这一任务提供了充分的客观条件。我们只有从马克思主义形成的时代出发，才能正确理解它在人类认识史上所实现的伟大变革及其精神实质，才能正确说明它与前人思想成果之间的批判继承关系，才能正确把握它对人类解放、社会发展的指导意义。

### 1. 马克思主义产生的历史条件

任何一种新的思想和理论，都只能是一定时代社会生活的反映，是一定时代社会发展的客观要求。马克思、恩格斯在《德意志意识形态》一书中指出："一切划时代的体系的真正的内容都是由于产生这些体系的那个时期的需要而形成起来的。"[①] 正是由于时代诉求与时代需要，促进了马克思主义的诞生；正是由于时代发展与

---

① 《马克思恩格斯全集》第3卷，人民出版社1960年版，第544页。

时代变革，引发了马克思主义的变革与演进。马克思主义创立和形成于 19 世纪 40 年代。从 18 世纪 60 年代到 19 世纪 40 年代，在英国、法国和德国等西方资本主义国家先后发生了以蒸汽机为标志的工业革命，逐步实现了资本主义工业化。资本主义的新发展为马克思主义的创立和形成提供了经济、政治、思想和科学等方面的基本条件。

首先，欧洲资本主义大工业的迅速发展为马克思主义的创立和形成提供了经济条件。随着工业革命的实现，资本主义机器大工业取代了工场手工业和分散的小生产，科学技术在生产中得以广泛应用，人类的实践活动（首先是物质生产活动）在深度和广度上都达到了前所未有的水平。社会生产力的巨大发展，使社会物质生产方式、社会政治生活和精神生活发生了深刻变化。物质生产在社会生活中的支配作用日益充分地显示出来，构成社会形态诸要素之间的相互关系日益明朗，阶级斗争、政治生活与经济关系、物质生产之间的联系更加鲜明地展示出来，这就为人们科学地揭示社会形态的物质基础及其发展、变革的动力提供了可能。资本主义社会化大生产的发展，迅速地开拓和扩大了世界市场。各个国家和地区之间在经济、政治与思想文化方面的彼此往来与相互依赖，使人们有可能对不同国家、不同民族的社会历史进行比较研究，发现其中共同的普遍性的东西，从而为正确揭示历史发展的客观规律提供了现实条件。

其次，工人运动的兴起为马克思主义创立和形成奠定了阶级基础。随着工业革命的开展和资本主义生产方式的发展，工人的处境不但没有改善，反而更加恶化，工人阶级争取经济利益的斗争往往遭到维护资产阶级利益的国家政权的暴力镇压。工人从斗争的实践中逐渐认识到，要想从根本上改善自己的处境，就必须改变政治上的无权地位。19 世纪 30—40 年代，欧洲三大工人运动兴起，表明工人运动已经从经济斗争发展到独立的政治斗争。1831 年、1834 年法国里昂工人的两次起义，1836 年开始的英国宪章运动和 1844 年德国西里西亚工人起义，与以往工人斗争相比最大的不同是，工人阶级不再是资产阶级反封建斗争的追随者，而是为了自己的政治权利和经济利益去进行独立的斗争，并把矛头指向资本主义制度。这些斗争表明无产阶级已经觉醒，并作为一支独立的政治力量登上历史舞台。独立工人运动兴起，其斗争实践使越来越多的人感到无产阶级革命斗争迫切需要科学理论指导，同时又为科学理论的创立提供了必要条件——阶级基础。马克思、恩格斯正是适应无产阶级革命斗争的需要，站在时代前列，通过参加现实斗争和艰苦的理论研究，系统地总结了无产阶级革命斗争的实践经验，批判地吸取了人类认识史上的优秀成果，创立了作为无产阶级世界观和方法论的马克思主义。

再次，自然科学的发展和 19 世纪初西欧社会科学优秀成果为马克思主义的形成提供了思想条件。马克思主义不但深深植根于资本主义社会的物质、经济事实之中，而且它和任何一种新的学说一样，也必然要从前人优秀的思想材料中汲取营养。19 世纪，能量守恒与转化定律、细胞学说和生物进化论三大科学发现的问世，以及生理学、胚胎学与地质学等学科的发展，深刻地揭示了自然界的物质统一性及过程的辩证本质。科学发展对自然规律的揭示，为马克思主义的形成提供了自然科学依据。在社会科学方面，德国古典哲学、英国古典政治经济学和法国空想社会主义是马克思主义的重要思想来源。马克思、恩格斯在对上述优秀思想成果加以吸收和改造的基础上，创立了自己的新理论。

2. 马克思主义创立、形成与发展的基本过程

马克思主义从孕育到形成经历了一个过程,并随着实践的发展而发展。

马克思主义的孕育和准备阶段:从 1844 年到 1847 年《哲学的贫困》发表。1844 年前后,马克思、恩格斯在政治立场上实现了由革命民主主义者向共产主义者的转变,在世界观上实现了由唯心主义向唯物主义的转变,并开始全面创立科学理论的工作。马克思、恩格斯在 1844—1846 年,合作写出《神圣家族》《德意志意识形态》两部论战性的著作,既是对论敌的唯心主义体系和机械唯物主义观点在社会历史观中的表现的清算,也是对自己思想的清理和总结。由此,马克思主义唯物史观开始形成。马克思在 1845 年春天写出《关于费尔巴哈的提纲》,多年后恩格斯称它是"包含着新世界观的天才萌芽的第一个文献"①。1847 年,马克思写出《哲学的贫困》,列宁称它是第一部成熟的马克思主义著作。在这些著作中,马克思主义的基本思想得到初步表述,为马克思主义正式形成奠定了基础。

马克思主义的正式形成阶段:从 1848 年《共产党宣言》问世到 1871 年法国巴黎公社革命(下称"巴黎公社")。在创立科学理论的同时,马克思、恩格斯还积极指导无产阶级政党的组建工作。1847 年,他们出席在伦敦召开的共产主义者同盟代表大会,并受大会委托起草同盟纲领。马克思、恩格斯为大会起草的纲领《共产党宣言》于 1848 年 2 月发表,这是国际共产主义运动第一个纲领性文件,成为马克思主义诞生的标志。《共产党宣言》发表之后不久,欧洲爆发了 1848 年资产阶级民主革命,这场革命由于资产阶级在强

① 《马克思恩格斯文集》第 4 卷,人民出版社 2009 年版,第 266 页。

大的工人运动面前向封建势力妥协而终告失败。马克思、恩格斯及时总结了 1848 年欧洲革命的经验，写下《1848 年至 1850 年的法兰西阶级斗争》《德国的革命和反革命》《路易·波拿巴的雾月十八日》等著作，提出了"不断革命论""农民是无产阶级的天然同盟军""必须打碎资产阶级国家机器"等一系列新原理，从而丰富和发展了无产阶级革命和无产阶级专政理论。

从 19 世纪 50 年代开始，马克思把研究的重点转向经济学领域。他用了 20 年时间，阅读大量文献资料，写出无数笔记，其中主要是两部手稿和两本著作，即《1857—1858 年经济学手稿》《1861—1863 年经济学手稿》以及 1859 年发表的《政治经济学批判》第一分册、1867 年出版的《资本论》第一卷。《资本论》的问世标志着马克思最终完成了关于剩余价值的理论，解开了资本剥削雇佣劳动的历史之谜，揭示了资本主义经济运动的内在动力与深刻矛盾。

1871 年，在普法战争的背景下爆发了法国巴黎公社革命。巴黎工人通过武装起义建立了世界历史上第一个无产阶级政权，但仅存 72 天便宣告失败。为了总结巴黎公社的历史经验和痛斥资产阶级对其的诽谤与诬蔑，马克思在 1871 年 5 月 30 日为第一国际总委员会所写的《法兰西内战》一书中，深刻阐明了巴黎公社的实质和意义，从理论上概括了巴黎公社的经验，阐明了对于国际共产主义运动具有普遍意义的革命原则，进一步丰富了无产阶级革命和无产阶级专政理论。

马克思主义理论体系建构完成阶段：从 1871 年巴黎公社失败到 1883 年马克思逝世。19 世纪 70 年代以后，欧美地区在民族国家范围内建立了社会主义政党，马克思、恩格斯极其关注各国党的建设。1875 年，马克思针对《德国工人党纲领草案》，用党内通讯的形式写出了《哥达纲领批判》。这部著作系统驳斥了纲领草案中的拉萨尔机会主义观点，明确提出过渡时期理论，科学区分共产主义社会发展的两个阶段，并规定两个阶段的分配原则，形成了马克思主义关于未来社会形态的理论。

在马克思的支持下，恩格斯于1876年5月至1878年7月写出《反杜林论》。它在批判杜林、捍卫党的理论基础与澄清思想混乱的斗争中，系统阐述了马克思主义的三个组成部分——哲学、政治经济学和科学社会主义的基本原理，是一部马克思主义的百科全书。列宁曾经指出，它如同《共产党宣言》一样，是一部"每个觉悟工人必读的书籍"[1]。《反杜林论》的问世，标志着马克思主义科学体系的最终形成。1879年，法国工人党在建党过程中，请恩格斯写一本读物，以帮助法国工人党的党员掌握科学社会主义。恩格斯把《反杜林论》中的部分内容加以改写成为独立的著作《社会主义从空想到科学的发展》，于1880年在法国发表。这部著作在分析资本主义矛盾的基础上，进一步论述了社会主义代替资本主义的历史必然性，并在分析资本主义的发展趋势时，对未来社会的基本特征作出科学预测。

为了用自然科学的新成就丰富马克思主义，批判自然科学中各种唯心主义、形而上学思潮及其对马克思主义的攻击，恩格斯从1873年开始，历经十余年，撰写了《自然辩证法》，对19世纪中叶自然科学的最新成果从哲学上进行了概括，进一步论证和发展了唯物辩证法。同一时期，马克思、恩格斯还广泛研究社会科学的若干重大问题。马克思写出《人类学笔记》和《历史学笔记》，提出著名的东方社会理论。

恩格斯对马克思主义的捍卫与发展阶段：从马克思逝世到1895

---

[1] 《列宁全集》第23卷，人民出版社1990年版，第42页。

年恩格斯逝世。1883 年 3 月 14 日马克思逝世后，恩格斯花了大量时间和精力，整理、编辑和出版《资本论》第二、三卷。在这一过程中，他对马克思的劳动价值论作了重要补充，对资本主义从自由竞争阶段向垄断阶段的发展作了科学分析。恩格斯在整理马克思的遗稿时，发现马克思对摩尔根《古代社会》一书所作的摘要，在此基础上，恩格斯写出《家庭、私有制和国家的起源》，于 1884 年 10 月在瑞士苏黎世出版。这部著作集中研究了人类早期社会发展的历史，探讨了家庭、私有制产生和发展的规律，揭示了作为阶级统治工具的国家的起源和本质，创造性地发展了"两种生产"理论，即"生活资料的生产"和"人自身的生产"。这部著作是历史唯物主义乃至整个马克思主义理论体系发展进程中的光辉篇章，对人类学、民族学、考古学、社会学、历史学、政治学等学科都有直接指导意义。

1886 年，恩格斯撰写和发表《路德维希·费尔巴哈和德国古典哲学的终结》，科学地总结了马克思主义哲学产生和发展的过程，全面阐明了马克思主义哲学与德国古典哲学的关系，明确把思维和存在的关系问题概括为哲学的基本问题，系统论述了历史唯物主义的基本原理。这部著作是对马克思《关于费尔巴哈的提纲》的进一步深化和拓展。

恩格斯晚年在一系列书信中，批判了资产阶级学者和德国党内"青年派"把历史唯物主义庸俗化的错误做法，阐明了唯物史观的根本性质。他在强调经济基础决定作用的前提下，论述了上层建筑诸因素的相互影响及其对经济基础的反作用，说明历史唯物主义是研究社会的科学方法论，从而捍卫和发展了历史唯物主义。[1]

---

[1] 参见于炳贵主编：《马克思列宁主义基本问题》，人民出版社 2002 年版，第4—7 页。

马克思、恩格斯留下的著作和思想，是全世界工人阶级和广大人民宝贵的精神财富。马克思在世的时候，他们把自己的学说称为"新理论"，也叫"科学社会主义"。马克思逝世后，其学说才被正式命名为"马克思主义"。

19世纪末20世纪初，世界历史进入帝国主义阶段，垄断使资本主义的基本矛盾进一步激化，无产阶级革命成为直接的实践问题。列宁深入研究了这一时代特点，从资本主义政治经济发展不平衡的规律出发，提出社会主义革命可以在一国或几个国家首先取得胜利的科学论断，并在实践中成功建立起第一个社会主义国家，把马克思主义推进到一个新的发展阶段——列宁主义阶段。

## （二）马克思主义的理论体系和理论品质

20世纪即将结束的时候，英国广播公司在全球范围举行过一次"千年思想家"网上评选活动。结果，马克思位居爱因斯坦、牛顿、达尔文、康德、尼采等人之前，高居榜首。人类过去的千年，是波澜壮阔的千年，是造就历史巨人的千年。在灿若繁星的思想大师之中，马克思为什么能够独占鳌头？习近平总书记在纪念马克思诞辰200周年大会上的讲话指出："马克思给我们留下的最有价值、最具影响力的精神财富，就是以他名字命名的科学理论——马克思主义。这一理论犹如壮丽的日出，照亮了人类探索历史规律和寻求自身解放的道路。"① 马克思主义的理论价值和理论魅力，来源于它的理论体系和理论品质。

### 1. 马克思主义的理论体系

马克思主义是一个博大精深的科学体系。其中，唯物史观和剩

---

① 《十九大以来重要文献选编》上，中央文献出版社2019年版，第423页。

余价值学说是马克思的两大发现，在这两大发现的基础上，实现了社会主义从空想到科学的发展。因此，马克思主义有三个基本的组成部分，即马克思主义哲学、政治经济学和科学社会主义，每一个组成部分都有自己特定的研究对象和相对独立的科学体系。

马克思主义哲学即辩证唯物主义和历史唯物主义，是关于自然、社会、思维一般规律的科学，是无产阶级及其政党的科学世界观和方法论，是整个马克思主义理论体系的基础。它从思维和存在的相互关系这个哲学的基本问题出发，构建自己的体系框架，主要研究了世界的物质统一性、世界的联系和发展的一般规律、社会历史发展的特殊性及其客观规律性、人对外部世界的认识和实践、人的自由发展与人的个性解放等问题。马克思主义哲学是彻底的唯物主义，并把唯物论和辩证法结合起来，把自然观和历史观结合起来，把理论和实践结合起来，是崭新的科学的世界观。

政治经济学是研究资本主义生产关系和经济运动规律的科学，是马克思主义理论论证的中心环节。它运用从个别上升到一般和一分为二的方法，对资本主义的发生、发展和灭亡作了最全面、最详细、最深刻的理论论证，因而是"马克思主义的主要内容"。它首次把生产关系从社会关系中划分出来并将其作为自己的研究对象，在全面深入研究资本主义生产关系时，从分析商品入手，对商品、货币、资本和剩余价值作了深刻分析，揭示了商品经济运行的一些基本规律，发现了劳动价值理论，进而创立了剩余价值学说。剩余价值学说解开了资本剥削雇佣劳动的历史之谜，揭示了资本主义经济运动的内在动力与深刻矛盾，论证了资本主义社会发展的历史趋势。

科学社会主义是关于无产阶级解放运动的性质、进程、条件以及人类社会发展规律的学说，是马克思主义的归宿和落脚点。它把无产阶级看作先进生产力的代表者、资本主义制度的掘墓人与新社会制度的创造者，从而对无产阶级的社会地位和历史使命有了科学认识；它从分析资本主义的经济结构、阶级关系与社会基本矛盾运动入手，说明了社会主义取代资本主义的历史必然性；它指明了无产阶级解放事业的正确道路，即在科学理论的指导下，在无产阶级政党的领导下，把工人阶级组织起来，把经济斗争、政治斗争与思想斗争结合起来，通过无产阶级革命和无产阶级专政，推翻资本主义制度，走向社会主义。科学社会主义的创立，使社会主义由空想变成科学。

马克思主义的三个组成部分虽然各有不同内容和作用，但它们之间构成了一个相互联系、相互依存的有机整体。其中，科学社会主义是它的核心，哲学和政治经济学是它的理论基础，而哲学又是其基础的基础。从哲学方面看，马克思主义哲学为政治经济学和科学社会主义提供了一般世界观和方法论的原则，提供了揭示社会历史奥秘的钥匙。从政治经济学方面看，唯物史观的许多重要范畴（如生产力、生产关系等）和一些基本原理，都要借助经济学的研究和论证；科学社会主义的基本理论既以对社会历史规律的科学揭示为基础，即以唯物史观为基础，也以对资本主义生产关系的剖析为前提，即以剩余价值学说为理论支柱。从科学社会主义方面看，关于无产阶级解放斗争的性质、目的和条件的学说，既使马克思主义哲学真正变成了改造世界的哲学，也使政治经济学的理论意义与实践价值得到提升。可以说，马克思主义的三个组成部分既各有侧重、相对独立，又相互依存、互为条件，马克思主义是一个完整、不可分割的科学体系。[①]

---

[①] 参见于炳贵主编：《马克思列宁主义基本问题》，人民出版社2002年版，第7—9页。

列宁在 20 世纪新的历史条件下，把马克思主义基本原理与俄国的具体实践和时代特征相结合，科学地回答了一系列新课题，在无产阶级政党、无产阶级革命、无产阶级专政、民族殖民地、帝国主义的历史地位、过渡时期和社会主义建设等问题上，提出了许多新观点、新论断，从而极大地丰富和发展了马克思主义。

### 2. 马克思主义的理论品质

马克思主义自诞生以来，之所以能永葆生机和活力，根本原因在于它具有科学性、人民性、实践性、开放性的理论品质。

科学性。马克思主义就其本性或本质而言，它首先是一种科学，是一个从客观实际中抽象出来，又在客观实际中得到证明的严整科学体系。马克思、恩格斯多次指出，他们的理论——辩证唯物主义和历史唯物主义都来自对客观世界的实际研究，而不是他们的想象或用某种现成公式去套现而得出的结论。作为科学的理论体系，马克思主义遵循实事求是的认识原则，强调从客观实际出发。既然客观实际是不断变化的，马克思主义就必然随着客观实际的变化而发展，而不可能一成不变、故步自封，否则，即使是科学的理论也会变成非科学的教条。同时，马克思主义的科学性植根于科学技术发展的沃土之中，必然伴随科学技术的发展而发展。回顾马克思主义诞生以来的历史，我们不难看出，科学技术的发展和马克思主义的与时俱进相伴相随，近代以来，科学技术的每一次重大革命都有力地推动了马克思主义的发展，马克思主义的发展又为科学技术的新发现拓展了空间。

人民性。马克思主义博大精深，其主旨在于谋求人类解放和发展。在人类思想史上，马克思主义第一次站在人民的立场上，探求人类自由解放的道路，为建立人类理想社会指明了方向。马克思主义通过考察历史规律，揭示了人民群众是历史的真正创造者，是推动社会进步的决定性力量。马克思指出："历史活动是群众的活动，随着历史活动的深入，必将是群众队伍的扩大。"① 马克思主义之所以具有超越国度、超越时代的理论魅力，就在于它植根于人民之中，指明了依靠人民推动历史前进的道路。

实践性。马克思主义是一种实践的理论，不断地实践是马克思主义获得新的内容、新的生命力的源泉。马克思主义不是经院哲学、书斋理论，其目的在于指导实践、改造世界。马克思、恩格斯常说，他们的学说不是教条，而是行动的指南，是"活的行动理论，即同工人阶级在其每个可能的发展阶段一道工作的理论"，而不是"一堆应当熟记和背诵的教条，像魔术师的咒语或天主教的祷词一样"。② 实践推动理论发展，理论又指导实践深入，理论和实践之间的相互作用、相互促进，既带来了马克思主义理论的不断成熟，也带来了实践的不断深化和成功。马克思主义之所以是发展的科学，从根本上来说是由其实践品格所决定的，实践使马克思主义不断丰富和完善。

开放性。马克思主义是一种开放的思想体系，它是在吸收和改造几千年来人类思想和文化发展中一切有价值成果的基础上形成的。同时，随着人类对自然、社会历史和人的思维本身认识的不断深化，随着新的观念、思想的形成，马克思主义为保持其先进性，也必然要借鉴和吸收这些新的文明成果。列宁深刻指出："哲学史和社会科学史都十分清楚地表明：马克思主义同'宗派主义'毫无相似之处，它绝不是离开世界文明发展大道而产生的一种故步自

---

① 《马克思恩格斯文集》第 1 卷，人民出版社 2009 年版，第 287 页。
② 《马克思恩格斯全集》第 38 卷，人民出版社 1972 年版，第 93—94 页。

封、僵化不变的学说。"① 作为开放的体系，马克思主义在世界上第一次全面突破了思想文化中的"地域性思维方式"，开创了一种世界性的思维方式，并把它作为马克思主义世界观的重要组成部分。《共产党宣言》揭示了世界的整体性，《资本论》阐发了生产的国际性。这种思维方式始终保持开放，尤其是面向思想和文化领域的开放。而借鉴和吸收这些新的文明成果的过程，既是丰富和发展马克思主义的过程，也是马克思主义新生形态的形成过程。

可以说，马克思主义自身所蕴含的理论品质、理论个性，使马克思主义存在一种与时俱进的内在自觉和内在要求，使马克思主义具备自我发展、自我超越、自我更新的动力机制。

# 二、马克思主义中国化的动因

所谓马克思主义中国化，就是把马克思主义基本原理与中国具体实际、时代特征结合起来，形成中国化的马克思主义。马克思主义中国化既包含表达方式、话语方式的改变，也包含话语内容的丰富和发展。马克思主义中国化是由多方面因素促成的，是多种力量综合作用的结果。

## （一）马克思主义发展的内在要求

马克思主义揭示了人类社会发展的一般规律，对全世界无产阶级和革命人民具有普遍指导意义。但由于各个国家、各个民族的实际情况和历史条件不同，马克思主义没有也不可能指明每一个民族

---

① 《列宁全集》第23卷，人民出版社1990年版，第41页。

的具体发展道路。列宁指出，马克思主义理论"所提供的只是总的指导原理，而这些原理的应用具体地说，在英国不同于法国，在法国不同于德国，在德国又不同于俄国"①。这就是说，马克思主义的实际运用必须随时随地以具体历史条件为转移，与一定历史阶段的历史任务、一定国家和民族的具体情况相结合。近代中国是半殖民地半封建社会，资本主义尚未得到充分发展，既不同于欧美各国，也不同于俄国。因此，只有把马克思主义同中国的具体实际相结合，实现马克思主义的中国化，才能解决中国实践提出的新任务和新问题，促进马克思主义自身的丰富和发展，赋予马克思主义生机与活力。

## （二）中国社会发展的现实需要

近代以来，有识之士在探索国家民族出路时，之所以误入歧途，一个重要原因在于缺乏先进的理论指导。随着西学东渐和中国近代文化变革浪潮的兴起，中国传统文化的局限性日渐暴露出来，而五四运动以前，先进知识分子引进的西学虽然同中国传统文化进行了较量，但只打上几个回合，也就偃旗息鼓，宣告退却。正如瞿秋白在《东方文化与世界革命》一文中所言，东方文化"已不能适应经济的发达，所以是东方民族之社会进步的障碍"；而西方文化"既成资产阶级的独裁制，为人类文化进步之巨魔，所以也成了苟延残喘的废物"。②两种文化都不可取，人们期待并呼唤既能克服两种文化弊端又兼有两种文化特质的新文化。这种新文化，既要立足中华优秀传统文化的根基，又要融汇西方优秀文化成果的精华；既

---

① 《列宁全集》第 4 卷，人民出版社 2013 年版，第 161 页。
② 《瞿秋白文集（政治理论编）》第 2 卷，人民出版社 2013 年版，第 23 页。

要体现人类社会发展的基本走向，又能救中国于时代的水深火热之中。马克思主义与中华优秀传统文化是两种不同性质的文化，但融汇了西方文化的精华；马克思主义在对资本主义的科学批判与分析中，揭示了人类社会发展规律，把握了人类社会发展的整体走向，但并没有具体指明中国社会的具体发展道路。因此，只有将马克思主义中国化，才能建构中国革命、中国社会发展所需要的新型文化。马克思主义中国化是中国革命、中国社会发展的需要，也是近代中国文化发展的诉求。

### （三）时代特征变化的推动

时代是人类社会发展进程中大的历史时期，是世界性的社会发展阶段。作为一个动态概念，时代是一个客观实在范畴，从某种意义上来说，它和人类社会的发展一样，是一个自然历史过程，不以人的主观意志为转移。人类只能主动地认识、掌握和利用时代发展的客观规律和时代发展潮流，而不能主观地改变它、违背它。马克思、恩格斯认为，一切真正的科学体系都是具体时代的产物，而不是哪个天才头脑的主观臆造。马克思主义本身是时代的产物，是自由资本主义时代经济、政治、文化、科技的反映和折射，留下了清晰的时代烙印。随着自由资本主义时代发展为垄断资本主义时代，马克思主义的新生形态——列宁主义得以形成和提出。正是由于时代条件的变化、时代主题的转换，使马克思主义原来一些反映特定时代、针对特定情况的原理、观点，变得有些不合时宜，因而必须改变它、修正它和发展它，只有这样，才能保持马克思主义的生机和活力。马克思主义中国化的历史进程，尽管仍处于由资本主义向社会主义过渡的时代，但呈现不同的时代特征。战争与革命时代，决定了马克思主义中国化的主要任务是探索中国革命道路，解决国家独立、人民解放问题；和平与发展时代，决定了马克思主义中国化的主要任务是探索中国特色社会主义道路，解决国家富强、人民幸福问题。时代不同，决定了马克思主义中国化面临的历史任务不同和理论主题、理论内容、理论风格不同。马克思主义中国化一定程度上是由时代发展进程和时代特点决定的，时代主题的变化，既对马克思主义的发展提出了新的要求，也为马克思主义的发展提供了新的动力。

## （四）人民群众的理论诉求

理论供给取决于理论诉求，马克思主义中国化的内在动力源于人民群众的理论诉求。马克思主义之所以能在中国传播、之所以能中国化，说到底是由人民群众的理论诉求决定的。可以说，没有人民群众变革社会的实践对马克思主义的诉求，就不会有马克思主义中国化。而人民群众对马克思主义的诉求，源于主体活动能力提高的期望与要求。作为历史的创造者，人民群众要创造物质财富和精神财富，推动社会变革，必须不断提升认识世界、改造世界的能力，而马克思主义对于促进人的自由全面发展，促进人的认识能力、实践能力的提升具有重要意义。依据马克思的观点，"理论一经掌握群众，也会变成物质力量。理论只要说服人，就能掌握群众；而理论只要彻底，就能说服人。所谓彻底，就是抓住事物的根本。"[1] 马克思主义只有为人民群众所掌握、所认同、所运用，才能成为实践指南，转化为物质力量，其价值和魅力才能显现出来。因此，马克思主义为人民群众所掌握，既是人民群众的实践需要，也是马克思主义自身发展的要求。

---

[1] 《马克思恩格斯选集》第 1 卷，人民出版社 1995 年版，第 9 页。

## （五）文化传播规律的客观要求

马克思主义作为一种源于西方的理论，是在西方社会特有的历史条件和文化背景下产生的，由此决定了它所表达的思想内容、所蕴含的思维方式与中华民族几千年积淀的文化传统存在较大差异。马克思主义如果不为中华优秀传统文化认同、吸收和同化，并转化为新的文化形态，便很难在中国生根、开花、结果。从文化传播的规律来看，一种域外文化要在新的文化土壤里生根并结果，必须具备两方面的条件。一方面，域外文化与本土文化有相通的地方，能与本土文化有机结合起来；另一方面，本土文化应具有兼容品格，对域外文化持开放态度。作为早期域外文化的佛教文化，之所以能在中国文化环境中生根并发生作用，就是因为中国早期的儒、道精义与佛教文化的精义有异曲同工之妙，因而能发生互补效应而融会贯通，并形成儒、道、释合一的文化形态。从印度佛教文化在中国的传播可以看出，中国文化具有博大胸怀，往往易于与域外文化相接触、相融合，既以自己的内在特色去影响其他民族的文化，又吸纳并融合其他民族文化的精华，在此基础上建构新的文化形态。中国文化的这种兼容品格，使马克思主义中国化成为可能。同时，马克思主义虽然产生并形成于欧洲工业文明时代，是现代文明发展的产物，但人类生存方式的普遍同一性，人类面临的生存和发展的共同问题，决定了人类思想能超越时代和民族的局限，具有一定的共同性或相通性。正因为如此，马克思主义和中华优秀传统文化虽然属于不同的文化形态，但两者之间不可避免地具有共同或相通的方面。如中华优秀传统文化中的唯物论、无神论、辩证法传统，民本主义、人道主义思想，大同社会理想，与马克思主义就有相通之处。这种相通的文化特质，在一定程度上减少了中国人接受马克思主义的认知障碍，为马克思主义中国化提供了十分有利的条件。因此，从文化传播的规律来说，马克思主义中国化既有与中华优秀传统文化结合的必要，也有与中华优秀传统文化结合的可能。历史已经证明，马克思主义只有与各个民族的具体特点相结合，与其优秀传统文化相结合，并通过一定的民族形式表达，才能得到各民族的认同，才能在这个国家扎根并真正发挥指导作用。

正因为如此，毛泽东在《反对本本主义》一文中就初步论述了"相结合"的思想。他说："马克思主义的'本本'是要学习的，但是必须同我国的实际情况相结合。我们需要'本本'，但是一定要纠正脱离实际情况的本本主义。"① 毛泽东在党的六届六中全会《论新阶段》的报告中，对马克思主义为什么必须中国化作了精辟的论述。他说："马克思主义必须和我国的具体特点相结合并通过一定的民族形式才能实现。马克思列宁主义的伟大力量，就在于它是和各个国家具体的革命实践相联系的。对于中国共产党说来，就是要学会把马克思列宁主义的理论应用于中国的具体的环境。"② 从这里我们可以看出，马克思主义中国化就是马克思主义在中国的具体化，使马克思主义和中国的具体实际结合起来，按照中国的特点去应用它；马克思主义中国化就是马克思主义的民族化，赋予马克思主义一定的民族形式，使其带上中国特性、中国气派，成为中国形态的马克思主义。

---

① 《毛泽东选集》第 1 卷，人民出版社 1991 年版，第 111—112 页。
② 《毛泽东选集》第 2 卷，人民出版社 1991 年版，第 534 页。

# 三、马克思主义中国化的主体

究竟谁是马克思主义中国化的主体？这是诠释马克思主义中国化研究必须回答的问题。有学者提出，中国共产党党内从事理论研究的知识分子和积极拥护中国共产党路线和政策的党外知识分子，构成马克思主义中国化的主体。① 也有学者认为，马克思主义中国化的主体包括人民群众、无产阶级、中国共产党、思想家理论家和领袖。② 时至今日，对于马克思主义中国化主体的认识，学术界仍存在分歧。纵观马克思主义中国化的历史进程，不难发现，领袖群体、知识分子、人民群众各自发挥了独特的作用，领袖群体、知识分子、人民群众共同构成马克思主义中国化的主体。

## （一）领袖群体

马克思主义中国化既是一个学术问题，更是一个政治问题，自然离不开中国共产党领袖群体作用的发挥。在马克思主义中国化过程中，领袖群体的主体作用可概括为如下五个方面：

第一，领袖群体是马克思主义中国化任务的提出者与马克思主义中国化主题的确立者。马克思主义中国化，是中国历史演进、中国社会发展的客观要求。领袖群体凭借其非凡的历史洞察力与现实感召力，能准确把握历史演进、社会发展的趋势与规律，从而适时提出马克思主义中国化的任务。毛泽东在党的六届六中全会上倡导

---

① 俞吾金：《对马克思主义中国化主体的反思》，《探索与争鸣》2009 年第 1 期。

② 徐松林：《论马克思主义中国化的主体》，《求实》2006 年第 8 期。

马克思主义中国化，实际上是向中国共产党人提出了一项新任务。邓小平在党的十二大开幕词中申明，"把马克思主义的普遍真理同我国的具体实际结合起来，走自己的道路，建设有中国特色的社会主义"①。邓小平此论的侧重点是提出马克思主义中国化的任务，建构中国特色社会主义理论体系的目标因此而逐渐明晰。实现中华民族伟大复兴，构建人类命运共同体，是习近平总书记面对中国特色社会主义新时代和世界正经历百年未有之大变局而提出的马克思主义中国化的任务。

在马克思主义中国化过程中，领袖群体不仅提出了马克思主义中国化的任务，而且根据不同时期的历史使命、实践要求确立了马克思主义中国化的主题。"为什么要革命，如何赢得中国革命胜利""什么是社会主义，如何建设社会主义""建设什么样的党，怎样建设党""实现什么样的发展，怎样发展""坚持和发展中国特色社会主义""新时代坚持和发展什么样的中国特色社会主义、怎样坚持和发展中国特色社会主义"等马克思主义中国化的主题，都是由领袖群体提出、确立的。这些理论主题涵盖了现代化的前提、现代化的目标、现代化的道路、现代化的保证等方面，如果集中到一点，就是如何实现中国的现代化，建成社会主义现代化强国。因此，纵观马克思主义中国化的历史进程，其理论主题亦可用"现代化"来概括。理论主题的确立，解决了马克思主义中国化的方向问题，是顺利推进马克思主义中国化的关键所在。

第二，领袖群体是中国国情与时代特征的把握者。中国国情是马克思主义中国化展开的历史前提和现实基础，脱离中国国情就无法实现马克思主义基本原理与中国具体实际的结合。在构成国情的

---

① 《邓小平文选》第3卷，人民出版社1993年版，第3页。

诸多要素中，社会性质、社会发展阶段是基本国情，对马克思主义中国化具有决定性意义。而要准确判断社会性质与社会发展阶段，却不是一件容易的事情，这就要求领袖群体既要熟悉中国的历史与现实，又要了解人类社会发展的总趋势与多样性。20 世纪 30 年代，中国知识界对近代中国社会性质进行了广泛讨论，提出了种种不同主张。中国共产党领袖群体在此基础上，经过审慎思考和判断，确认近代中国的社会性质是半殖民地半封建社会，这就解决了新民主主义革命理论、新民主主义社会理论建构的基础性问题。20 世纪 80年代，中国共产党领袖群体在总结反思新中国曲折发展经验的基础上，根据中国社会发展的实际状况和水平，确认我国仍处于并将长期处于社会主义初级阶段。社会主义初级阶段论的确立，为中国特色社会主义理论体系的建构奠定了基石。中国特色社会主义进入新时代，为马克思主义中国化提供了新坐标，习近平新时代中国特色社会主义思想就是基于新时代的理论创新和理论发展。

马克思主义中国化的过程，既是马克思主义基本原理与中国具体实际相结合的过程，也是马克思主义基本原理与时代特征相结合的过程。时代特征是马克思主义中国化展开的国际背景，制约马克思主义中国化的主题、内容、进程，影响中国化马克思主义的理论风格与世界意义。在马克思主义中国化过程中，必须准确分析时代特征，适时回答时代提出的课题。毛泽东对于当时所处的时代及其特征有着清醒认识，明确提出"现在的世界，是处在革命和战争的新时代"[①]。在这一时代背景下，马克思主义中国化自然围绕革命问题而展开，因而新民主主义革命理论成为毛泽东思想的主体内容。党的十一届三中全会以后，邓小平根据世界各种战略力量实力对比

---

① 《毛泽东选集》第 2 卷，人民出版社 1991 年版，第 680 页。

的消长与变化，根据世界经济、科学技术的发展态势以及由此产生的一系列新矛盾、新问题，对时代特征作出了新的判断，认定和平与发展已成为时代主题。在这一时代背景下，马克思主义中国化自然围绕发展问题而展开，中国特色社会主义理论体系实质上是一种关于中国社会发展的理论。中国特色社会主义进入新时代，世界面临百年未有之大变局，习近平新时代中国特色社会主义思想是在这一背景下形成的。因此，领袖群体对时代、时代主题、时代特征的准确把握，使马克思主义中国化适应了时代特征与时代发展要求，赋予中国化马克思主义理论体系鲜明的时代气息和时代特色。

第三，领袖群体是中国化马克思主义理论体系的建构者。在马克思主义中国化过程中，领袖群体在吸收全党、全社会理论智慧与实践经验的基础上，形成了一系列中国化马克思主义的文献，建构了较为完整的中国化马克思主义理论体系。比如，毛泽东通过自己的理论创造，通过吸收全党的理论智慧、升华群众的实践经验，建构了中国革命的系统理论，并初步奠定了社会主义建设理论的基础。以邓小平、江泽民、胡锦涛、习近平为代表的领袖群体，则在继承前人理论的基础上，通过理论创新、实践创新，建构了邓小平理论、"三个代表"重要思想、科学发展观、习近平新时代中国特色社会主义思想等具体理论形态，进而整合形成中国特色社会主义理论体系。当然，党的领袖建构的理论体系是自为的体系，需要后人去概括和整理，也需要不断丰富和发展，但就总体而言，其理论体系的完备性、科学性则是不容置疑的。中国化马克思主义理论体系的建构，既集中展示了马克思主义中国化的理论成果，又为中国革命与建设实践提供了理论指南。

第四，领袖群体是中国化马克思主义理论体系的诠释者。领袖群体在形成理论文本、建构理论体系的过程中，为使其理论为大众接受、认同和运用，对理论进行解释、作出说明。比如，在正确处理人民内部矛盾理论大众化的过程中，毛泽东、刘少奇、周恩来在不同场合对这一理论进行了诠释。1957 年 2 月最高国务会议之后，毛泽东乘专列离开北京赴杭州，沿途在天津、济南、南京、上海就正确处理人民内部矛盾问题发表演讲、开座谈会，进一步诠释他的主张。刘少奇则沿京广线一路南下河北、河南、湖北、湖南、广东五省，与领导干部、工人代表、学生代表、民主人士座谈，就如何认识和处理人民内部矛盾广泛听取各方面意见，并就正确处理人民内部矛盾理论进行解释和说明。周恩来对于正确处理人民内部矛盾理论也从不同角度进行了论述，在北京、浙江、上海的相关会议上，阐明了这一理论的基本内容，并试探了苏联对于这一理论的态度和反应。[①] 因此，在正确处理人民内部矛盾理论大众化的过程中，领袖群体发挥了传播者、诠释者的作用。又如，在中国特色社会主义理论大众化的过程中，邓小平在会议、会谈、视察等不同场合，用简洁、明快的语言对中国特色社会主义理论进行了诠释和概括，使广大干部、群众明确了这一理论的基本框架、基本内容、理论价值、实践意义，开启了大众的心扉。习近平总书记利用国际、国内多个场合，诠释中国道路，传播中国声音，讲述中国故事，提炼中国智慧，在习近平新时代中国特色社会主义思想传播过程中发挥了重要作用。由于领袖群体是中国化马克思主义理论体系的创立者、建构者，其诠释自然最接近理论的真实，最符合理论的本意；由于领袖群体的权威和人格魅力，其诠释也具有足够的解释力、号召力和感染力，因而能收到最佳传播效果。

---

① 参见陈金龙：《试论正确处理人民内部矛盾理论的社会传播路径》，《中共党史研究》2009 年第 5 期。

第五，领袖群体是马克思主义中国化偏差的纠正者。在马克思主义中国化过程中，对马克思主义的误解误读、对中国国情认识不清、对时代特征把握不准、对传统文化的消极影响反思不力，加上经验不足、思维方式固化等方面的问题，使马克思主义中国化过程中出现了一些偏差和失误。领袖群体的政治地位、驾驭能力和理论敏锐，使其具有批判精神、斗争勇气，善于发现和纠正马克思主义中国化过程中的偏差和失误，使马克思主义中国化沿着正确的轨道前行。众所周知，在马克思主义中国化过程中，毛泽东、刘少奇、周恩来等领袖群体批判了教条主义、经验主义，排除了自由主义、保守主义、无政府主义、民粹主义、民主社会主义等思潮的干扰；邓小平批判了"左"倾、右倾错误思潮，支持真理标准大讨论，遏制了历史虚无主义、资产阶级自由化思潮的影响。这些偏差的纠正，消除了马克思主义中国化的阻力，拨正了马克思主义中国化的航线。领袖群体的理论批判精神，成为推动马克思主义中国化的重要力量。

马克思主义中国化任务的提出与主题的确立、中国国情与时代特征的把握、中国化马克思主义理论体系的建构与诠释、马克思主义中国化偏差的纠正等，都是事关马克思主义中国化的重大问题，可以说，领袖群体是马克思主义中国化的主导者。

## （二）知识分子

知识分子是受过专门训练，具有较高文化水平，以创造、积累、传播、应用知识为职业，具有强烈社会责任感的群体。知识分子的文化素养、职业特征、使命意识，使其成为马克思主义中国化的主体之一。

知识分子是马克思主义的传播者。马克思主义的引进和传播，是马克思主义中国化的前提，而担负马克思主义引进和传播任务的首先是知识分子。五四运动前后，留日、留欧、留苏三大学生群体，把各自接触、理解、接受的马克思主义介绍到国内，是引进和传播马克思主义的主体。抗日战争时期，一批投奔延安的知识青年边干边学，在革命实践中逐步成长起来，成为传播马克思主义的重要力量。就马克思主义的传播而言，知识分子所选择的路径主要有：其一，翻译出版马克思主义著作的单行本、专题文集，将外文文本转换成中文文本，将欧洲的思维习惯、表达方式转换成中国的思维习惯、表达方式。如 1921—1927 年，翻译出版了《共产党宣言》《雇佣劳动与资本》《哥达纲领批判》《工资、价格和利润》的全译本以及《家庭、私有制和国家的起源》的节译本。1927—1937 年，仅上海一地，翻译出版马克思、恩格斯著作和书信的单行本、专题文集等就达 50 多种，其中包括《资本论》（第一卷）以及《反杜林论》《哲学的贫困》《政治经济学批判》《费尔巴哈和德国古典哲学的终结》等。[①] 这些著作的翻译出版，为学习、研究马克思主义奠定了文本基础。其二，通过著书行文传播马克思主义。五四运动前后，知识分子纷纷发表文章，既阐释马克思主义的基本原理与方法，又对各种非马克思主义、反马克思主义思潮进行回应与批判，为马克思主义立足中国赢得了文化空间。20 世纪 30 年代，知识分子发起了马克思主义大众化、通俗化运动，使马克思主义走向大众、贴近大众、服务大众。如艾思奇的《大众哲学》结合大众所关心的问题宣传马克思主义哲学，成为马克思主义哲学大众化的成功范例。其三，通过各种讲坛传播马克思主义。依据萨义德的说法，"知识分子显然是要在最能被听到的地方发表自己的意见，而

---

① 《马克思恩格斯著作在中国的传播》，人民出版社 1983 年版，第 3、4 页。

且要能影响正在进行的实际过程"①。讲坛的声音最能被人听到，因而知识分子在马克思主义中国化过程中，通过大学讲坛、党校讲坛、集会讲坛等，介绍和阐释马克思主义，扩大了马克思主义的影响。就马克思主义的引进和传播而言，主要是由知识分子来承担的。

知识分子是中国国情的探究者。如前所述，领袖群体对国情的准确判断，是以知识分子的探究为基础的。在毛泽东认定近代中国社会性质之前，中国知识界围绕近代中国社会性质问题展开了一场论战。其中，"新思潮派"知识分子通过《新思潮》《读书杂志》等刊物，表明了对于中国社会性质的看法。如1930年4月出版的《新思潮》第5期，集中讨论了中国经济的性质，发表了潘东周的《中国经济的性质》、吴黎平的《中国土地问题》、向省吾的《帝国主义与中国经济》和《中国的商业资本》、王学文的《中国资本主义在中国经济中的地位及其发展前途》、李一氓的《中国劳动问题》等文章。他们从帝国主义和中国经济的关系、民族资本在中国经济中的地位、农村土地关系等方面，分析了中国经济的性质，指出"中国是半殖民地的国家，帝国主义在中国经济中握有最高的统治权"，"在全国经济生活的比重上，半封建关系仍然占着比较的优势"②，从而认定近代中国是半殖民地半封建社会。与此同时，"新思潮派"还对"新生命派""动力派"的观点进行反驳，进一步论证了近代中国半殖民地半封建社会的性质。在此基础上，毛泽东在《中国革命和中国共产党》《新民主主义论》等文中，对中国社会性

① ［美］爱德华·W.萨义德著：《知识分子论》，单德兴译，生活·读书·新知三联书店2002年版，第85页。

② 高军编：《中国社会性质问题论战（资料选辑）》上册，人民出版社1984年版，第203、209页。

质进行了系统分析，确认近代中国是半殖民地半封建社会，不仅揭示了半殖民地半封建社会的形成过程，而且概括了半殖民地半封建社会的基本特点。因此，知识界关于近代中国社会性质的讨论，为毛泽东认识中国国情、认清中国社会性质作了基础性的铺垫。又如，《关于建国以来党的若干历史问题的决议》提出"我们的社会主义制度还是处于初级的阶段"①这一论断之前，知识界展开了一场关于社会主义发展阶段问题的讨论，"这场讨论，如同理论界对其他一些理论和历史问题的讨论一样，总的来说，同党中央总结历史、起草决议的进程处于良性互动之中"，"是中央在历史决议中作出'我们的社会主义制度还是处于初级的阶段'的论断的背景之一"②。此后，知识界对于社会主义初级阶段的性质、特征进行了广泛讨论与具体论证，为党的十三大第一次比较系统地提出和比较详细地论述社会主义初级阶段的理论、路线、战略和各项基本政策提供了重要支撑。应当说，知识分子对中国国情的探究是富有成效的，促进了马克思主义与中国国情的结合。

知识分子是中国化马克思主义文本构建的参与者。中国化马克思主义文本建构，既凝结了领袖群体的心血，也蕴含了知识分子的智慧。在中国化马克思主义文本建构过程中，知识分子直接或间接参与了这一工作。其一，知识分子总结、升华的实践经验，为中国化马克思主义文本构建提供了素材。人民群众的实践经验、实践智慧往往是原始的、分散的、朴素的，知识分子凭借其理论素养、洞察能力，通过缜密思考、科学论证，从理论上对人民群众的实践经验进行总结和概括，使经验性认识上升到理论层面，从而为中国化

①　《三中全会以来重要文献选编》下，人民出版社 1982 年版，第 838 页。

②　龚育之：《党史札记末编》，中共党史出版社 2008 年版，第 123、124 页。

马克思主义文本构建准备了素材。其二，知识分子所进行的理论创造，为中国化马克思主义文本构建提供启发和参考。比如，艾思奇的《哲学与生活》一书，是继《大众哲学》之后，以答读者问的形式编写的宣传马克思主义哲学的著作，1937年4月由上海读书生活出版社出版。1937年9月，毛泽东读此书时，摘录了其中3000字，并在给艾思奇的信中说："你的《哲学与生活》是你的著作中更深刻的书，我读了得益很多"①。艾思奇到延安后，毛泽东曾将"辩证法唯物论（讲授提纲）"的油印本送给他，希望他提出修改意见。艾思奇提的意见，毛泽东大多采纳了。这说明，知识分子的理论创造对于中国化马克思主义文本构建产生了积极影响。改革开放以来，知识界倡导使用的一些概念，如"社会主义市场经济""政治文明""以人为本"，也融入了中国化马克思主义文本之中。如此，知识分子的理论创新，成为马克思主义中国化的有机组成部分。其三，知识分子参与中国化马克思主义文本的起草工作。比如，延安时期，杨松、吴亮平等参与了《中国革命和中国共产党》第一章"中国社会"的起草工作；党的十一届三中全会后，胡乔木、龚育之等参与了《关于建国以来党的若干历史问题的决议》的起草工作；党的十二大以来，党的历次代表大会的报告、中共中央的重要决议或决定、领导人的重要讲话，都有知识分子参与起草工作。因此，就中国化马克思主义文本构建而言，知识分子的贡献不可忽略。

知识分子是中国化马克思主义的传播者与运用者。中国化马克思主义一经形成，就面临向社会传播的任务，在这方面，知识分子既有独特优势，也有责任担当。比如，新中国成立初期，毛泽东的

---

① 《毛泽东书信选集》，中央文献出版社2003年版，第102页。

《实践论》《矛盾论》发表后，李达先后撰写《〈实践论〉解说》《〈矛盾论〉解说》，采取逐段解说的方法，不仅忠实于原著，详细解说了《实践论》《矛盾论》的内容，而且有所补充和发挥。1951年3月27日，毛泽东致信李达表示："这个《解说》极好，对于用通俗的言语宣传唯物论有很大的作用"，"关于辩证唯物论的通俗宣传，过去做得太少，而这是广大工作干部和青年学生的迫切需要，希望你多多写些文章"。① 新中国成立初期，《毛泽东选集》出版后，知识界编写了大量介绍毛泽东单篇著作、某一学说的通俗读物，毛泽东思想的普及、传播，与知识分子的解说、诠释密不可分。在中国特色社会主义理论体系传播过程中，知识分子通过编写学习读本，编辑专题文献，展开学术探讨和争鸣，进教材、进课堂、进网络、进社区等途径，使其有效传播到全社会，赢得了全党、全社会的认同，甚至引起了海外的广泛关注。同时，中国化马克思主义一经形成，就会成为知识分子的理论储备、知识基础，在其从事的教育、研究、管理、艺术创作等工作中，就会自觉运用中国化马克思主义的立场、观点、方法来分析问题、解决问题，从而显现中国化马克思主义在指导社会变革、社会实践方面的作用。

可见，知识分子承担了马克思主义引进、传播的任务，参与了中国国情探索与中国化马克思主义文本建构，是中国化马克思主义的传播者与运用者，是马克思主义中国化不可缺少的主体。

## （三）人民群众

人民群众是历史的主体，也是马克思主义中国化的主体。在马克思主义中国化过程中，人民群众的主体作用除前述人民群众的理

---

① 《毛泽东书信选集》，中央文献出版社2003年版，第375页。

论诉求是马克思主义中国化的动力之外，还包括如下三个方面：

第一，人民群众的理论取向是马克思主义中国化的坐标。人民群众的知识素养、接受能力、思维方式、审美习惯，使其对马克思主义理论有独特的取向，即要求马克思主义通俗化、具体化、生活化、本土化，这一理论取向也就成为马克思主义中国化的坐标和方向。毛泽东在论及马克思主义中国化时指出："洋八股必须废止，空洞抽象的调头必须少唱，教条主义必须休息，而代之以新鲜活泼的、为中国老百姓所喜闻乐见的中国作风和中国气派。"① 在这里，"老百姓所喜闻乐见"成为中国作风、中国气派的标志，成为马克思主义中国化的准绳。正因为如此，毛泽东要求领导干部"向人民群众学习语言"。在他看来，"人民的语汇是很丰富的，生动活泼的，表现实际生活的。"② 事实上，人民群众喜闻乐见的形式和生动活泼的语言，是创造中国作风、中国气派必不可少的元素，有助于推动马克思主义中国化、大众化。毛泽东思想在形成和发展过程中，就融入了大量人民群众喜闻乐见的语言、形式与贴近人民群众实际生活的内容。在中国特色社会主义理论体系形成过程中，邓小平也注意适应人民群众的理论取向与理论诉求，善于利用人民群众之中流传甚广的语言来表达中国特色社会主义理论的基本观点。如用"摸着石头过河"来表达渐进式的改革路径；用不管"黄猫、黑猫，只要捉住老鼠就是好猫"来表达"不争论""发展才是硬道理"的改革策略。习近平总书记也重视使用人民群众常用的语言来表达中国特色社会主义思想，如用"中国梦"表达中华民族伟大复兴的目标；用"钉钉子精神"表达抓落实的工作作风；用"绿水青

---

① 《毛泽东选集》第2卷，人民出版社1991年版，第534页。
② 《毛泽东选集》第3卷，人民出版社1991年版，第837页。

山就是金山银山"表达经济发展与生态保护的协调。如此，中国特色社会主义理论就易于为人民群众所掌握、所接受。

第二，人民群众的实践智慧是马克思主义中国化的原料。人民群众的实践活动创造和积累了丰富的经验与智慧，是马克思主义中国化的原料来源。毛泽东认为："任何英雄豪杰，他的思想、意见、计划、办法，只能是客观世界的反映，其原料或者半成品只能来自人民群众的实践中，或者自己的科学试验中，他的头脑只能作为一个加工工厂而起制成完成品的作用，否则是一点用处也没有的。"① 这也就清楚地说明了人民群众的实践智慧在马克思主义中国化过程中的作用。邓小平坦承："近十年来的成功也是集体搞成的。我个人做了一点事，但不能说都是我发明的。其实很多事是别人发明的，群众发明的，我只不过把它们概括起来，提出了方针政策。"② 邓小平十分重视人民群众的首创精神，尊重人民群众的实践经验，其中最为典型的是家庭联产承包责任制的推行。这一制度本是安徽凤阳农民的一种生产经营方式的创新，是根据社会主义改造完成以后的实践经验创造出来的，凝聚了农民的智慧。但此类生产经营方式与传统社会主义生产经营模式相冲突，不为当时社会所接受。面对这在当时本应被视为"异类"的新事物，以邓小平同志为核心的第二代领导集体没有将它当作"异物"扼杀，而是积极谨慎地扶持引导，进而发展成为中国农村的一场历史性变革。1992年，邓小平发表南方谈话时还提到："农村搞家庭联产承包，这个发明权是农民的。农村改革中的好多东西，都是基层创造出来，我们把它拿来

---

① 《建国以来毛泽东文稿》第7册，中央文献出版社1992年版，第60—61页。
② 《邓小平文选》第3卷，人民出版社1993年版，第272页。

加工提高作为全国的指导。"① 这说明，邓小平尊重人民群众的实践智慧，尊重人民群众的主体作用，并以人民群众的实践智慧作为自己理论创新的原料来源。中国化马克思主义的原理和方法，实际上蕴含人民群众的实践智慧。

第三，人民群众的社会实践是检验中国化马克思主义的尺度。中国化马克思主义的科学性、合理性如何？是否符合中国的具体实际？能否满足人民群众的理论诉求？能否发挥指导实践的作用？对这些问题的解答，只有回到人民群众的实践之中，由实践去检验、去评判，人民群众的实践结果是评价中国化马克思主义的重要尺度。实践的结果既可以促进中国化马克思主义的完善，也可以修正中国化马克思主义的偏差，实践的检验、评价功能也是推动马克思主义中国化的重要力量。

总之，马克思主义中国化是由人在"化"、因人而"化"，其主体是多元的，不是单一的，在马克思主义中国化进程中肩负不同的使命。领袖群体是马克思主义中国化的主导者，知识分子是马克思主义中国化的推动者，人民群众在马克思主义中国化过程中处于基础性地位，三者共同作用推动了马克思主义中国化。②

## 四、马克思主义中国化的方法

马克思主义中国化的过程，实际上是马克思主义在中国具体化、本土化、民族化的过程，也是中国经验马克思主义化的过程。

---

① 《邓小平文选》第 3 卷，人民出版社 1993 年版，第 382 页。

② 参见陈金龙：《马克思主义中国化主体探析》，《马克思主义研究》2010 年第 5 期。

## （一）马克思主义基本原理与中国具体实际相结合

马克思主义在中国要发挥指导作用，必须与中国国情、中国实践结合起来，马克思主义中国化的过程，实质上是马克思主义与中国具体实际相结合、指导中国实践的过程。马克思主义的共性和中国国情、中国实践的个性，决定了马克思主义与中国具体实际相结合的必要性。我们通常讲的马克思主义中国化，就是指运用马克思主义的立场、观点和方法，来解决中国革命、建设、改革实践过程中遇到的具体问题，形成指导中国革命、建设、改革的理论、路线、方针、政策。邓小平说："我们坚信马克思主义，但马克思主义必须与中国实际相结合。只有结合中国实际的马克思主义，才是我们所需要的真正的马克思主义。"① 毛泽东思想、邓小平理论、"三个代表"重要思想、科学发展观、习近平新时代中国特色社会主义思想，正是在将马克思主义用于分析中国的具体实际，指导中国革命、建设、改革实践过程中形成和发展起来的，这也是马克思主义中国化的一条基本途径。

通过"结合"实现马克思主义中国化，必须运用马克思主义的基本理论和基本方法来分析中国实际的具体特点，坚持理论联系实际，一切从实际出发的原则。同时，就实践中提出的问题进行深入思考和研究，寻找解决问题的正确答案，并根据实践要求进行理论创新。既然马克思主义不能机械地运用于各个国家的具体实践，我们就要根据实际情况和实践要求灵活地运用马克思主义，通过实践赋予马克思主义生机和活力。

通过"结合"实现马克思主义中国化，必须正确认识和把握马

---

① 《邓小平思想年谱（1975—1997）》，中央文献出版社 1998 年版，第 380 页。

克思主义基本原理与具体结论的关系。马克思主义的基本原理是对人类社会发展规律的科学揭示，为人类进步、社会发展指明了正确方向。马克思主义的具体结论是把基本原理运用于考察特定对象时得出的论断，其中有些结论在当时是正确的，现在也仍然符合实际；有些结论在当时是正确的，现在因为条件发生变化而过时；有些结论则在当时就有程度不同的局限。在马克思主义中国化过程中，我们要着重学习的是马克思主义的基本原理，而不是其具体结论；要着重运用的是马克思主义的立场、观点和方法，而不是个别论述。只有正确区分和把握马克思主义基本原理与具体结论的关系，在坚持基本原理的前提下，不拘泥于具体结论，敢于和善于提出符合实际的新思想、新观点、新论断，才能把马克思主义中国化的进程推向前进。

## （二）马克思主义基本原理与中华优秀传统文化相结合

马克思主义中国化从文化层面来分析，实际上就是马克思主义如何与中华优秀传统文化结合的问题，是一个外来的"异质"文化如何在中国文化的土壤生根、开花、结果的问题。把马克思主义与中华优秀传统文化结合起来，将中华优秀传统文化的精华融入中国化马克思主义之中，既有利于马克思主义在中国的传播，也是传承中华优秀传统文化的重要途径。

毛泽东在实现马克思主义中国化过程中，充分借鉴和吸收了中华优秀传统文化的合理因素，以阐明马克思主义的基本原理。如将中国古代关于"仁政"与"刑政"、"礼治"与"法治"的思想紧密结合起来，用来说明人民民主专政的理论；将"知己知彼，百战不殆""一可击十""以十当一""避其锐气，击其惰归""以逸待劳"等历代军事家提出的作战原则加以总结和改造，使之成为中国革命战争的战略战术原则的组成部分；对中国古代所谓"法先王"与"法后王"的争论进行历史总结，提出"古为今用""推陈出新"的文化发展原则；依据春秋战国时期中国思想文化发展的历史经验，提出"百花齐放，百家争鸣"的文化发展方针；批判地吸收中国古代探讨知与行关系的正确观点和合理因素，用来阐明马克思主义的认识论，即辩证唯物论的知行统一观；运用古代许多思想家朴素的辩证法思想，如"祸兮福所倚，福兮祸所伏""兼听则明，偏信则暗"，来说明马克思主义的辩证法原理；将中国古代治学领域的"实事求是"引入哲学领域，用来表述马克思主义的思想路线和工作作风。因此，中华优秀传统文化在毛泽东推进马克思主义中国化的过程中，发挥了独特的作用。

邓小平在推进马克思主义中国化的过程中，也十分注意马克思主义与中华优秀传统文化的整合。比如，他把传统的"革故鼎新""通变救弊"主张，升华为全面改革的政策；将兼容并包的文化品格，提升为对外开放的基本国策；将传统的民本思想，光大为以人民为主体的价值观；将传统的"正德厚生""贵义尚利"主张，拓展为物质文明与精神文明一起抓。此外，传统的大同理想与共同富裕的目标、传统的中华"大一统"观念与祖国统一的理论、传统的中庸之道与党内反倾向斗争中防"左"反右，也存在一种内在的关联。从这里我们可以看出，马克思主义中国化既不是对马克思主义原封不动的照搬，也不是中华优秀传统文化的简单还原与复制，而是马克思主义与中华优秀传统文化因子的互动与融汇。

习近平新时代中国特色社会主义思想同样借鉴、汲取了中华优秀传统文化的合理成分。对于中华优秀传统文化，习近平总书记作出了这样的基本判断："抛弃传统、丢掉根本，就等于割断了自己的精神命脉。博大精深的中华优秀传统文化是我们在世界文化激荡中站稳脚跟的根基。中华文化源远流长，积淀着中华民族最深层的精神追求，代表着中华民族独特的精神标识，为中华民族生生不息、发展壮大提供了丰厚滋养。"① 基于这一认识，习近平总书记大量引用中华优秀传统文化的合理成分来表达新时代中国特色社会主义思想的具体观点，中华优秀传统文化的创造性转化、创新性发展，在习近平新时代中国特色社会主义思想的形成过程中得到了充分体现。比如，他引用《国语》中的"令之不行，政之不立"，说明党中央要有权威、国家制定的方针政策要贯彻执行；引用北宋王安石的"立善法于天下，则天下治；立善法于一国，则一国治"，说明善法对于国家治理的重要性；借鉴古代中国德治传统，主张依法治国和以德治国相结合，要求"强化道德对法制的支撑作用""重视发挥道德的教化作用"②。习近平总书记还引用汉代王符的"大鹏之动，非一羽之轻也；骐骥之速，非一足之力也"，说明办好中国的事情，要依靠全体人民的力量；引用《管子·牧民》的"政之所兴在顺民心，政之所废在逆民心"，强调一个政党、一个政权，其前途命运最终取决于人心向背。对这些传统治国之道进行当代意义的阐释，一定程度上实现了中华优秀传统文化的创造性转化。在马克思主义中国化过程中，马克思主义提升和改造了中华优秀传统文化的合理因子，使其成为中国化马克思主义的新思想、新观点；中华优秀传统文化则通过整合、重构，推动了马克思主义的本土化与民族化。马克思主义与中华优秀传统文化的融会，是推进马克思主义中国化的重要途径。

当然，我们也应看到，中华优秀传统文化是在自然经济基础上

---

① 《习近平谈治国理政》第 1 卷，外文出版社 2018 年版，第 164 页。
② 《习近平谈治国理政》第 2 卷，外文出版社 2017 年版，第 134 页。

产生并形成的，是古代农业文明时代的产物。因此，中华优秀传统文化的消极因素在马克思主义中国化的过程中也会产生一些负面影响，甚至使马克思主义出现"变形"和"失真"。一般来说，在本土文化与外来文化的碰撞与交汇中，人们往往依照自己已有的文化传统、知识背景，按照自己的思维定式和心理文化积淀，去理解和把握外来文化的内在价值，然后再与本土文化进行整合或重构。在马克思主义中国化过程中，原有的文化观念、知识背景有可能使我们误读、误解马克思主义，这种偏向是马克思主义中国化过程中必须注意和解决的问题。

## （三）语言形式民族化和表达方式通俗化

语言是思想的载体，思想是语言的灵魂。马克思主义中国化要求把马克思主义从欧洲的语言形式和表达方式，变成中国的语言形式和表达方式。毛泽东认为，语言这东西，不是随便可学好的，非下苦功不可。第一，要向人民群众学习语言。人民群众的语汇是很丰富的，生动活泼的，表现实际生活的。第二，要从外国语言中吸收我们需要的成分。第三，要学习古人语言中有生命的东西。因此，在马克思主义中国化过程中，毛泽东能运用中国人民所喜闻乐见的语言形式和表达方式，从中国老百姓的思维习惯、接受能力、审美取向出发，深入浅出地阐明马克思主义基本原理。他还借鉴中国古代汉语言约意丰，强调语法规范，重表现力、实用性的特点，形成了言之有物、白话地道、表达清晰、说理透彻的语言特色。正是由于毛泽东善于融合众长，故而形成了独具个性的语言风格，具有高超的语言表达艺术。这种风格不仅成为毛泽东思想的最好载体，使得形式和内容完美融合、相得益彰，而且充分展示了中华民族语言的魅力。

邓小平认为，马克思主义并不玄奥，是很朴实的东西，很朴实的道理。① 正因为如此，他致力于马克思主义的民族化和通俗化。从语言形式和表达方式来看，邓小平理论的最大贡献就是把马克思主义赋予民族化、通俗化的特征。从邓小平理论可以看出，邓小平不是以理论家形象出现的，而更像是一位马克思主义的解说者。邓小平理论中的语言不再是深奥难懂的理论词汇，而是运用通俗易懂、广大群众喜闻乐见的语言，来表达其深刻的思想和观点。如"摸着石头过河"，不管"黄猫、黑猫，只要捉住老鼠就是好猫"等，都借助通俗语言阐发了改革开放过程中的一些重要问题，既易于推广，也易于为中国广大群众所接受。从表达方式来看，邓小平理论不是高深理论的纯粹堆积，而是用事实说话、用案例说话，使马克思主义对大众而言不再玄奥、不再神秘，而是很朴实的观点和道理。语言的民族化和表达方式的通俗化，是马克思主义中国化不可缺少的环节，是马克思主义走向大众，为大众接受的前提条件。

## （四）中国经验的马克思主义化

所谓中国经验的马克思主义化，就是按照马克思主义的立场、观点和方法，把中国共产党和中国人民的实践经验上升为科学的理论，为马克思主义理论宝库增添新的内容。

毛泽东思想形成的过程，也是一个中国经验马克思主义化的过程。毛泽东非常重视对实践经验的总结，群众路线也是党的根本路线、根本作风和基本领导方法。农村包围城市、武装夺取政权道路理论，新民主主义革命的"三大法宝"，新民主主义社会理论，都是中国经验马克思主义化的典范。邓小平尊重群众的实践，尊重群

---

① 《邓小平思想年谱（1975—1997）》，中央文献出版社1998年版，第463页。

众的主体作用，并以群众实践作为自己理论创新的基础，进而实现中国经验的马克思主义化。习近平新时代中国特色社会主义思想的形成也是升华实践经验的结果。习近平总书记十分重视实践经验的总结。如在庆祝改革开放40周年大会上的讲话，他从九个方面总结了改革开放40年的经验：坚持党对一切工作的领导，不断加强和改善党的领导；坚持以人民为中心，不断实现人民对美好生活的向往；坚持马克思主义指导地位，不断推进实践基础上的理论创新；坚持走中国特色社会主义道路，不断坚持和发展中国特色社会主义；坚持完善和发展中国特色社会主义制度，不断发挥和增强我国制度优势；坚持以发展为第一要务，不断增强我国综合国力；坚持扩大开放，不断推动共建人类命运共同体；坚持全面从严治党，不断提高党的创造力、凝聚力、战斗力；坚持辩证唯物主义和历史唯物主义世界观和方法论，正确处理改革发展稳定关系。① 这一总结涵盖了改革开放经验的各领域、各方面，是改革开放经验的集中体现和经典表达。习近平新时代中国特色社会主义思想的主体内容"八个明确""十四个坚持"，也是总结党的十八大以来取得的历史性成就、发生的历史性巨变经验的结果。

　　总之，马克思主义中国化具有丰富内涵，既要有理论内容的中国化，也要有理论形式的中国化；既有理论与中华优秀传统文化、中国具体实际的结合，也有理论的实践转化与实践的理论升华。马克思主义中国化是一门学问，也是一门艺术。

① 《十九大以来重要文献选编》上，中央文献出版社2019年版，第729—736页。

# 第二章

## 新民主主义革命时期的马克思主义中国化

　　马克思主义不仅为我们提供了认识客观世界和人类社会发展规律的科学方法，同时也为我们提供了改造世界和实现人类解放的理论武器。然而，马克思主义的强大生命力和影响力并不仅仅在于马克思主义经典作家针对特定历史条件所作出的论断，而且体现在同各国具体实际的结合中。马克思主义只有在同各国具体实际的结合中，特别是在解决各国不同历史阶段的时代主题和现实任务中，才能充分彰显其改造世界的理论旨趣和追求人类解放的远大理想。面临实现民族独立和人民解放、国家富强和人民富裕的历史任务，中国共产党自诞生之日起便将马克思主义确定为自己的指导思想，积极推动马克思主义基本原理同中国革命的具体实际相结合，并在长期革命斗争实践中科学回答和解决了中国革命的对象、动力、性质、前途等一系列基本问题，成功找到了一条适合中国国情的革命道路。总的来说，新民主主义革命时期的马克思主义中国化不仅实现了马克思主义中国化的第一次历史性飞跃，形成了马克思主义中国化的第一个重大理论成果——毛泽东思想，而且还为马克思主义中国化的实践探索奠定了坚实基础、积累了宝贵经验。

# 一、马克思主义在中国的早期传播

马克思主义的引进和传播，是认知马克思主义的重要途径，也是马克思主义中国化的基本前提。作为一种产生于19世纪40年代西方社会背景和文化传统的理论学说，马克思主义是从19世纪末开始传入中国，并随着十月革命的胜利和五四运动的爆发掀起了在中国广泛传播的热潮，进而凭借其科学性、真理性和革命性在同各种西方社会理论与思潮的斗争中脱颖而出，成为中国先进知识分子探索救亡图存道路的理论武器和中国共产党的指导思想。

## （一）马克思主义传入中国

马克思主义是在西学东渐过程中随着西方社会科学理论与思潮的译介而传入中国的。不过需要指出的是，相较于十月革命后马克思主义在中国广泛传播的情况，马克思主义传入中国之初还只是停留于零星式的介绍。根据目前所掌握的资料，国内对马克思主义的介绍始于19世纪末，但是学界对最早介绍马克思及其学说的时间则存在争议。有学者认为，在中国第一次提到马克思及其学说，是1898年夏上海广学会出版的《泰西民法志》一书。此书为胡贻谷受英国传教士李提摩太所托，译自英国人克卡普所著的《社会主义史》一书，是近代中国出版的首次提及马克思及其学说的著作，是中国人接触马克思主义的开端。在此基础上，有学者认为最早提及马克思的名字及其学说的中国报刊，是1899年2月上海《万国公报》发表的由英国传教士李提摩太翻译、蔡尔康撰写的《大同学》一书。该书系根据英国资产阶级社会学家颉德所著的《社会进化》

一书节译而成，书中多次提及马克思的名字，并简要介绍了马克思主义的观点。由此可见，尽管学界对马克思主义最早传入中国的时间界定存在一定争议，但是都认可马克思主义是在 19 世纪末传入中国的说法。

国内报刊对马克思主义的零星介绍取得了一定社会效果，受到了一些先进知识分子的关注。在初步接触和认识马克思主义之后，包括资产阶级改良派、资产阶级革命派和无政府主义者在内的先进知识分子开始通过撰写文章、翻译和出版书籍等方式介绍和传播马克思主义。在资产阶级改良派中，梁启超于 1902 年在《新民丛报》上发表《进化论革命者颉德之学说》一文，提到了马克思及其学说，将马克思誉为社会主义的泰斗；赵必振等人翻译、出版了日本学者撰写的《近世社会主义》等书籍，对马克思生平及其学说作了介绍。在资产阶级革命派中，马君武于 1903 年发表《社会主义与进化论比较》一文，在比较社会主义与进化论学说时谈及了马克思及其学说，将马克思视为以唯物论解释历史学之人；朱执信于 1905 年发表《德意志社会革命家小传》一文，对马克思、恩格斯的生平作了介绍，同时对《共产党宣言》和《资本论》的主要观点作了阐述。无政府主义者中，陆恢权等人创办的《天义报》对马克思、恩格斯及其著作作了介绍；施荣仁翻译了《社会主义从空想到科学的发展》一书，以《理想社会主义和实行社会主义》为名在上海《新世界》半月刊上连载。先进知识分子对马克思主义创始人及其学说的宣传、介绍和解读，进一步推动了马克思主义的社会传播，增进了中国人对马克思主义的认知和了解，在将马克思主义引入和介绍到中国的过程中起到了积极作用。

纵观十月革命前马克思主义在中国的传播情况，可以发现，就传播队伍而言，在宣传和介绍马克思主义的传播者中，既有外国传教士，也有资产阶级改良派和资产阶级革命派的知识分子，还有无政府主义者，这就使得传播队伍的成分比较复杂。就传播动机而言，早期传播者对马克思主义的传播具有较大的偶然性和随意性，他们只是将马克思主义作为一种产生于西方社会的思潮和学说加以介绍，在传播的过程中也主要是按照各自的阶级立场和政治需要出发，其主要目的或在于传播无政府主义的思想观念，或在于宣扬资产阶级的思想文化，而不是为了将马克思主义作为中国革命的指导思想。就翻译方式和传播内容而言，早期传播者对马克思主义的介绍并不完全是直接源于马克思主义经典作家的著作，有相当一部分内容是从其他报刊、书籍间接转译而来，同时由于阶级立场和时代条件等方面的制约，传播者对马克思主义的理解有较大的主观性和片面性，因此在传播内容上有许多观点并不符合马克思主义的本来面目和思想真谛。这一状况，正如毛泽东所说："以前有人如梁启超、朱执信，也曾提过一下马克思主义。据说还有一个什么人，在一个杂志上译过恩格斯的《社会主义从空想到科学的发展》"，"朱执信是国民党员，这样看来，讲马克思主义倒还是国民党在先。不过以前在中国并没有人真正知道马克思主义的共产主义"。① 就传播效果而言，虽然早期传播者对马克思主义的理解存在若干偏差，对马克思主义的介绍尚处于零星的、不系统的阶段，加之缺乏适合马克思主义传播的社会土壤，使对马克思主义的宣传和介绍主要局限于少数先进知识分子内部，未能引起人们的特别关注，社会影响力较为有限。不过客观来说，这一时期的传播毕竟使中国人开始接触和认识到马克思主义，不仅为先进知识分子探索救亡图存和民族解放道路打开了一扇真理之窗，而且为十月革命后马克思主义在中国

---

① 《毛泽东文集》第3卷，人民出版社1996年版，第290页。

的广泛传播创造了良好的社会环境。

## （二）马克思主义在中国的传播路径

第一次世界大战的爆发和战后中国在巴黎和会上外交的失败，使中国先进知识分子逐步认清了帝国主义列强的真实面目，同时对西方资本主义文明、资产阶级民主主义和资产阶级共和国方案产生了怀疑和不信任。在中国先进知识分子陷入困惑和彷徨之际，俄国十月革命的胜利使他们认识到了马克思主义的科学性和真理性，找到了解决民族危机和改造社会的理论武器。由于中俄两国国情十分相似，因此在十月革命的影响下，中国先进知识分子看到了民族解放的希望和出路，在思想上抛弃了对西方资本主义和资产阶级思想文化的迷信和追求，主张由学习西方转而学习俄国、走俄国的路，并在这一过程中自觉地用无产阶级世界观来观察、分析中国问题，逐步由激进的资产阶级民主主义者转变为具有初步共产主义思想的马克思主义者，成为传播马克思主义的主要力量。总之，"十月革命一声炮响，给我们送来了马克思列宁主义。十月革命帮助了全世界的也帮助了中国的先进分子，用无产阶级的宇宙观作为观察国家命运的工具，重新考虑自己的问题。走俄国人的路——这就是结论。"[①]

1919 年五四爱国运动爆发之后，各种思潮、主义和学说纷至沓来，这种情况在使中国思想界呈现异彩纷呈局面的同时，也给许多进步青年造成了思想上的困惑，令他们在选择何种主义和学说来作为救国真理的问题上更加迷茫，但马克思主义最终凭借其鲜明的阶级性、高度的科学性和彻底的革命性在纷繁复杂的新思潮中脱颖而

---

① 《毛泽东选集》第 4 卷，人民出版社 1991 年版，第 1471 页。

出，为越来越多的先进中国人所接受，成为中国先进知识分子探寻救亡图存和民族解放道路的理论指南。与此同时，列宁领导的苏俄政府在 1919 年 7 月和 1920 年 9 月先后发表对华宣言，宣布废除沙俄政府同中国签订的不平等条约，并且放弃在中国获得的特权。此举不仅增加了中国人民对苏俄政府的好感，而且吸引了更多的中国先进知识分子关注苏俄的内外政策，客观上为推动马克思主义在中国的传播创设了良好的社会和舆论环境。加之十月革命后无产阶级队伍的壮大和工人运动的高涨，为马克思主义的传播奠定了坚实的阶级基础，因此五四运动前后对马克思主义的宣传和介绍一时间成为时代潮流，此前兴起的新文化运动也发展成为以传播马克思主义为中心的思想解放运动。与此相对应的是，马克思主义在中国传播的路径也日益丰富起来，概括来说主要包括以下四个方面：

首先是日本路径。20 世纪初期，由于中国留日学生众多，加之此时社会主义学说在日本开始兴盛，许多留日的中国学生从日本接触到社会主义思想并将其传入中国，日本由此便成为马克思主义传入中国的主要渠道。尽管此后社会主义思潮在日本曾一度跌落低谷，但是在第一次世界大战和俄国十月革命之后，日本社会主义运动再度盛行，加之包括李大钊、陈独秀、李达等中国早期共产主义者大多有旅日学习或生活的经历，因此，日本在五四运动前后这一时期是马克思主义在中国传播的主要路径。其中，日文本的马克思主义著述在这个过程中发挥了非常重要的作用。这些著述不仅是中国早期共产主义者学习和接触马克思主义的主要渠道，同时也是马克思主义在中国初期传播的主要思想来源。通过日本渠道，中国早期共产主义者翻译出版了包括《共产党宣言》《科学的社会主义》《唯物史观解说》等众多中文版的马克思主义著作。不仅如此，中国早期共产主义者还在与日本社会主义者的通信交往中学到了阶级分析方法，并从日文中转译过来"无产阶级""有产阶级""资本主义"等术语用以观察、分析中国问题。由此可见，日本不仅是中国早期马克思主义传播的重要渠道，而且在相当程度上还影响着中国先进知识分子对马克思主义的理解与选择。

其次是西欧（主要是法国）路径。五四运动前后，许多进步青年为探寻救国救民真理和社会改造的道路，选择直接到产生马克思主义的欧洲留学，而其中赴法勤工俭学的人又占有相当大的比例。这些青年学生在欧洲勤工俭学期间，通过阅读和翻译马克思主义著作，在思想认识上实现了根本性转变，最终选择了社会主义和马克思主义。同时，还通过创办刊物等方式积极向国内传播马克思主义，使西欧（特别是法国）成为五四运动前后马克思主义传入中国的又一重要途径。蔡和森与周恩来便是其中的典型代表。蔡和森赴法留学后便忙于搜寻各种材料，"猛看猛译"了几十种马克思主义书籍和有关社会主义的小册子，最终经过反复比较和推求，认识到社会主义真为改造世界的对症之方。周恩来于1920年赴法留学后，在认真研读马克思主义经典著作的同时，还创办了《少年》杂志，将欧洲工人运动的情况和科学社会主义思想介绍到国内，对国内思想界产生了较大影响。正是在这些进步青年的努力下，西欧成为马克思主义在中国早期传播的一个重要路径。

再次是俄国路径。十月革命的胜利极大地鼓舞了中国民众和先进知识分子，使他们看到了中国的出路和希望，找到解决民族危机和实现民族解放的理论武器。正因为如此，十月革命爆发后，中国人民渴望了解俄国革命后的真实情况。不过由于反动政府的严格控制和消息封锁，国内在十月革命爆发之初很难获得关于俄国的真实消息，且相关报道多以转载西方或日本的媒体、通讯社的消息为主。这一情况在五四运动之后得到了明显改变，特别是随着1920年

4月共产国际派代表维经斯基来华后，俄国路径逐渐成为马克思主义在中国早期传播的主要渠道，而日本路径则相应地转变为辅助渠道。大致来说，除了中国留俄学生和留俄人员对俄国政治、经济、文化等方面情况和社会主义思想的介绍之外，俄国路径对马克思主义在中国早期传播的作用还体现在派遣共产国际代表到中国传播马克思主义、借助苏俄和共产国际在华机构进行传播活动、利用纪念活动和各种会议推动马克思主义传播等。正是在上述多种方式的共同作用之下，俄国路径在五四运动后逐渐取代日本路径，成为马克思主义传入中国的主要途径，并且这一路径在推动中国先进知识分子接受马克思主义和中国共产党的成立等方面，产生了十分重要的影响。

最后是美国路径。马克思主义在中国早期传播中的相当一部分书籍和文章，是从美国出版物中转译而来的，因此美国路径实际上也构成了马克思主义传入中国的一个重要方面。如《共产党》月刊所翻译的列宁《国家与革命》一书，系转译自美国的社会主义期刊《阶级斗争》；《新青年》从第8卷第1号起开辟的"俄罗斯研究"专栏所刊发的文章，有大量译自纽约的《苏维埃俄国》周刊。除此之外，美国路径对马克思主义在中国早期传播的影响还体现在为中日等马克思主义者提供了英文本的马列著作和相关书籍。如河上肇称他的马克思主义主要来源于美国出版发行的英文本马克思、恩格斯著作；李大钊所著《俄罗斯的过去及现在》一文中所列的《无产阶级的革命》《苏维埃政府的要图》等著作，乃是由纽约共产党印书社和纽约 Rand School 印行。

由此可见，马克思主义在中国早期传播的路径是多元化的。就各传播路径之间的关系而言，一方面，在不同历史时期存在着占主导地位和发挥主要作用的特定传播路径，另一方面，同一时期各传播路径之间并非彼此孤立，往往是相互补充和相互配合的，对各传播路径所发挥的作用不宜一概而论。就不同传播路径的特点而言，由于各国所处的历史阶段和发展水平不同，这些国家的社会主义者对马克思主义的理解和认知也存在一定差异，因此经由不同路径传入中国的马克思主义便呈现出各异其趣的特点：日本路径主要是学理的马克思主义，西欧路径主要是行动的马克思主义，美国路径主要表现为空想的马克思主义，俄国路径则是革命的马克思主义。就多元化传播路径的实际效果而言，马克思主义在五四运动前后经由不同路径传入中国，客观上有助于中国先进知识分子在比较借鉴和博采众长中加深对马克思主义的理解，这不仅为先进中国人探索救亡图存和民族解放道路提供了强大的理论武器，同时也为推动马克思主义在中国的广泛传播奠定了坚实基础。不过值得注意的是，经过日本、西欧和俄国等路径传入中国的马克思主义，并非直接来自马克思主义经典作家的著作，其中有相当部分内容是源自这些国家的社会主义者对马克思主义所作的诠释和解读，因此这一时期传入中国的马克思主义未必能够真实反映马克思主义经典作家的思想真谛。应该说，这一情况在相当程度上妨碍了中国先进知识分子和社会大众对马克思主义本真面目的理解。

## （三）马克思主义在中国传播的社会反应

与早期对马克思主义零星式介绍的阶段相比，五四运动前后马克思主义在中国的传播在传播内容、传播方式、传播规模等方面都发生了较大变化，产生了更加深远的社会影响。五四运动前后，中国先进知识分子并不仅仅是将马克思主义当作新思潮和新思想来介绍，其传播的主要目的也不是单纯为探究学理，而是为了正确认识社会发展规律和资本主义制度的本质，为了在分析、比较和鉴别当时各种流行的新思潮中寻找挽救民族危机和改造社会的思想武器。正因为如此，这一时期不仅出现了李大钊、陈独秀等一批研究马克思主义的知识分子群体，形成了南北两个宣传马克思主义的中心，涌现了许多以宣传新思潮、新观念和具有马克思主义倾向的报纸杂志，而且介绍马克思主义的文章、译著与此前一个阶段相比，不论在数量上还是在质量上都有显著的增长和提升。马克思主义在这一时期的广泛传播，不仅推动了一批具有初步共产主义思想的知识分子走上马克思主义道路，而且在与中国工人运动相结合的过程中为中国共产党的成立创造了重要条件。

正如任何新生力量的出现往往会遭到旧势力的阻挠和打击一样，马克思主义在中国早期传播的历程同样不是一帆风顺的。为了阻止社会主义思想的传播，北洋军阀政府将马克思主义视为洪水猛兽，攻击马克思主义为"过激主义"，并下令查封马列书籍和相关进步刊物。与此同时，由于中国知识分子对国家前途和具体国情的理解不同，他们在改造中国社会的目标、方式等问题上也存在一定的认知差异。因此，马克思主义在中国传播的过程中还遭到一些资产阶级改良主义者、基尔特社会主义者和无政府主义者的批评，并由此引发了问题与主义、社会主义与基尔特社会主义、马克思主义与无政府主义三次大论争。这些争论的焦点包括：改造社会和国家的根本手段是改良主义，还是实行社会革命；社会改造的根本之道是多研究和解决一些具体问题，还是在马克思主义的指导下实行彻底的社会改造；中国是走资本主义道路，还是走社会主义道路；中国要不要传播马克思主义，要不要建立无产阶级政党。面对资产阶级改良主义者和无政府主义者的诘难和批判，早期马克思主义者拿起了马克思主义这一理论武器，从学理上对各种错误思潮作了坚决驳斥，并在这一过程中对马克思主义的阶级斗争学说、唯物史观、剩余价值理论等内容作了系统阐述，使马克思主义从五四运动时期众多社会思潮中脱颖而出，成为中国思想界的一股重要力量，同时还引起了先进知识分子对这一学说的极大兴趣。经过这三次论争，不仅马克思主义在中国得到了更加广泛的传播，而且新文化运动内部的阵营也逐渐发生分化，特别是许多以救国救民为己任、立志改造中国社会的进步青年，从论战中感受到了马克思主义的科学性和真理性，也意识到了改良主义、无政府主义等各种非马克思主义思潮不仅不适合中国国情，更不能用来解决民族危机和改造社会。在此基础上，他们逐步划清了无产阶级社会主义和资产阶级民主主义、科学社会主义和其他社会主义流派之间的界线，在反复比较和鉴别中确立了对马克思主义的信仰，从激进的民主主义者转变为马克思主义者。大致来说，中国早期信仰马克思主义的人物主要包括以下三种类型：

第一种类型是五四运动以前的新文化运动领袖，其代表人物为李大钊和陈独秀。李大钊是中国最早接受和传播马克思主义的知识分子，在介绍十月革命和传播马克思主义方面作出了杰出贡献。十月革命胜利后，李大钊便发表了《法俄革命之比较观》《庶民的胜利》等文章高度评价十月革命的伟大意义，赞扬其为世界新文明的曙光。1919 年 10 月、11 月，李大钊分两期在《新青年》上发表《我的马克思主义观》一文，不仅充分肯定了马克思主义的历史地位，称其为"世界改造原动的学说"，而且对马克思主义的三个组成部分，即唯物史观、政治经济学和科学社会主义原理作了系统的介绍，并强调马克思主义的阶级斗争学说犹如一条金线，将上述三大基本原理从根本上联系了起来。这篇文章的发表，标志着李大钊完成了从民主主义者向马克思主义者的转变。新文化运动初期的重要领袖陈独秀在五四运动的影响下，逐渐抛弃了过去所主张和信仰的资产阶级民主主义思想而开始转向科学社会主义，并深刻认识到通过建立资产阶级共和国以实现多数人幸福的方案简直就是妄想，提出了改造中国必须走马克思主义指引的道路等主张。这些观点表明，陈独秀已经能够自觉运用马克思主义的立场、观点和方法来思考中国问题。

第二种类型是五四运动中的左翼骨干和青年学生，其代表人物主要有毛泽东、周恩来等人。毛泽东在 1918—1920 年间有两次北京之行和一次上海之行，在这期间他不仅阅读了关于十月革命的书籍和《共产党宣言》等马列著作，而且还同李大钊、陈独秀等中国共产主义运动的先驱者有过交流和接触。正是在此基础上，毛泽东从思想上摈弃了各种非马克思主义思潮和学说的影响，树立了辩证唯物主义和历史唯物主义的世界观，从理论到实践成长为一名马克思主义者。周恩来在五四运动爆发后曾主编《天津学生联合会报》和《觉悟》，并发起成立觉悟社，介绍和研究新思潮。1920 年前往欧洲留学后，周恩来通过对资本主义国家的实地考察和改造社会各种学说的比较鉴别，最终实现了从激进的民主主义者向马克思主义者的转变。

第三种类型是一部分原中国同盟会会员和辛亥革命时期的活动家，其代表人物包括董必武、吴玉章等人。他们在十月革命和五四运动的影响下，通过学习马克思主义，并结合亲身经历和革命斗争的实践，深刻认识到旧民主主义革命道路走不通的事实，最终实现了思想上的转变，成为马克思主义者。

"一个国家实行什么样的主义，关键要看这个主义能否解决这个国家面临的历史性课题。"① 近代以来，随着帝国主义列强的侵略压迫和封建统治势力的日益腐朽，中国逐渐沦为半殖民地半封建社

---

① 《十八大以来重要文献选编》上，中央文献出版社 2014 年版，第 109 页。

会国家，陷入了内忧外患的境地，民族危机日益严重，人民生活处于水深火热之中。近代中国社会性质的改变，一方面使社会矛盾发生了变化，另一方面则提出了追求民族独立、人民解放和实现国家富强、人民富裕的历史性课题。在探索和解决这一历史性课题的过程中，中国先进知识分子尝试过改良主义、自由主义、实用主义等各种西方流行的思潮学说作为救亡图存的理论武器，但最终还是未能改变中国半殖民地半封建社会的性质，更没有解决中国向何处去、走什么道路的问题。随着十月革命的胜利和马克思主义在中国的大规模传播，中国先进知识分子认识到这一理论的科学性和真理性，开始努力运用马克思主义来观察和思考中国的命运，来探求救亡图存的道路。从根本上讲，马克思主义在五四运动后之所以能够为具有不同背景和经历的先进知识分子所接受和信仰，就在于马克思主义本身具有与其他学说不同的理论特质。马克思主义关于辩证唯物主义和历史唯物主义的世界观与方法论、反抗剥削压迫和批判资本主义的革命精神、以改造世界为己任的实践性品格、追求人类解放和人的全面发展的理论旨趣，不仅为中国先进知识分子提供了观察和思考国家命运的工具，也为解决近代中国社会的历史性课题提供了理论指引和实践指南，因此对于志在改造中国社会和渴求民族独立的广大先进知识分子来说，不仅颇具吸引力和感召力，也容易引起认同和共鸣。

中国先进知识分子在传播马克思主义的过程中，虽然大多数人没有直接阅读外文版马列著作的条件，而且因为革命斗争形势的紧张也没能系统地学习马克思主义和研究中国的实际情况，存在理论准备不足的弱点。但是，他们在学到马克思主义的理论知识后便积极投身到实际斗争中去，特别是通过成立讲演团进行革命理论宣传、进行社会调查了解中国工人阶级生活状况和利用五一国际劳动节开展丰富多彩的纪念活动等方式，积极推动马克思主义与中国工人运动相结合，并且在这一过程中不断磨砺自己、获得成长，这就为中国共产党的成立创设了重要的思想条件和干部条件。

从 19 世纪末作为一种西方思想传入中国到五四运动前后在中国社会广泛传播，马克思主义适应了近代中国社会发展和革命运动对于科学理论的强烈诉求，并以其先进性、科学性和革命性吸引中国先进知识分子，为他们提供了观察、思考中国现实问题的世界观和方法论，为中国共产党的成立奠定了思想基础，逐渐成为中国思想界的主流和中国革命的指导思想。

## 二、马克思主义中国化面临的课题

马克思主义中国化既是马克思主义基本原理与中国具体实际相结合的过程，也是马克思主义基本原理与时代特征相结合的过程。作为马克思主义中国化展开的国际背景，时代特征不仅决定了一定时期内世界历史的发展趋势和走向，同时也规定着不同历史阶段中国社会发展面临的主要任务和亟待解决的历史任务，制约着马克思主义中国化主题的确立与转变。从这个意义上来讲，推动马克思主义中国化事业的顺利发展，非常重要的一个方面就是要在准确把握时代特征、自觉回应时代课题的基础上，确立和解决不同历史时期和时代背景下马克思主义中国化所面临的主题。新民主主义革命时期，马克思主义中国化的主题是在俄国十月革命胜利后开辟世界无产阶级革命时代的国际背景下展开的，时代特征和近代中国社会性质、革命任务的特殊性规定了马克思主义中国化需要解决的问题。

## （一）十月革命后世界无产阶级革命时代的到来

马克思主义中国化主题的确立是不以人的意志为转移的，更不是中国共产党人自由选择的结果，而是源于时代所提出的历史课题和时代对于理论发展的诉求。因此，明确马克思主义中国化的主题，首先需要准确判断世界历史发展所处的大时代，揭示时代的基本特征和发展趋势。十月革命胜利后，世界无产阶级革命时代的到来为新民主主义革命时期马克思主义中国化主题的确立提供了坐标，对于马克思主义中国化主题的确立具有客观制约性。

1917 年 3 月（俄历 2 月），俄国爆发了第二次资产阶级民主革命，推翻了沙皇尼古拉二世的专制统治。二月革命胜利后，俄国出现了资产阶级临时政府和工兵代表苏维埃两个政权并立的局面。但是，随着克伦斯基政府对布尔什维克党的残酷镇压和打击，国家政权很快落到了资产阶级临时政府手中，布尔什维克党也被迫转入地下，两个政权并立的局面随之结束。4 月 17 日（俄历 4 月 4 日），列宁发表了著名的《四月提纲》，提出了俄国资产阶级民主革命的任务已经基本完成，目前应该努力过渡到社会主义革命阶段上来的观点，同时明确提出"全部政权归苏维埃"的口号。11 月 7 日（俄历 10 月 25 日），在列宁和布尔什维克党的领导下，圣彼得堡的工人群众发动武装起义，推翻资产阶级临时政府的统治，取得国家政权。随后，全俄工农兵苏维埃第二次代表大会通过列宁起草的《和平法令》《土地法令》以及其他一系列维护工农群众利益的决议案，苏维埃政权也相继在俄国各地建立起来，十月革命由此在全国范围内取得了决定性胜利。

俄国十月革命的爆发具有历史必然性。尽管革命前夕的俄国尚不具备马克思主义经典作家所设想的无产阶级革命发生的客观物质条件，但是无产阶级革命的爆发不仅仅取决于资本主义发达的程度，而且在很大程度上取决于国内外政治局势和国内阶级力量的对比等因素。俄国十月革命是在第一次世界大战爆发的背景下俄国国内各种矛盾集中爆发和激化的结果，也是帝国主义各国之间矛盾发展和激化的结果。在以列宁为首的布尔什维克党的领导下，十月革命推翻了资产阶级临时政府的统治，将俄国工农劳动大众从资本主义和封建主义的剥削压迫下解放出来，使科学社会主义实现了从理论到实践、从理论变为现实的巨大飞跃。

正因为如此，俄国十月革命具有不可磨灭的历史意义。作为人类历史上最伟大、最深刻的一场革命，十月革命是马克思主义与俄国实际相结合的产物，是马克思列宁主义的伟大胜利，具有在国际范围内重演的历史必然性。这场革命不仅突破了帝国主义的薄弱链条，在经济文化比较落后的俄国建立起了社会主义制度，而且还推动了世界无产阶级革命运动和殖民地半殖民地民族解放运动的发展，深刻改变了世界历史的发展进程。十月革命胜利后，芬兰、德国、奥地利等西方国家相继爆发大规模的工人罢工运动和武装斗争，朝鲜、菲律宾、印度等亚洲殖民地半殖民地国家的民族解放运动也迅速高涨起来，极大地冲击着资本主义世界的经济政治秩序。不仅如此，作为人类历史上具有划时代意义的事件，十月革命在开创俄国历史新纪元的同时，还开创了世界历史的新纪元，标志着世界无产阶级革命时代的到来。十月革命建立了世界上第一个无产阶级专政的国家，打破了资本主义一统天下的格局，使世界上出现了资本主义制度和社会主义制度相互斗争、并存的局面，并标志着人类历史开始了由资本主义向社会主义转变的进程。在十月革命的影响下，西方无产阶级的社会主义革命运动和东方殖民地半殖民地国家的民族解放运动开始汇合在一起，形成了一条从西方无产者经过俄国革命到东方被压迫民族的新的反对世界帝国主义的革命战线。在这以后，殖民地半殖民地国家的民族民主革命，便不再属于旧的世界资产阶级民主主义革命的范畴，而是属于世界无产阶级革命阵线的一部分。

时代特征是马克思主义中国化的外部环境，对于马克思主义中国化主题具有客观制约性。十月革命胜利后世界无产阶级革命时代的到来，为马克思主义中国化主题确立了坐标，使中国资产阶级民主主义革命经历了由旧民主主义革命向新民主主义革命的转变。正如毛泽东所说，中国资产阶级民主主义革命在第一次世界大战爆发和十月革命胜利后，就起了一个变化。"在这以前，中国资产阶级民主主义革命，是属于旧的世界资产阶级民主主义革命的范畴之内的，是属于旧的世界资产阶级民主主义革命的一部分。在这以后，中国资产阶级民主主义革命，却改变为属于新的资产阶级民主主义革命的范畴，而在革命的阵线上说来，则属于世界无产阶级社会主义革命的一部分了。"①

## （二）中国社会性质与革命任务的特殊性

明确马克思主义中国化的主题，既要认清世界历史发展所处的大时代，也要在此基础上准确把握中国社会的基本国情和具体实际。时代特征是马克思主义中国化的宏观背景和外部环境，制约着马克思主义中国化的主题；中国社会的基本国情和具体实际是马克思主义中国化展开的现实基础，不仅决定了中国社会面临的主要任务，而且对马克思主义中国化的主题具有内在规定性。只有将二者有机结合起来，才能明确马克思主义中国化所要解决的问题。所谓

---

① 《毛泽东选集》第2卷，人民出版社1991年版，第667页。

国情，是指一个国家历史文化传统、自然地理环境、社会经济发展状况等各方面的总和。在构成国情的诸多要素中，国家的社会性质及其所处的社会历史阶段对于明确马克思主义中国化的主题具有特殊而重要的意义。认清中国社会的基本国情，特别是中国社会的性质及其特征，是解决中国一切革命问题的基本根据。如果不了解中国社会的基本国情，就无法认清中国社会的基本矛盾和主要任务，更不可能明确马克思主义中国化的主题。

中华民族是一个具有悠久历史和灿烂文明的伟大民族，曾以自己的勤劳和智慧创造了长期领先于世界的古代文明，为人类文明的发展作出了不可磨灭的贡献。在鸦片战争以前的很长一段时期内，中华民族长期处于世界领先的地位。但是自从世界进入近代以来，当一些西方国家通过工业革命和资产阶级革命开始向现代化国家转型之际，同时期的中国却奉行闭关锁国政策，拒绝与外来文化交流合作，因此仍然停留在农业文明的发展阶段。这样一来，当西方资本主义列强为了掠夺原料和开辟海外市场而在全球范围疯狂扩张的时候，市场广阔、资源丰富且积贫积弱的中国自然成为其侵略的重点对象。鸦片战争以来，随着西方帝国主义列强的侵略和封建专制统治的日益腐败，不仅中国社会发展进程受到严重阻挠，而且中国社会性质发生了深刻变化，由一个具有独立主权的封建国家逐步沦为半殖民地半封建社会国家，这便是近代中国最基本的国情。

在帝国主义列强入侵之前，中国是一个具有独立主权、以农业经济为基础的封建国家。明末清初以来，中国社会内部商品经济的产生和发展，实际上已经孕育着资本主义生产关系的雏形。随着外国资本主义的入侵，一方面，中国传统自给自足的自然经济遭到了严重冲击，城市手工业和农村家庭手工业逐渐瓦解；另一方面，自然经济的解体和大量农民、手工业者的破产，则为中国资本主义经济的发展提供了商品市场和劳动力市场，客观上为推动中国资本主义经济的成长创造了良好条件。不过值得注意的是，在世界资本主义殖民扩张的大背景下，西方列强侵略中国的目的并不是为了帮助中国发展资本主义，将封建的中国变成资本主义的中国，而是为了使中国变成自己的殖民地，从而为帝国主义列强提供一个更加广阔的商品市场和原材料供应地。加上农村中地主阶级剥削农民的封建关系不但依旧存在，而且日益同外国资本和官僚买办资本结合起来，在中国社会经济中仍占显著优势。因此，尽管封建社会内部自给自足的自然经济在西方资本主义入侵的过程中逐渐解体，中国的民族资本主义由此得到初步发展，但是在帝国主义、封建主义和官僚资本主义等多重压迫下，它没有也不可能在中国社会经济中占主导地位。在这种情况下，中国已经不再是一个完全意义上的封建社会，但是也没有发展成为资本主义社会，而是变成了半封建社会。

为了从中国掠夺更多的资源，获取更多的利益，帝国主义列强在军事、政治、经济、文化等多个层面对中国实施侵略和控制，使中国的领土和主权遭到严重破坏。在军事上，帝国主义列强凭借其强大的军事实力和综合国力，屡次对中国发动侵略战争，强迫清政府支付巨额的战争赔款，使中华民族陷入沉重的危机之中；在政治上，列强通过与中国签订不平等条约攫取了大量利益，不仅在中国割占和强行租借土地、划分势力范围，而且获取了领事裁判权等特权，使中国丧失了政治上完全独立的地位；在经济上，西方列强通过索取战争赔款、控制海关关税和倾销商品等手段操纵中国的经济命脉，使中国在经济上逐渐沦为外国资本主义的附庸；在文化上，帝国主义的侵略对中国传统文化，特别是以儒家学说为代表的封建思想文化造成了极大冲击，在西方资本主义文化的侵蚀和影响下，儒家学说在封建意识形态中的统治地位受到挑战，思想文化领域内一度出现崇洋媚外、民族自卑、文化虚无等带有殖民主义文化观色彩的倾向。西方列强侵略中国的目的是将其变为自己的殖民地，但是由于中国幅员辽阔、人口众多，长期以来一直是一个统一的国家，加之中华民族在长期实践中所形成的爱国主义精神、自强不息的信念、反抗强权的斗争传统等优良传统，以及中国人民对外国侵略势力英勇持久的反抗，同时也是由于帝国主义列强之间的矛盾和利益难以协调，因此西方列强没有能够对中国实行直接的殖民统治，只能与中国的封建势力和买办势力相勾结，通过其在中国的代理人对中国实行间接统治。在这种情况下，尽管鸦片战争后中国的领土和主权遭到严重破坏，不再是一个完全独立主权的国家，但是中国同那些连名义上的独立都没有、由宗主国直接统治的殖民地国家和地区相比有着明显的区别，所以中国并不是完全意义上的殖民地国家，而是一个半殖民地国家。

由此可见，近代中国半殖民地半封建社会的性质及特征，是随着帝国主义列强在军事、政治、经济、文化等层面的侵略和外国资本主义与本国封建势力结合程度的加深而逐渐形成的。西方帝国主义列强的入侵使中国社会发生了两个方面的重要变化：一方面，外国资本和商品的大量输入促进了中国自给自足的自然经济的解体和中国资本主义经济的发展，从而将一个封建的中国逐渐变成半封建的中国；另一方面，西方列强通过军事、政治、经济、文化等层面的侵略，残酷地统治着中国，日益加深了中华民族的危机，把一个具有独立主权的中国变成半殖民地的中国。正如毛泽东所指出："帝国主义列强侵略中国，在一方面促使中国封建社会解体，促使中国发生了资本主义因素，把一个封建社会变成了一个半封建的社会；但是在另一方面，它们又残酷地统治了中国，把一个独立的中国变成了一个半殖民地和殖民地的中国。"①

　　近代中国社会性质决定了中国社会的主要矛盾及其面临的历史任务。在鸦片战争以前,中国社会的主要矛盾是地主阶级和农民阶级之间的矛盾。随着西方帝国主义列强的入侵,中国社会的阶级结构和阶级关系发生了深刻变化,中国社会的主要矛盾也由此发生了改变。在深刻分析中国半殖民地半封建社会特点的基础上,毛泽东指出,近代中国社会的主要矛盾是错综复杂的,其中既有资产阶级和无产阶级之间的矛盾,也有反动统治阶级内部的矛盾。当然,在这些复杂的矛盾中,必然存在主要矛盾。帝国主义和中华民族的矛盾、封建主义和人民大众的矛盾,就是近代中国社会的主要矛盾,而帝国主义和中华民族的矛盾又是各种矛盾中最主要的矛盾。这就决定了近代中国社会面临两大历史任务:一是求得民族独立和人民解放,二是实现国家繁荣富强和人民共同富裕。上述两大历史任务是相互关联、紧密联系的。一方面,争取民族独立和人民解放为实现国家繁荣富强和人民共同富裕创造了前提。只有先推翻帝国主义、封建主义和官僚资本主义的统治,从根本上打碎反动腐朽的上层建筑,变革阻碍生产力发展的生产关系,才能为实现国家繁荣富强和人民共同富裕创造根本政治前提和制度保障。另一方面,实现国家繁荣富强和人民共同富裕是争取民族独立和人民解放的最终目的。近代以来,中国人民为挽救民族危机而同外国资本主义和本国封建专制势力进行了顽强持久的抗争,其最终目的是进一步解放和发展社会生产力,改变旧中国积贫积弱的现状,实现中华民族的伟大复兴。

　　实现民族独立和人民解放的历史任务,必须通过革命手段改变

---

① 《毛泽东选集》第2卷,人民出版社1991年版,第630页。

中国半殖民地半封建社会的现状，建立起一个新中国。由于近代中国社会的主要矛盾是帝国主义和中华民族的矛盾、封建主义和人民大众的矛盾，因此中国革命的任务就是对外推翻帝国主义压迫的民族革命和对内推翻地主阶级压迫的民主革命。考虑到在推翻帝国主义和封建势力这两大革命对象的过程中有时还有资产阶级参加，即便是带有买办性质的大资产阶级因背叛革命而成为革命的敌人，革命的主要锋芒也不是向着一般的资本主义和资本主义私有制，而是仍然向着帝国主义和封建主义。所以，在半殖民地半封建社会的现实条件下，中国革命的第一个阶段并不是立即实行社会主义革命，而是实行资产阶级民主主义革命；中国革命最为迫切的任务并不是消灭资产阶级私有制和建立无产阶级专政，而是要首先进行反对帝国主义侵略和封建军阀统治的斗争。当然，在世界无产阶级社会主义革命的时代背景下，中国的资产阶级民主主义革命不同于历史上欧美各国的民主革命，已经不再是资产阶级领导的，以建立资本主义社会和资产阶级专政国家为目标的旧式的、一般的资产阶级民主主义革命，而是由中国共产党领导的，以建立无产阶级领导下的各革命阶级联合专政国家为目标的新式的、特殊的资产阶级民主主义革命。这种革命虽然一方面是为资本主义的发展扫清障碍，但是另一方面又是为社会主义创造前提，中国社会只有首先经过这一革命才能进一步发展成社会主义社会。

关于中国革命任务的这种特殊性，毛泽东从中国社会的基本国情出发作了深刻分析。他认为："中国现时社会的性质，既然是殖民地、半殖民地、半封建的性质，它就决定了中国革命必须分为两个步骤。第一步，改变这个殖民地、半殖民地、半封建的社会形态，使之变成一个独立的民主主义的社会。第二步，使革命向前发展，建立一个社会主义的社会。"① 为了避免党内同志在中国革命阶段的问题上犯错误，毛泽东还特别强调中国革命分两步走的必要性："只有经过民主主义，才能到达社会主义，这是马克思主义的天经地义。而在中国，为民主主义奋斗的时间还是长期的。没有一个新民主主义的联合统一的国家，没有新民主主义的国家经济的发展，没有私人资本主义经济和合作社经济的发展，没有民族的科学的大众的文化即新民主主义文化的发展，没有几万万人民的个性的解放和个性的发展，一句话，没有一个由共产党领导的新式的资产阶级性质的彻底的民主革命，要想在殖民地半殖民地半封建的废墟上建立起社会主义社会来，那只是完全的空想。"② 毛泽东的上述科学论断，深刻阐述了中国革命分两步走的客观依据、理论基础和基本内涵，不仅揭示了中国革命任务的特殊性，指明了中国革命的方向和前途，同时也明确了马克思主义中国化需要解决的问题。

## （三）马克思主义中国化需要解决的问题

鸦片战争以来，先进中国人为了挽救日益深重的民族危机和社会危机，同西方帝国主义列强和本国封建军阀势力进行了艰苦卓绝的斗争，但终究未能改变旧中国的社会性质和中国人民悲惨的命运，也未能从根本上解决近代中国社会面临的两大历史课题。这一现状迫切呼唤新的革命领导阶级和新的革命理论的产生。五四运动之后，中国先进知识分子在反复的比较、选择和鉴别中选择了马克思主义作为解决民族危机和改造中国社会的理论武器，并积极推动马克思主义同中国工人运动相结合，这便为中国共产党的成立创造

---

① 《毛泽东选集》第 2 卷，人民出版社 1991 年版，第 666 页。
② 《毛泽东选集》第 3 卷，人民出版社 1991 年版，第 1060 页。

了良好条件。马克思主义在中国广泛传播并且同中国工人运动相结合的过程，实际上也就是中国共产党从酝酿、准备到建立的过程。在早期共产主义者和共产国际的共同努力之下，中国共产党于1921年7月召开了第一次全国代表大会，通过了《中国共产党第一个纲领》《中国共产党第一个决议》等文件，从而标志着中国共产党的正式诞生。

中国共产党的成立是近代中国历史选择的必然结果，是近代中国革命发展的客观需要，标志着中国革命从此有了坚强的领导核心和科学的指导思想。党从成立之日起，便自觉地将实现社会主义和共产主义作为自己的奋斗目标，同时把马克思主义写在自己的旗帜上，将其确定为党的指导思想和理论基础，在实践中坚持运用马克思主义的立场、观点和方法来思考和解决中国革命问题。但是对于年轻的中国共产党来说，如何密切结合时代特征和时代主题的变化，更好地将马克思主义基本原理与中国革命的具体实际相结合，从根本上改变中国半殖民地半封建社会的性质，解决近代中国社会面临的历史课题，进而推动马克思主义中国化事业的顺利发展，这是一项复杂而艰巨的任务。就时代特征而言，十月革命胜利后世界无产阶级革命时代的到来，向中国共产党提出了如何密切结合时代特征变化来明确革命的指导思想、领导力量、性质、前途等问题。就近代中国社会的基本国情及面临的历史课题而言，在中国这样一个人口众多、政治经济文化各方面都比较落后的半殖民地半封建国家，在争取实现民族独立、人民解放和国家繁荣富强、人民共同富裕这一历史任务的过程中必然会面临许多特殊而复杂的问题。新民主主义革命时期，中国共产党必须思考和回答究竟应该选择一条什么样的道路才能将革命引向胜利。与上述两方面相联系，新民主主义革命时期马克思主义中国化所要解决的问题便是将马克思主义基本原理与中国革命的具体实际相结合，运用马克思主义的立场、观点和方法来回答和解决中国革命的对象、性质、动力、前途等一系列基本问题，找到一条指引中国革命走向胜利的道路。应该看到，这些问题既包括其他殖民地半殖民地国家在进行革命过程中遇到的共性问题，也包括由近代中国社会基本国情和基本矛盾所引发的特殊挑战，特别是要在一个外无民族独立而受帝国主义压迫，内无民主制度而受封建专制压迫的半殖民地半封建社会成功推翻帝国主义、封建主义和官僚资本主义的统治，取得新民主主义革命的胜利殊为不易，必将经历一段艰苦的探索历程，遇到许多难以预料的困难和挑战。

客观来说，在无产阶级革命的战略和策略这一问题上，马克思主义经典作家在科学总结实践经验的基础上作了许多重要探索，提出了无产阶级必须坚持暴力革命和阶级斗争的办法，应当坚持不断革命直到共产主义的目标实现为止，必须自觉地担负起领导资产阶级民主革命的重任，要善于利用资产阶级民主制和普选权进行合法斗争等思想。毫无疑问，这些论述符合马克思主义基本原理，而且对于探索适合中国国情的革命道路具有重要指导意义。但是每个国家的基本国情和历史条件不同，各国革命的形势、任务、目标也有所区别，马克思主义没有也不可能就不同国家的革命问题给出现成的答案，而只能提供观察问题、解决问题的思路和方法。正如恩格斯所说："马克思的整个世界观不是教义，而是方法。它提供的不是现成的教条，而是进一步研究的出发点和供这种研究使用的方法。"① 因此，在解决马克思主义中国化所面临的一系列问题过程中，中国共产党既不能指望直接从马克思主义经典作家的文本中找

---

① 《马克思恩格斯文集》第 10 卷，人民出版社 2009 年版，第 691 页。

到现成答案，也不能简单地照搬马克思主义经典作家在特定历史条件下针对某一问题所作出的结论，更不能机械地借鉴或移植其他国家的革命模式和革命经验，而只能在正确认识中国社会的历史状况和基本国情的基础上，把马克思列宁主义的基本原理同中国革命的具体实际结合起来，科学回答中国革命的对象、任务、性质、动力、前途等问题，制定适合革命斗争要求的纲领，探索一条适合中国国情的革命道路。

对于中国共产党来说，正确地将马克思主义基本原理与中国革命的具体实际结合起来，进而明确马克思主义中国化的主题和任务，是一项既无固定模式可供遵循、亦无现成经验可供参考的艰巨任务，只能在实践中不断摸索、探寻和挑战。特别是在党的幼年时期，由于中国共产党对于中国的历史和社会状况、中国革命的特点和规律了解不深，还不善于将马克思主义基本原理与中国革命的具体实际结合起来，因此党对中国革命发展规律的认识还不是十分深刻，对马克思主义中国化需要解决哪些问题也不是十分清楚。党的一大纲领虽然明确提出推翻资本家阶级政权、消灭资产阶级私有制和承认无产阶级专政等主张，同时旗帜鲜明地把实现社会主义和共产主义作为自己的奋斗目标，从而划清了与坚持资产阶级民主主义制度和主张走议会道路的第二国际社会民主主义的界线，但是严格来说，党的一大纲领还不是十分成熟，甚至还存在照搬照抄和脱离中国国情的痕迹，以至于半殖民地半封建社会性质的中国提出实现社会主义革命和建立无产阶级专政的任务。显然，刚刚诞生的中国共产党在这时候还没有深刻地认识中国的基本国情与革命任务的特殊性，还不懂得民主革命与社会主义革命之间的区别和联系，对于在半殖民地半封建社会的条件下应该采取什么步骤才能实现社会主义和共产主义等问题还不能作出科学的回答。令人惊喜的是，这种情况在 1922 年得到了初步改变。在列宁关于民族和殖民地问题理论的指导下，中国共产党结合中国革命的实际情况，在党的二大上提出和制定了符合中国国情的民主革命纲领。党的二大通过的大会宣言，一方面重申了坚持用阶级斗争的手段建立共产主义社会的奋斗目标，另一方面强调党在现阶段的奋斗目标是打倒军阀和推翻国际帝国主义的压迫，这就将党的最高纲领和最低纲领有机结合起来，将党在新民主主义革命时期要实现的目标同将来社会主义革命要实现的长远目标结合起来。不仅如此，党的二大宣言还初步阐述了中国革命的性质、对象、动力、策略和前途等问题，指出中国革命的性质是民主主义革命；革命的对象是帝国主义和封建主义；革命的动力是工人、农民、小资产阶级、民族资产阶级；革命的策略是组成各阶级的联合战线；革命的前途是向社会主义革命转变。上述这些认识，是中国共产党把马克思主义基本原理与中国革命的具体实际相结合的重要成果，是马克思主义中国化初期探索的重要成就，表明党对中国社会的基本国情和革命发展规律有了更为深刻的认识，对新民主主义革命时期马克思主义中国化需要解决的问题也有了更为科学的把握。事实上，正是在准确理解和判断马克思主义中国化主题的基础上，中国共产党才能在错综复杂的形势下成功应对各种风险和困难的挑战，在不断深化中国革命发展规律的认识中找到一条引领中国革命走向胜利的道路，在科学解答和回应时代课题的过程中开辟马克思主义中国化的新境界。

## 三、新民主主义革命理论建构的方法

方法是人们为了实现特定目的而采用的手段和工具，对于人们认识世界和改造世界的活动具有重要意义。只有采用科学的方法，才能实现对事物规律的认识和对客观世界的改造。关于方法的重要性，毛泽东形象而深刻地指出："我们不但要提出任务，而且要解决完成任务的方法问题。我们的任务是过河，但是没有桥或没有船就不能过。不解决桥或船的问题，过河就是一句空话。不解决方法问题，任务也只是瞎说一顿。"① 马克思主义中国化是一个理论指导和运用、理论概括和升华相统一的过程，既包括运用马克思主义的立场、观点、方法来分析和解决中国实际问题的方面，也包括在科学总结实践经验的基础上形成中国化马克思主义理论成果的方面，不论哪一个方面都离不开科学方法的指导和运用。从这个意义上来讲，推动马克思主义中国化事业的顺利发展，不仅要明确马克思主义中国化的主题和任务，而且需要在科学方法论的指导下更好地推动和实现马克思主义基本原理与中国具体实际、时代特征、中华优秀传统文化的结合，更加全面地总结中国革命、建设、改革的实践经验，实现中国经验的马克思主义化，为马克思主义理论宝库增添新的内容。新民主主义革命时期，中国共产党在科学界定和把握马克思主义中国化主题的基础上，积极探索马克思主义中国化的方法路径，通过密切结合中国实际和时代特征、深刻总结近代中国经验、突破苏联革命道路和借鉴中华优秀传统文化等方法，建构起了一套反映中国革命发展规律和具有中国特色、中国风格、中国气派的革命理论，不仅为夺取中国革命的伟大胜利提供了理论指南，而且为推进马克思主义中国化事业的发展提供了重要的方法论启示。

---

① 《毛泽东选集》第 1 卷，人民出版社 1991 年版，第 139 页。

## （一）基于中国实际建构革命理论

理论不能凭空产生，更不是理论家主观臆想的结果。科学理论的形成不仅需要借鉴前人的优秀文化成果，而且需要立足现实、从实际出发，使理论观点的表达和理论体系的建构建立在可靠的现实基础上，如此才能增强理论的科学性和可信性。中国共产党在建构革命理论的过程中采取了直面现实的态度和立场，秉持理论联系实际、一切从实际出发的基本原则，基于中国社会的性质、特点和革命的客观形势对中国革命的基本问题、主要形式作了系统阐述，对红色政权存在和发展的原因作了精辟分析。

第一，依据中国社会性质分析中国革命的基本问题。推进马克思主义中国化，非常重要的一个方面就是将马克思主义基本原理与中国具体实际结合起来，实现理论向实践的转化，而中国最大的实际就是中国的基本国情，特别是中国社会的性质和发展状况。"只有认清中国社会的性质，才能认清中国革命的对象、中国革命的任务、中国革命的动力、中国革命的性质、中国革命的前途和转变。所以，认清中国社会的性质，就是说，认清中国的国情，乃是认清一切革命问题的基本的根据。"[①] 在《中国革命和中国共产党》这篇文章中，毛泽东从近代中国社会性质出发，对中国革命的基本问题作了科学阐释。他认为，既然近代中国是一个半殖民地半封建社会，那么中国革命现阶段的主要对象便是帝国主义和封建主义；革命的任务主要就是打击这两个敌人，就是对外推翻帝国主义压迫的民主革命和对内推翻封建地主压迫的民主革命；革命的动力主要包括无产阶级、农民阶级、农民以外的各种类型的小资产阶级和民族

---

① 《毛泽东选集》第 2 卷，人民出版社 1991 年版，第 633 页。

资产阶级，而当革命主要是反对某一帝国主义国家时，属于别的帝国主义系统的买办阶级也有可能在一定程度上和一定时期内参加反帝国主义战线；革命的性质不是无产阶级的社会主义革命，而是资产阶级民主主义革命，但是这种资产阶级民主主义革命是新式的、特殊的资产阶级民主主义革命，是世界无产阶级社会主义革命的一部分；革命的前途不是资本主义，而是社会主义和共产主义。在这里，毛泽东依据中国社会性质阐述了中国革命的对象、任务、动力、性质和前途等问题，不仅初步建构了一个体系完整、逻辑清晰的理论体系，也使革命理论的建构有了坚实的依据和出发点。

第二，基于中国社会特点论述中国革命的主要形式。中国革命应该采取什么样的形式，这是建构革命理论必须回答的问题。毛泽东认为，革命的中心任务和最高形式是武装夺取政权，但是无产阶级政党在执行这个马克思列宁主义的普遍原则时可能因各国具体条件的不同而存在不一致。在资本主义国家，无产阶级政党的任务在于经过长期的合法斗争教育工人，最后夺取政权。然而，在中国这样的半殖民地半封建的国家，内部没有民主制度而受封建制度压迫，外部没有民族独立而受帝国主义压迫，既没有议会可以利用，也没有组织工人举行罢工的合法权利；加之中国革命敌人的力量异常强大，对中国革命力量的镇压异常残酷，不给中国人民以和平活动的可能，因此中国革命人民必须武装起来，以武装的革命反对武装的反革命。可以说，"在中国，离开了武装斗争，就没有无产阶级的地位，就没有人民的地位，就没有共产党的地位，就没有革命的胜利。"[1] 当然，强调武装斗争是中国革命的主要形式，并不意味着没有必要采取其他斗争形式。毛泽东明确指出："但是着重武装

---

[1] 《毛泽东选集》第2卷，人民出版社1991年版，第610页。

斗争，不是说可以放弃其他形式的斗争；相反，没有武装斗争以外的各种形式的斗争相配合，武装斗争就不能取得胜利。"① 在这里，毛泽东通过与资本主义国家比较，进一步分析了旧中国半殖民地半封建社会的主要特点，并在此基础上对中国革命采取何种形式的问题作了全面论述，为探索适合中国国情的革命道路迈出了重要一步。

第三，结合中国革命的客观形势分析红色政权存在和发展的原因。在领导农村革命根据地实践的过程中，针对党内一些同志因过高估计敌人力量而提出"红旗到底能打多久"的疑问，毛泽东结合中国革命的客观形势深刻分析了红色政权存在和发展的原因，并在此基础上提出了"工农武装割据"思想。毛泽东认为，红色政权之所以能够在四周白色政权的包围中长期存在，有其独特的原因。一是半殖民地半封建社会的中国在帝国主义的间接统治下，是一个政治经济发展不平衡的国家，不仅存在不少的统治薄弱环节，而且帝国主义和封建军阀之间长期进行着连续不断的战争，这就给无产阶级在农村创建革命根据地提供了机会。二是红色政权首先发生和能够长期存在的地方，并不是未经过民主革命影响的地方，而主要是受过大革命和北伐战争影响的地方，良好的群众基础为红色政权的存在和发展提供了支撑。三是全国革命形势继续向前发展，为党在农村建设革命根据地提供了客观条件。四是相当力量的正式红军的存在，为红色政权的建立和巩固提供了坚强的后盾。五是共产党强有力的组织及其正确的政策，为红色政权的长期存在和发展提供了坚强的保障。在上述五个条件之中，第一个条件是最为重要和最为根本的。正是中国半殖民地半封建社会的性质，决定了中国政治经

---

① 《毛泽东选集》第2卷，人民出版社1991年版，第636页。

济发展不平衡的现实及白色政权之间连续不断的战争和分裂。因此，"我们只须知道中国白色政权的分裂和战争是继续不断的，则红色政权的发生、存在并且日益发展，便是无疑的了。"① 由此可见，毛泽东关于红色政权存在和发展原因的分析，乃是源于对中国革命的客观形势，特别是近代中国社会性质的深刻分析和把握。

总之，近代中国社会的性质、特点和中国革命的客观形势，为中国共产党人建构符合中国革命发展规律的理论体系提供了现实依据。基于中国实际建构革命理论，不仅强化了革命理论的科学性和权威性，也使革命理论建立在可靠的现实基础上，容易获得全党和全社会的认同。

## （二）基于时代特征建构革命理论

科学理论的问世和形成有其深刻的时代背景，是因应时代发展诉求、回答时代课题的结果。与时代特征相结合是马克思主义发展的内在要求，是推动马克思主义中国化事业的必然选择。中国共产党在建构革命理论的过程中，不仅注重对中国实际的观察和分析，而且善于在把握时代特征的基础上建构出反映时代要求、符合时代主题和富有时代特色的科学理论。

第一，基于时代条件制定中国革命的策略。革命策略的制定不仅要坚持从实际出发的原则，密切结合变化发展的客观现实，也要立足于特定的时代背景，认清革命所处的时代条件。只有将二者有机结合起来，综合考虑策略制定的内在依据和外部环境，才能确保策略的科学性与合理性。建党初期，中国共产党在制定革命策略时就注意结合国际局势和时代条件进行分析。党的二大宣言指出：

---

① 《毛泽东选集》第 1 卷，人民出版社 1991 年版，第 49 页。

"被压迫的中国劳苦群众最要明了现今世界大势，才能从受压迫的痛苦中加快的救出自己来。最近世界政治发生两个正相反的趋势：一是世界资本帝国主义的列强企图协同宰割全世界的无产阶级和被压迫民族；一是推翻国际资本帝国主义的革命运动，即是全世界无产阶级的先锋——国际共产党和苏维埃俄罗斯——领导的世界革命运动和各被压迫民族的民族革命运动。"[①] 基于上述分析，党的二大宣言明确提出：中国的反帝国主义运动一定要并入全世界被压迫民族的革命浪潮中，再与世界无产阶级革命运动联合起来，这样才能迅速打倒共同的压迫者——国际资本帝国主义；中国劳苦群众要从帝国主义的压迫中把自己解放出来，只能走这条唯一的道路。不难发现，这一论述实际上已经把中国革命纳入世界无产阶级社会主义革命之中，蕴含着中国革命是世界无产阶级革命一部分的命题。

第二，依据时代特征揭示中国革命的性质和前途。中国革命的性质是什么、中国革命的前途何在，这是建构革命理论不能回避的问题。中国共产党在说明中国革命的性质和前途时，不仅从近代中国社会的性质出发进行分析，而且还阐明了时代特征的变化对中国革命的深远影响。关于中国革命的性质，毛泽东认为，由于十月革命改变了整个世界历史的方向，划分了整个世界历史的时代，因此在这样的时代下，任何殖民地半殖民地国家如果发生了反对帝国主义的革命，就不再属于旧的世界资产阶级民主革命的范畴，而是属于新的资产阶级民主主义革命的范畴，属于无产阶级社会主义世界革命的一部分。在这里，毛泽东结合时代特征的变化阐明了中国由旧民主主义革命转变为新民主主义革命的国际背景，深刻论述了中

---

① 《建党以来重要文献选编（1921—1949）》第 1 册，中央文献出版社 2011 年版，第 126—127 页。

国革命是世界革命一部分的命题。在中国革命前途的问题上，毛泽东认为，既然中国革命是处在社会主义高涨和资本主义低落的国际环境中，那么中国革命的终极前途不是资本主义的，而是指向社会主义和共产主义，也就没有疑问。显然，这一结论是建立在十月革命开辟世界无产阶级社会主义革命时代基础上的，同样是依据时代特征变化得出的科学论断。

时代特征是马克思主义中国化展开的国际背景，对马克思主义中国化具有客观制约性。结合时代特征建构革命理论，有助于认清中国革命所处的时代背景，使革命理论具有国际视野和时代特色。

## （三）总结近代经验建构革命理论

历史是最好的教科书，历史经验不仅对于现实生活具有重要启迪和借鉴意义，同时也是理论家进行理论建构的重要资源。近代以来，先进中国人为挽救民族危机而同外国侵略势力和本国封建势力进行抗争的历史，特别是中国共产党领导中国人民进行革命的历史，对于建构革命理论具有重要借鉴意义。通过总结近代经验，中国共产党深刻阐明了中国革命的指导思想，进一步深化了对中国革命规律的理解和认知。

第一，总结旧民主主义革命经验，阐明中国革命的指导思想。理论是实践的指引，革命实践需要科学理论的指导。中国革命究竟以何种理论作为指导思想，是事关中国革命成败的关键所在，是建构革命理论不能回避的重大问题。为了彰显马克思主义的理论价值和实践魅力，说明将马克思主义作为中国革命指导思想的合理性与必要性，中国共产党深刻总结了近代以来先进中国人向西方寻求救国真理的历史。毛泽东指出："在一个很长的时期内，即从一八四〇年的鸦片战争到一九一九年的五四运动的前夜，共计七十多年中，中国人没有什么思想武器可以抵御帝国主义。旧的顽固的封建主义的思想武器打了败仗了，抵不住，宣告破产了。不得已，中国人被迫从帝国主义的老家即西方资产阶级革命时代的武器库中学来了进化论、天赋人权论和资产阶级共和国等项思想武器和政治方案，组织过政党，举行过革命，以为可以外御列强，内建民国。但是这些东西也和封建主义的思想武器一样，软弱得很，又是抵不住，败下阵来，宣告破产了。一九一七年的俄国革命唤醒了中国人，中国人学得了一样新的东西，这就是马克思列宁主义。"① 从此以后，中国人在精神上就由被动转为主动，中国先进知识分子就以无产阶级的宇宙观作为观察和思考国家命运的工具，中国革命的指导思想也随之发生了根本性变化。中国革命为何要坚持以马克思主义作为指导思想，从对旧民主主义革命失败教训的总结中不难找到答案。

第二，总结中国共产党领导人民进行革命的经验，深化对中国革命规律的认识。中国共产党成立后就在实践中努力运用马克思主义的立场、观点和方法来思考和解决中国革命问题，并且成功制定了彻底的反帝反封建的民主革命纲领、建立了国共合作的统一战线、提出了新民主主义革命的基本思想，在推动马克思主义基本原理与中国革命具体实际相结合方面取得了相当成效。但是，年幼的中国共产党毕竟还缺少革命经验，对中国革命规律的认识还不是很深刻，加之右倾机会主义和"左"倾教条主义的影响，党在大革命后期和第五次反"围剿"斗争中犯了一些错误，使革命力量遭到严重损失。中国共产党是一个善于总结经验的政党，在建构革命理论的过程中，通过总结领导人民进行革命的经验，深化了对中国革命

---

① 《毛泽东选集》第 4 卷，人民出版社 1991 年版，第 1513—1514 页。

规律的认识。例如，通过对大革命失败教训的总结，以毛泽东为代表的中国共产党人批判了右倾机会主义者自动放弃革命领导权的错误思想，提出必须坚持无产阶级对革命领导权的主张；纠正党内压制农民运动、未能满足农民土地要求的错误做法，提出在无产阶级力量还不是十分强大的情况下，必须实行土地革命以获得广大同盟军的思想；汲取不注重建立无产阶级武装力量的深刻教训，提出"枪杆子里出政权"的观点。又如，通过对农村革命根据地建设经验的总结，以毛泽东为代表的中国共产党人回应党内一些同志对"红旗到底能打多久"的疑问，提出"工农武装割据"思想，主张中国革命要在无产阶级的领导下，以武装斗争为主要形式、以革命根据地为基本阵地、以土地革命为主要内容来推动红色政权的巩固和发展。再如，通过对中国共产党 18 年历史的总结，特别是中国革命两次胜利和两次失败经验教训的总结，毛泽东在《〈共产党人〉发刊词》一文中，明确将统一战线、武装斗争、党的建设作为党领导中国革命过程中战胜敌人的三个主要法宝，强调"正确地理解了这三个问题及其相互关系，就等于正确地领导了全部中国革命"[1]。"三大法宝"的提出表明，中国共产党对新民主主义革命的科学内涵有了更为全面的认识，对如何进行和领导革命的问题也有了更为深刻的理解。因此，中国共产党领导中国人民进行革命的伟大实践和丰富经验是中国共产党建构革命理论的重要资源。正是通过对革命经验的深刻总结，中国共产党深化了对中国革命客观规律的认识。

可见，革命理论不仅是基于中国实际和时代特征建构起来的，同时也是在深刻总结近代经验基础上形成的。以历史为据，通过总

---

① 《毛泽东选集》第 2 卷，人民出版社 1991 年版，第 605—606 页。

结近代经验建构革命理论，不仅使理论获得了历史支撑，也提升了理论的历史感，强化了理论的说服力。

## （四）突破苏联道路建构革命理论

赢得革命的胜利，不仅要有科学理论的指导，而且需要选择一条正确的革命道路。在一个农民占大多数人口的半殖民地半封建社会的国家进行革命，究竟该选择一条什么样的道路，是中国共产党领导革命过程中必须回答的重要问题。俄国十月革命的胜利，实际上走的是一条在布尔什维克党的领导下通过中心城市的工人和士兵起义最终夺取政权的道路。由于十月革命的划时代意义，这是一条成功的革命道路。再加上中国共产党处在幼年时期，对于中国革命究竟该走什么道路的认识不深刻。因此，党的一些早期领导人机械地搬用苏联革命的经验和模式，将其作为赢得革命胜利的不二法门，导致中国革命力量遭受巨大损失。应该说，尽管中俄两国的国情十分相似，但是在半殖民地半封建社会的条件下，中国革命在许多方面和俄国革命情况毕竟有所区别，应当探索一条具有中国特色的革命道路来夺取革命的胜利。正因如此，建构革命理论的过程中，以毛泽东为代表的中国共产党人从失败中不断总结经验教训，坚持运用马克思主义的立场、观点和方法来思考，解决中国革命问题，最终探索出了一条以农村包围城市、武装夺取政权的革命道路，从而实现了对苏联革命道路的突破和超越，为夺取中国革命的胜利指明了方向。

中国共产党对革命道路问题的探索，经历了一个艰难而复杂的过程。1927年大革命的失败向中国共产党提出了中国革命究竟该走什么道路的问题。对此，以毛泽东为代表的中国共产党人从理论和实践层面作了认真思考。在总结大革命失败教训的基础上，毛泽东提出了"枪杆子里出政权"的思想，揭示了中国革命的主要特点，开始对具有中国特色的革命道路进行探索；在创建和领导农村革命根据地的过程中，毛泽东提出了"工农武装割据"思想，深刻分析了红色政权存在和发展的原因，为中国革命进行武装斗争找到了新的阵地；在批判对时局估量的悲观思想，主张先进行流动游击待扩大政治影响后再建立政权观点的基础上，毛泽东提出了用小块红色政权的巩固和发展去促进全国革命高潮，进而夺取全国革命胜利的观点，从而初步形成了以农村包围城市、武装夺取政权的思想。尽管在 20 世纪 30 年代初期，毛泽东关于中国革命道路的思想还不是十分成熟，从理论形态上来讲还比较粗糙，也没有立刻对中国革命产生直接影响，但是在这一时期毕竟已经开始形成了以农村包围城市，在农村地区先建立和发展红色政权，待时机成熟后再夺取全国政权的思想。这是毛泽东对探索中国革命道路的重要贡献。红军长征胜利到达陕北之后，中国共产党获得了较为稳定的生存环境，毛泽东也有了较为充裕的时间对中国革命的基本问题进行思考。在深入分析近代中国所处的时代背景和基本国情的基础上，毛泽东科学论述了中国革命的长期性和不平衡性等特点，从而进一步深化了农村包围城市的战略构想。1938 年 11 月，他在党的六届六中全会的结论中深入分析了半殖民地半封建社会的中国的特点，明确提出："共产党的任务，基本地不是经过长期合法斗争以进入起义和战争，也不是先占城市后取乡村，而是走相反的道路。"① 这就确立了经过长期武装斗争，先占领农村后占领城市，最后夺取全国胜利的革命道路。

道路问题事关党的事业的兴衰成败，"不论是搞革命、搞建设、

---

① 《毛泽东选集》第 2 卷，人民出版社 1991 年版，第 542 页。

搞改革，道路问题都是最根本的问题"①。面对党内存在的将马克思主义教条化、将共产国际的指示和苏联经验神圣化的不良倾向，以毛泽东为代表的中国共产党人以巨大的理论勇气和实事求是的科学态度，对中国革命经验进行了深刻总结，对苏联革命道路进行了辩证分析，最终冲破了教条主义的思维束缚，在实践中探索出了一条适合中国国情的革命道路。可以说，敢于突破苏联道路和苏联经验的束缚，坚持实事求是地思考和分析中国问题，是中国共产党在建构革命理论过程中表现出来的鲜明特点。

## （五）借鉴中华优秀传统文化建构革命理论

马克思主义中国化的过程，既是马克思主义基本原理与中国具体和时代特征相结合的过程，也是马克思主义基本原理与中华优秀传统文化相结合的过程。作为一种产生于西方社会背景下的思想文化与理论观点，马克思主义要在中国社会中发挥其思想效力，在中国文化的土壤中生根、开花、结果，就必须与中华优秀传统文化相结合，实现外来文化与本土文化的有机融合。在建构革命理论的过程中，中国共产党善于借鉴中华优秀传统文化来进行深入浅出的阐述。

第一，运用中华民族的语言形式和表达习惯建构革命理论。由于每个民族都有自己特定的思维习惯和表达方式，因此实现外来文化与本土文化之间的交流和融合，非常重要的一个方面就是用民族化的语言形式和表达习惯来阐述外来的思想文化。新民主主义革命理论中有不少方面的内容借鉴了马克思主义基本原理，为了使广大

---

① 《习近平关于实现中华民族伟大复兴的中国梦论述摘编》，中央文献出版社2013年版，第28页。

党员和群众能够理解和接受这些原理，毛泽东从中国老百姓的接受能力和思维习惯出发，运用民族化的语言形式和表达习惯作了通俗易懂的阐述。通过暴力革命夺取政权是马克思主义关于无产阶级革命的重要观点，为了说明暴力革命在中国革命中的重要地位，毛泽东用"武装斗争"这个更为中国人民所熟悉的表达方式，阐述马克思主义暴力革命的一般原理，说明中国革命斗争的主要形式就是武装斗争，离开武装斗争就没有革命胜利等道理。在经济文化落后的国家，无产阶级应该首先联合资产阶级完成民主革命，然后在这个基础上完成社会主义革命，这是马克思主义关于无产阶级革命斗争策略的重要观点。为了使这一原理更加通俗易懂，毛泽东运用"中国革命分两步走"的表达方式进行了深入浅出的阐述。他认为，中国不是多了一个资本主义，而是多了一个外国的帝国主义和本国的封建主义，因此中国革命应该分两步走，第一步是完成反帝反封建的民主革命，第二步才是完成无产阶级的社会主义革命。通过使用中国人所熟悉和惯用的表达方式来建构革命理论，不仅有助于增进广大党员和普通民众对理论的理解，也使理论本身富有鲜明的中国特色和中国风格。

第二，运用中华优秀传统文化中的历史典故建构革命理论。除了运用中国人民喜闻乐见的语言形式和表达方式来阐述革命理论之外，毛泽东在建构革命理论的过程中，还经常借用一般中国民众所熟悉的历史典故来进行理论阐释。例如，在《中国革命战争的战略问题》一文中，毛泽东引用《水浒传》里林冲与洪教头在柴进庄上比武的故事，来分析革命战争中的战略退却问题，说明劣势军队在优势军队的进攻面前，要懂得采取有计划的战略退却步骤以待机破敌的道理；在党的七大的闭幕词中，毛泽东运用愚公移山的寓言，来激励全党发扬愚公坚韧不拔的精神，推翻当时压在中国人民身上的帝国主义和封建主义两座大山；在党的七届二中全会的报告中，毛泽东引用《西游记》中孙悟空钻进铁扇公主肚子里逼她借芭蕉扇的故事，来说明革命者要准备同国民党谈判成功后面对许多麻烦的事情，要警惕反革命两面派钻进革命队伍进行破坏的道理；在《论人民民主专政》一文中，毛泽东借用《水浒传》里武松打虎的典故，来说明无产阶级绝不与反动派妥协而要把革命进行到底的态度和立场。可以说，毛泽东对于历史典故的运用已经到了炉火纯青的地步。结合中国老百姓所熟悉的历史典故来阐述革命道理，能够增加理论的趣味，使理论易于理解和接受。

中华优秀传统文化是中华民族的宝贵财富，也是中国具体实际的重要组成部分，为中国共产党革命理论的建构提供了重要资源。借鉴中华优秀传统文化建构革命理论，特别是以中国人民喜闻乐见的语言形式和家喻户晓的历史典故深入浅出、通俗易懂地阐释革命理论，有助于减少理论传播过程中的阻力，实现理论的大众化传播，推动理论转化为改造世界的物质力量。

新民主主义革命时期，以毛泽东为代表的中国共产党人紧紧围绕马克思主义中国化的主题进行革命理论的建构。在密切结合中国实际、科学把握时代特征的基础上，中国共产党一方面深刻总结了近代革命的经验教训，另一方面积极借鉴了中华优秀传统文化，从而实现了对苏联革命道路的超越和突破，使革命理论获得了现实、时代、历史等多方面的支撑。若就其方法论意义而言，中国共产党围绕马克思主义中国化主题所进行的革命理论建构，不仅生动展现了中国化马克思主义理论成果的思想特质和理论形态，而且蕴含马克思主义理论成果的生成逻辑，对于推动马克思主义中国化事业具有重要的方法论启示。

# 四、新民主主义革命理论的体系和地位

新民主主义革命理论，是以毛泽东为代表的中国共产党人把马克思主义基本原理同中国革命的具体实际相结合，在认真总结中国革命的实践经验和深刻把握时代特征的基础上所形成的具有独创性的革命理论。全面概括和客观评价新民主主义革命理论的主题、结构、特征、历史地位，是认识新民主主义革命理论基本内涵和精神实质的客观要求。

## （一）新民主主义革命理论的主题

新民主主义革命理论的主题是什么，是阐释新民主主义革命理论首先必须回答的问题。概括来说，新民主主义革命理论所要回答的是在世界无产阶级社会主义革命的时代背景下，如何在中国这个人口众多，政治、经济、文化各方面都比较落后的半殖民地半封建国家进行革命和夺取革命胜利的问题。"为什么需要革命，如何进行革命"，是新民主主义革命理论的主题。

鸦片战争以来，在帝国主义列强的残酷侵略和封建势力的腐朽统治之下，中国逐渐沦为半殖民地半封建社会。"为了民族复兴，无数仁人志士不屈不挠、前仆后继，进行了可歌可泣的斗争，进行了各式各样的尝试，但终究未能改变旧中国的社会性质和中国人民的悲惨命运。"[1] 历史证明，不论是旧式农民起义、不触动封建社会根基的自强运动，还是资产阶级改良运动、资产阶级革命派领导的

---

[1] 《十九大以来重要文献选编》上，中央文献出版社 2019 年版，第 10 页。

民主革命，虽然都曾在一定历史条件下推动了中国社会的进步，但是都无法完成近代中国社会面临的历史课题，都不能为中国找到真正的出路。事实上，不仅农民阶级和资产阶级没有能力承担起领导中国革命的责任，带领中国人民完成民族独立和人民解放的历史课题，即便是 20 世纪初先后成立的不同性质的政党也无法提出反帝反封建的革命纲领，正确回答中国革命该如何进行、如何赢得胜利等一系列事关中华民族危亡的重大问题。第一次世界大战结束之后，帝国主义列强加紧了侵略和瓜分中国的步伐，加之北洋军阀的黑暗统治，中国社会的矛盾更加激化，中国人民的生活更加悲惨。中国社会性质的变化和革命斗争形势的发展，迫切期待新的阶级及其政党领导新的革命、提出新的革命理论、解决时代发展提出的课题。历史将解决这一任务的重任放在了中国共产党肩上。

作为中国无产阶级的先锋队，中国共产党自成立以来就为从根本上改变中国人民被剥削、被压迫的悲惨状况和实现民族独立、人民解放的历史任务进行了艰苦探索。中国共产党在领导革命斗争的过程中深刻地意识到，要实现民族独立、人民解放的历史任务，必须首先通过革命的手段从根本上改变近代中国半殖民地半封建社会的现实。为此，以毛泽东为代表的中国共产党人在深刻把握中国国情和时代特征的基础上，自觉地将马克思主义基本原理与中国革命具体实际结合起来，围绕新民主主义革命时期马克思主义中国化的主题，在领导中国人民进行革命斗争实践的过程中深化了对中国革命基本问题的认识，科学回答了中国革命的对象、动力、性质、前途等问题，找到了一条反映中国半殖民地半封建社会民主革命发展规律的道路，创造性地回答了中国进行什么样的革命、如何夺取中国革命胜利这些根本问题，并在此基础上创造性地提出了新民主主义革命理论，为中国革命的胜利指明了方向。

新民主主义革命发生在一个半殖民地半封建社会的东方大国，既不同于欧美国家历史上发生的资产阶级民主革命，而且与俄国的十月革命也存在许多不同之处。特殊的国情和任务决定了中国革命不能照搬照抄西方资产阶级民主革命的指导思想和马克思主义关于无产阶级革命的一般论述，而必须在科学理论的指导下，从中国的历史社会状况出发，同时结合中国社会的基本国情和中国革命的主要特点独立自主地进行理论思考和理论建构。从这个意义上讲，新民主主义革命理论并不是一般学术意义上的理论建构，而是事关中国革命胜利和中国社会发展前景的理论指引，是立足中国实际、结合时代特征和回应实践要求的重要理论创新，具有鲜明的理论主题和强烈的现实关怀。明确新民主主义革命的理论主题，弄清楚新民主主义革命理论创立的针对性和现实性，才能把握其理论体系和理论特点，认清其理论意义和实践价值。

### （二）新民主主义革命理论的体系

以毛泽东为代表的中国共产党人在领导中国人民进行革命斗争的实践中，深刻总结了中国社会的基本国情和中国革命的主要特点，提出了新民主主义革命的总路线，阐述了新民主主义的基本纲领，确立了新民主主义革命的道路选择，总结了新民主主义革命的基本经验，科学回答了事关中国革命的一系列基本问题，形成了逻辑清晰、体系完备的新民主主义革命理论。

新民主主义革命的总路线。这是中国共产党人为实现革命胜利和建立新的民主国家而制定的指导中国革命实践的根本路线，这条路线从提出到确立经历了一个演变过程。1939 年 12 月，毛泽东在《中国革命和中国共产党》一文中第一次提出"新民主主义革命"的概念，并对新民主主义革命总路线作了初步概括，指出"所谓新民主主义的革命，就是在无产阶级领导之下的人民大众的反帝反封建的革命。"① 1948 年 4 月，毛泽东在晋绥干部会议上的讲话对新民主主义革命的总路线作了完整表述："无产阶级领导的，人民大众的，反对帝国主义、封建主义和官僚资本主义的革命，这就是中国的新民主主义的革命，这就是中国共产党在当前历史阶段的总路线和总政策。"② 新民主主义革命总路线不仅反映了中国革命的基本规律，同时科学回答了中国革命的领导权、对象、动力、性质等一系列重大问题。正是在总路线的指引下，中国共产党领导中国人民战胜了强大的革命敌人，取得了新民主主义革命的胜利。

新民主主义革命的基本纲领。纲领是政党性质的重要标志，是政党奋斗目标的集中体现。新民主主义革命既需要总路线的指导，也需要明确革命的奋斗目标，制定革命的纲领。1940 年 1 月，毛泽东在《新民主主义论》中围绕中国向何处去的问题，阐述了新民主主义的政治、经济和文化。1945 年 4 月，毛泽东在《论联合政府》中进一步将新民主主义的政治、经济、文化同党的基本纲领联系起来进行具体阐述，形成了新民主主义革命的基本纲领。具体来说，新民主主义的政治纲领是推翻帝国主义和封建主义的统治，建立一个无产阶级领导的、以工农联盟为基础的、各革命阶级联合专政的、实行民主集中制的新民主主义共和国；新民主主义的经济纲领是没收封建地主阶级的土地归农民所有，没收官僚资产阶级的垄断资本归新民主主义国家所有，保护民族工商业；新民主主义的文化纲领是无产阶级领导的人民大众的反帝反封建的文化，也就是民族的、科学的、大众的文化。新民主主义革命的基本纲领是新民主主

---

① 《毛泽东选集》第 2 卷，人民出版社 1991 年版，第 647 页。
② 《毛泽东选集》第 4 卷，人民出版社 1991 年版，第 1316—1317 页。

义革命总路线的进一步展开和体现，为新民主主义革命指明了奋斗目标。

新民主主义革命的道路。道路问题是中国革命的根本问题，事关革命事业的兴衰成败。取得新民主主义革命的胜利，改变旧中国半殖民地半封建社会的现实，需要在实践中探索出一条适合中国国情的革命道路。中国共产党在总结革命经验的基础上，立足于中国国情，坚持独立自主地运用马克思主义的立场、观点、方法来思考、解决中国革命的道路问题，最终成功走出了一条不同于俄国十月革命的道路，即农村包围城市、武装夺取政权的革命道路。以毛泽东为代表的中国共产党人从中国所处的时代特点和具体国情出发，深刻分析了中国必须走农村包围城市、武装夺取政权道路的必然性，科学阐述了土地革命、武装斗争和农村革命根据地建设三者之间的关系，开辟了引导中国革命走向胜利的正确道路。

新民主主义革命的基本经验。中国共产党是一个善于总结经验的政党，在领导中国人民进行革命斗争的过程中，以毛泽东为代表的中国共产党人总结了中国革命两次胜利和两次失败的经验教训，提出了新民主主义革命的"三大法宝"。毛泽东认为，统一战线和武装斗争是战胜敌人的两个基本武器，统一战线是实行武装斗争的统一战线，党的组织则是掌握统一战线和武装斗争这两个武器以实行对敌人冲锋陷阵的英勇战士。对统一战线、武装斗争、党的建设三个基本问题及其内在关系的分析，实际上也是对新民主主义革命经验的总结，表明中国共产党对中国革命的科学内涵和客观规律有了更进一步的认识。

可见，新民主主义革命既有明确的主题，也是一个结构完整、逻辑清晰、体系完备的理论成果。新民主主义革命理论体系的完整性、严密性，彰显了这一理论的鲜明特征和独特贡献。

## （三）新民主主义革命理论的特征

作为全党集体智慧的结晶和成果，新民主主义革命理论是在批判各种错误思潮的过程中，在深刻总结中国革命长期实践经验的基础上形成的。

新民主主义革命理论是全党集体智慧的结晶和成果。新民主主义革命理论是马列主义普遍原理同中国革命具体实际相结合的产物，是以毛泽东为代表的中国共产党人对马列主义作出的独创性贡献。毫无疑问，在新民主主义革命理论形成的过程中，毛泽东作出了重要贡献，提出了许多具有创造性的观点。特别是在《中国的红色政权为什么能够存在？》《星星之火，可以燎原》《〈共产党人〉发刊词》《中国革命和中国共产党》《新民主主义论》《论联合政府》等文章中，毛泽东对中国革命基本问题的分析，深刻回答了在中国这个半殖民地半封建社会的国家应进行什么样的革命、如何进行革命以赢得胜利等重要问题。他是新民主主义革命理论的主要创立者。当然，除毛泽东之外，蔡和森、瞿秋白等党的早期领导人对新民主主义革命理论的形成也作出了重要贡献。他们在大革命时期通过对革命实践经验的总结，围绕中国革命的性质、前途、无产阶级领导权等问题进行了深入思考，把党对中国革命基本问题的认识提高到了一个新的高度。例如，在中国革命性质问题上，1923 年 5 月，蔡和森在《中国革命运动与国际之关系》一文中提出："中国革命运动之性质与历程必与从前欧美资产阶级的民主革命大不相同"，"已不是纯粹资产阶级民主革命的问题，事实上业已变成为国民革命（亦可称民族革命）的问题"。[①] 在中国革命前途的问题上，

---

① 《蔡和森文集》上卷，人民出版社 2013 年版，第 284 页。

瞿秋白认为中国的民主革命虽然是资产阶级的，但胜利却不会属于资产阶级。不仅如此，他还多次提出中国民主革命是"行向共产主义的第一步"的观点。尽管这一时期中国共产党还没有明确提出新民主主义革命的概念，党的早期领导人对中国革命问题的认识还不是十分全面、科学，但是他们对中国革命基本问题的思考和探索为后来新民主主义革命理论的正式形成奠定了重要基础。由此可见，新民主主义革命理论是全党集体智慧的结晶，并不仅仅是毛泽东个人的独创性成果。

新民主主义革命理论是在批判各种错误思潮的过程中形成的。科学理论从提出到形成的过程并不是一蹴而就的，是在观点的交锋、对话之中，特别是在批判各种错误思潮的过程中建构起来的。新民主主义革命理论作为中国共产党集体智慧的结晶，是在批判各种错误思潮的过程中逐步形成的。以毛泽东为代表的中国共产党人不仅深刻批判了右倾机会主义者放弃无产阶级领导权、压制农民运动和"二次革命论"等错误观点，同时驳斥了"左"倾教条主义者提出的城市中心论、"一次革命论"等错误思想，进而在深刻总结实践经验的基础上阐述了中国革命的性质、动力、前途等问题，探索出了农村包围城市、武装夺取政权的革命道路，科学回答了事关中国革命胜利的一系列重要问题。话语之间的斗争和博弈是推动理论发展的重要方式，通过与各种错误思潮的斗争和对其的批判，新民主主义革命理论获得了更加充分的合法性依据，彰显了自身的独创性和科学性。

新民主主义革命理论是在总结中国革命长期实践经验的基础上形成的。实践是理论之源，是科学理论形成的重要基础。新民主主义革命理论并非凭空产生，而是适应新民主主义革命实践需要，在深刻总结中国革命长期实践经验的基础上形成的。没有中国共产党领导中国人民同帝国主义、封建主义和官僚资本主义进行斗争的伟大革命实践，就没有对中国革命规律的总结，也不会形成正确反映时代特征和中国革命实际的新民主主义革命理论。正如毛泽东所说："在民主革命时期，经过胜利、失败，再胜利、再失败，两次比较，我们才认识了中国这个客观世界。在抗日战争前夜和抗日战争时期，我写了一些论文，例如《中国革命战争的战略问题》《论持久战》《新民主主义论》《〈共产党人〉发刊词》，替中央起草过一些关于政策、策略的文件，都是革命经验的总结。那些论文和文件，只有在那个时候才能产生，在以前不可能，因为没有经过大风大浪，没有两次胜利和两次失败的比较，还没有充分的经验，还不能充分认识中国革命的规律。"[1] 当然，由于中国革命的复杂性、艰巨性和长期性，新民主主义革命理论从初步酝酿、基本形成到完善发展经历了一个长期、复杂的演变过程。新民主主义革命理论形成和发展的过程，也是中国共产党不断总结革命实践、不断深化对革命规律认识的过程。

新民主主义革命理论的特征，彰显了这一理论形成和发展的实践基础、内在逻辑，也展现了其科学性和独创性，由此决定了其理论意义和实践价值。

## （四）新民主主义革命理论的历史地位

评价新民主主义革命理论的历史地位要具备历史的眼光和开阔的视野，应当将其置于马克思主义发展史、马克思主义中国化史和国际共产主义运动史来审视。

马克思主义关于无产阶级革命理论的创新和发展。马克思、恩

---

① 《毛泽东文集》第8卷，人民出版社1999年版，第299页。

格斯关于无产阶级革命的科学理论是放之四海皆准的普遍真理，是无产阶级革命运动的理论指南和实践指引。但是，这些理论毕竟是根据西方无产阶级革命的斗争实践和发展规律总结出来的基本原则，对于半殖民地半封建社会的国家进行什么样的革命、如何进行革命以赢得胜利的问题，马克思、恩格斯没有也不可能给出具体答案。列宁在共产国际二大上虽然对民族和殖民地问题作了阐述，但是这一理论毕竟不是针对中国革命问题所作的思考，也很难将中国革命引向成功。由于各国的历史传统、基本国情和革命特点不同，对马克思列宁主义普遍原理的实际运用必须随时随地以具体的历史条件为转移。以毛泽东为代表的中国共产党人在领导中国革命的过程中，没有拘泥于马克思主义经典作家的具体论断，而是坚持从中国革命的具体实际出发，坚持独立自主地运用马克思主义的立场、观点、方法来分析和研究中国革命的具体问题，科学回答了在一个以农业为主体的、半殖民地半封建的国家，如何选择适合国情的革命道路、如何建立革命的统一战线、如何保持无产阶级政党和革命军队的先进性、如何正确认识和处理好民主革命与社会主义革命之间的关系等问题，极大地丰富和发展了马克思主义关于无产阶级革命的理论，为马克思主义理论宝库增添了许多新的内容。

马克思主义中国化的理论指南和实践指引。新民主主义革命理论是马克思主义普遍原理与中国革命具体实际相结合的光辉典范，正确揭示了近代中国革命发展的规律，科学回答了事关中国革命的一系列重要问题，对于推进马克思主义中国化起到了积极作用。在新民主主义革命理论指导下，中国共产党找到了农村包围城市、武装夺取政权的道路，从根本上改变了近代中国半殖民地半封建社会的性质，成功解决了新民主主义革命时期马克思主义中国化的主题。不仅如此，新民主主义革命理论建构过程中还蕴含不少推动马克思主义中国化的方法论原则，诸如实事求是的科学态度、独立自主的基本立场、理论联系实际的价值旨趣等，对于指引马克思主义中国化的发展、开辟马克思主义中国化的新境界具有重要借鉴意义。

殖民地半殖民地国家民族解放运动的理论借鉴。作为马克思主义中国化的重要成果，新民主主义革命理论正确反映了中国的时代特征和时代主题的变化，科学揭示了中国革命发展的客观规律，不仅成功指导了中国革命取得胜利，而且极大增强了世界上被压迫民族和被压迫人民反抗帝国主义的信心，为殖民地半殖民地国家的民族解放运动提供了重要理论借鉴。应当承认，每个国家都有自己的文化传统和历史特点，不同国家的具体国情和革命所要解决的问题也存在不同程度的区别，但是同一类型的国家存在某种共性的问题；加之科学理论一经形成便具有超越时代的属性，不会随着时代背景和时代特征的转变而完全丧失理论价值和时代意义。因此，正确反映时代特征和科学揭示中国革命发展规律的新民主主义理论，对于与近代中国国情类似的殖民地半殖民地国家民族解放运动的开展具有重要参考价值。

评价新民主主义革命理论的历史地位需要采取科学的方法、具备宽广视野和历史思维，才能得出客观的结论。新民主主义革命理论的历史地位在某种程度上体现了这一理论的学理意义和实践价值，彰显了中国化马克思主义的世界意义和深远影响。

新民主主义革命时期是马克思主义中国化百年历程的重要开端，为中国共产党领导和推动马克思主义中国化积累了重要经验。这一时期，中国共产党在科学把握时代特征和中国国情的基础上，明确了马克思主义中国化的主题和任务，厘清了马克思主义中国化需要解决的重点问题，在领导中国人民进行新民主主义革命的伟大实践中完成了民族独立、人民解放的历史任务，形成了以毛泽东思想为代表的中国化马克思主义理论成果，实现了马克思主义中国化的第一次历史性飞跃，为马克思主义中国化奠定了良好基础，积累了宝贵经验。由于理论准备不足、缺乏实践经验等，中国共产党在幼年时期对如何更好地将马克思主义基本原理与中国革命具体实际相结合的认识还不是特别深刻，对马克思主义中国化方法论的认识尚处于存在较大盲目性的必然王国阶段，因此在领导马克思主义中国化的过程中犯了一些错误、走了一些弯路，使革命力量遭到了严重损失。实事求是地总结这些经验教训，对于避免马克思主义中国化实践探索中各种失误和偏差的发生，引领马克思主义中国化沿着正确的方向继续前行具有重要意义。

第三章

中华人民共和国成立初期的
马克思主义中国化

　　中华人民共和国的成立，从根本上结束了近代
以来中华民族不断遭受帝国主义侵略压迫的屈辱历
史，改变了近代中国半殖民地半封建社会的性质，
开启了中华民族伟大复兴的历史新纪元。这一伟大
胜利表明，近代以来无数仁人志士为之奋斗的民族
独立、人民解放的历史任务已经基本完成。在新的
历史起点上，中国共产党作为全国范围内的执政
党，自觉担负起了领导全国各族人民建设新社会的
历史重任，不断解决时代发展变化对马克思主义中
国化提出的新课题，积极探索新民主主义革命成功
后中国社会如何向社会主义过渡的问题，独立自主

地走出了一条符合中国国情的社会主义改造道路，实现了中国历史上最深刻、最伟大的社会变革，为开辟马克思主义中国化的新境界奠定了重要前提和基础。

# 一、马克思主义中国化面临的新任务

中华人民共和国成立初期，是新旧政权更替、新旧制度变革的重要历史时期。在剧烈变化的客观现实面前，马克思主义中国化面临着一系列新的课题和新的挑战：在取得新民主主义革命胜利之后应该建立一个什么样的国家和社会？在中国这样一个人口众多、经济文化各方面都比较落后的国家如何成功地实现向社会主义社会的转变？如何进行社会主义建设？这些都是中国共产党需要认真思考和解决的重要问题。

## （一）新民主主义社会的构想

无产阶级在推翻资产阶级政权之后，所面临的第一个问题便是如何巩固和建设新的国家政权。随着解放战争的胜利和新中国的成立，建立一个什么样的国家和社会，成为摆在中国共产党面前的一项重要任务。事实上，从 20 世纪 30 年代开始，以毛泽东为代表的中国共产党人便从中国革命的基本特点和中国社会的历史条件出发，对革命胜利之后建立一个什么样的新中国、如何向社会主义过渡等问题进行了认真思考，在此基础上初步提出了建立新民主主义社会的构想，并在日后的革命斗争实践中对其不断完善和发展，最终形成了内容丰富、体系完备的新民主主义社会理论。作为新民主主义理论的重要组成部分，新民主主义社会理论科学回答了新民主主义革命胜利之后建立一个什么样的社会，实行什么样的政治、经济、文化纲领，以及如何向社会主义过渡等事关革命前途和新政权建设的重大问题，不仅是对马克思主义国家学说的创造性发展，也为推动中国革命由新民主主义革命向社会主义革命的转变做了理论准备。

从思想史的视角来看，新民主主义社会理论是经过长期的思想酝酿而逐渐成熟完善起来的一套理论体系。尽管中国共产党自成立以来便在不断思考和探索革命的前途，并于1927年春在党内展开了关于非资本主义前途问题的讨论，但是严格来说，党对新民主主义社会的构想是在全民族抗战爆发前后的一段时期开始酝酿和形成的。1935年华北事变后，日本帝国主义加快了侵略中国的步伐，中日之间的民族矛盾不断激化，抗日救亡成为事关中华民族生存发展的重要问题。在这样的情况下，为适应建立更加广泛的抗日民族统一战线的要求，中国共产党放弃了建立苏维埃政权和工农共和国的主张，对所要建立的政权性质和相关政策做了适时调整，相继提出建立"人民共和国""新的民主共和国"的方案。1935年12月，瓦窑堡会议决议将"工农共和国"改为"人民共和国"，强调人民共和国是以工农为主体，同时容纳一切反帝反封建的阶级；人民共和国首先保护工农群众的利益，同时保护民族工商业的存在和发展。1937年5月3日，毛泽东在延安召开的中国共产党全国代表会议上作了《中国共产党在抗日时期的任务》的报告，对新的民主共和国的阶级成分、性质和前途等问题作了阐述。毛泽东指出，新的民主共和国的成分包括无产阶级、农民、城市小资产阶级、资产阶级及一切国内同意民族和民主革命的分子，是这些阶级的民主和民族革命的联盟。关于民主共和国的性质和前途，毛泽东认为其阶级性是各革命阶级的联盟，其前途可能是走向社会主义，并进一步强调，"按照社会经济条件，它虽仍是资产阶级民主主义性质的国家，但是按照具体的政治条件，它应该是一个工农小资产阶级和资产阶级联盟的国家，而不同于一般的资产阶级共和国。因此，它的前途虽仍然有走上资本主义方向的可能，但是同时又有转变到社会主义方向的可能，中国无产阶级政党应该力争这后一个前途。"①　此后，毛泽东在接见国民党人士施方白和世界学联代表团时，对"新的民主共和国"的主要特征作了更加详细的论述，公开阐明了中国共产党对政权建设问题的主张。总的来说，中国共产党在这一时期虽然没有明确提出新民主主义社会的概念，但是"人民共和国"和"新的民主共和国"的一些核心原则同新民主主义社会的构想已经十分接近，新民主主义社会的轮廓也基本清晰。从这个意义上来讲，这一时期中国共产党关于未来政权性质的思考和探索，可以视为新民主主义社会理论的雏形，为新民主主义社会理论的正式提出和形成做了思想和理论方面的准备。

抗日战争进入相持阶段以来，为了回应国民党在思想战线上的反共舆论，回答社会各界关于"中国向何处去"的问题，以便给全国人民指明方向，毛泽东总结了抗战以来中国共产党建立和巩固政权的经验，在《中国革命和中国共产党》《新民主主义论》等文章中，正式提出了"新民主主义革命""新民主主义社会"等概念，并根据中国革命性质和中国历史的特点，对建立新民主主义社会的历史必然性，新民主主义社会的政治、经济、文化纲领等问题作了详细说明，初步勾勒了新民主主义社会的蓝图。

毛泽东指出，由于中国革命是新式的资产阶级民主主义的革命，是无产阶级社会主义世界革命的一部分，因此这个革命的第一步、第一阶段"决不是也不能建立中国资产阶级专政的资本主义的社会，而是要建立以中国无产阶级为首领的中国各个革命阶级联合专政的新民主主义的社会，以完结其第一阶段。然后，再使之发展

---

① 《毛泽东选集》第 1 卷，人民出版社 1991 年版，第 263—264 页。

到第二阶段,以建立中国社会主义的社会。"① 这里根据中国革命的基本特点提出了建立新民主主义社会的任务,明确了新民主主义社会的国体和前途等基本问题,初步勾勒了新民主主义社会的蓝图。不仅如此,毛泽东还通过对世界各国国体的分析比较,进一步论述了在中国这样的殖民地半殖民地国家建立新民主主义共和国的必然性。他认为,现在所要建立的中华民主共和国,只能是在无产阶级领导下的一切反帝反封建的人们联合专政的新民主主义共和国。然而,这个新民主主义共和国既不同于欧美式的资产阶级专政共和国,也和苏联式的无产阶级专政共和国有所区别,是一切殖民地半殖民地国家在一定历史时期所采取的形式,"因而是过渡的形式,但是不可移易的必要的形式"②。在明确建立新民主主义共和国目标的基础上,毛泽东又进一步阐述了新民主主义社会的政治、经济、文化的基本内涵,使新民主主义社会的构想更加具体化。具体来说,新民主主义社会的政治就是实行各革命阶级联合专政的国体,以及民主集中制的政体;新民主主义社会的经济主张大银行、大工业、大商业归国家所有,同时采取必要的办法没收地主土地,用来分配给无地或少地的农民,但并不禁止不能操纵国计民生的资本主义生产的发展;新民主主义社会的文化属于世界无产阶级的社会主义的文化革命的一部分,是无产阶级领导的人民大众的反帝反封建的文化。总之,在明确提出"新民主主义社会""新民主主义共和国"等概念的基础上,毛泽东对新民主主义社会的性质、前途和政治、经济、文化特点等问题作了系统阐述,明确提出了新民主主义社会的构想,标志着新民主主义社会理论的正式形成。

---

① 《毛泽东选集》第2卷,人民出版社1991年版,第672页。
② 《毛泽东选集》第2卷,人民出版社1991年版,第675页。

随着世界反法西斯战争的胜利发展，中国抗战迎来了光明前景，中国人民配合同盟国打败日本侵略者的时机即将到来。在这样的情况之下，中国向何处去、抗战胜利后建立一个什么样的政府的问题，引起了社会各界的广泛关注。为了科学分析形势，争取抗战胜利的早日到来，毛泽东在党的七大作了《论联合政府》的报告，深刻分析了国内外形势的基本特点，论述了建立联合政府的必要性和可能性，公开阐明了中国共产党关于新民主主义的一般纲领等重要问题，进一步丰富和发展了新民主主义社会理论。毛泽东明确指出，中国共产党在民主革命时期所主张的一般纲领是：在彻底打败日本侵略者之后，"建立一个以全国绝大多数人民为基础而在工人阶级领导之下的统一战线的民主联盟的国家制度，我们把这样的国家制度称之为新民主主义的国家制度"[1]。纲领是一面公开树立起来的旗帜，集中反映了一个政党的政治目标、阶级属性和根本利益。将建立新民主主义的国家制度作为党在民主革命时期的一般纲领，不仅有助于统一全党的思想认识，也向社会各界旗帜鲜明地表达了中国共产党的政治主张。此外，毛泽东还针对有些人因对新民主主义国家性质的不了解而提出的困惑作了回应。例如，针对有人提出共产党为什么不怕资本主义，反而在一定条件下提倡发展资本主义的问题，毛泽东回应说："拿资本主义的某种发展去代替外国帝国主义和本国封建主义的压迫，不但是一个进步，而且是一个不可避免的过程。"[2] 因此，在新民主主义的国家制度下，一定要让私人资本主义经济在不能操纵国计民生的范围内获得发展的便利，这样才有利于社会向前发展。又如，针对有些人怀疑共产党取得执政权后

----

[1] 《毛泽东选集》第3卷，人民出版社1991年版，第1056页。

[2] 《毛泽东选集》第3卷，人民出版社1991年版，第1060页。

会不会像俄国那样实行无产阶级专政和一党制度的问题，毛泽东认为，俄国的历史形成了俄国的社会制度，中国现阶段的历史"将产生一个对于我们是完全必要和完全合理同时又区别于俄国制度的特殊形态，即几个民主阶级联盟的新民主主义的国家形态和政权形态"①。这种国家形态和俄国式的无产阶级专政的社会主义国家，是有原则区别的。理论主张通常是在回应误区和困惑的过程中获得理解、认同的，通过澄清对新民主主义社会的认知误区和理论疑惑，人们对新民主主义社会的疑虑也就消除了，对新民主主义社会理论也就比较清楚了。

抗日战争胜利之后，国内形势和阶级关系发生了深刻变化，中国共产党根据广大人民群众迫切渴望和平和进行民主改革的愿望，同国民党进行了多次谈判，阐明了坚持争取和平、反对内战独裁、建立民主联合政府的方针。但国民党不顾全国人民的反对，悍然发动全面内战，企图继续维持其专制独裁统治。在中国面临两种命运和两种前途决战的关键时刻，毛泽东对国家政权问题作了更加深入的思考，对新民主主义社会理论的一些基本问题作了补充和说明，并在解放战争胜利前夕系统提出和论述了人民民主专政理论，在创造性地发展马克思主义关于无产阶级专政学说的同时，使新民主主义社会理论获得了更加完备的理论形态。

1947年12月25日，毛泽东在《目前形势和我们的任务》一文中总结了新民主主义革命的三大经济纲领，提出在全国革命胜利后很长一段时期内应继续发展有益于国民经济的资本主义经济的观点，并制定了新民主主义国民经济的指导方针。1948年9月13日，毛泽东在中共中央政治局会议上的结论指出："新民主主义社会中

---

① 《毛泽东选集》第3卷，人民出版社1991年版，第1062页。

有社会主义的因素，在政治、经济、文化各方面都是这样，并且是领导的因素，而总的说来是新民主主义的。"[①] 1949 年 3 月 5 日，毛泽东在党的七届二中全会的报告中，具体分析了当时存在的五种经济成分的性质和党所必须采取的政策，明确提出使中国由落后的农业国转变为先进的工业国、由新民主主义社会转变为社会主义社会的发展方向。6 月 30 日，为了批判民族资产阶级关于建立资产阶级共和国的错误主张，消除人们对新生国家政权的疑惑和错误认知，进一步统一全党和全国人民的思想认识，毛泽东发表了《论人民民主专政》这篇重要文献，对建立人民民主专政的历史必然性、各阶级在国家政权中的地位、民主与专政的辩证关系等问题作了科学回答，集中阐述了中国共产党关于新政权的政治主张。在深刻总结党28 年历史经验的基础上，毛泽东提出了人民民主专政最完整的公式："总结我们的经验，集中到一点，就是工人阶级（经过共产党）领导的以工农联盟为基础的人民民主专政。这个专政必须和国际革命力量团结一致。这就是我们的公式，这就是我们的主要经验，这就是我们的主要纲领。"[②] 总之，人民民主专政理论是以毛泽东为代表的中国共产党人根据马克思主义关于无产阶级专政学说和中国革命及历史的具体情况，创造性提出来的具有鲜明中国特色的国家学说。这一理论的提出，不仅使新民主主义社会理论臻于完善，也使新民主主义社会的构想更加具体化、现实化，是对马克思主义国家学说的丰富和发展，为新中国的建立和新政权的建设做了理论上的准备。

中国共产党关于新民主主义社会的构想，就其演进历程来说，

---

① 《毛泽东文集》第 5 卷，人民出版社 1996 年版，第 145 页。
② 《毛泽东选集》第 4 卷，人民出版社 1991 年版，第 1480 页。

主要萌芽于第二次国内革命战争时期，正式形成和发展于抗日战争时期，在解放战争至中华人民共和国成立前夕臻于完善，获得了更加完备的理论形态。就其基本特征来说，这一构想主要包括以下几个方面的内容：第一，新民主主义社会是一个具有过渡性质的社会形态，而不是一个独立的社会形态。在半殖民地半封建社会的历史条件下，中国革命必须分两步走，只有先取得反帝反封建的民主革命胜利，才能转入社会主义革命阶段。但是在民主革命胜利之后，我们要建立的并不是资产阶级专政的资本主义社会，也不是无产阶级专政的社会主义社会，而是在无产阶级领导之下的各革命阶级联合专政的新民主主义社会。因此，作为两个革命阶段的中介和桥梁，新民主主义社会的过渡性质并不是通常意义上新旧社会形态之间的更替，而是属于在旧社会被推翻后向新社会转变过程中的中间阶段，是介于半殖民地半封建社会和社会主义社会之间的过渡性质的社会。第二，新民主主义社会是一个社会主义因素居于领导地位的社会，其最终目标是过渡到社会主义社会。在新民主主义社会中，社会主义因素在政治、经济和文化层面都居于领导地位，非社会主义因素则不断地受到限制和改造。在经济上，社会主义性质的国营经济在五种经济成分中居于领导地位；在政治上，新民主主义社会建立了无产阶级领导的各革命阶级联合专政的政权；在文化上，新民主主义社会积极发展以马克思主义为指导的民族的、科学的、大众的新民主主义文化。因此，作为一种具有过渡性质的社会形态，新民主主义社会"一定要向更高级的社会主义和共产主义阶段发展"[1]。第三，新民主主义社会是由新政治、新经济、新文化构成的。从根本上讲，新民主主义社会不同于一个政治上受压迫、经

---

[1] 《周恩来选集》上卷，人民出版社 1980 年版，第 368 页。

济上受剥削、文化上被旧文化统治因而愚昧落后的旧社会，在这个
新社会中不但有新政治、新经济，而且有新文化。在《新民主主义
论》《论联合政府》《目前形势和我们的任务》等文章中，毛泽东
对新民主主义的政治、经济、文化作了具体阐述，并将其与党的基
本纲领联系起来，使新民主主义社会的构想更加具体和充实。所谓
新民主主义的政治，就是要建立无产阶级领导的、以工农联盟为基
础的、各革命阶级联合专政的新民主主义共和国的国体，以及以民
主集中制为核心的人民代表大会的政体；新民主主义的经济，就是
要实行没收封建地主阶级的土地归农民所有，没收官僚资产阶级的
垄断资本为新民主主义国家所有和保护民族工商业的纲领；新民主
主义的文化，就是无产阶级领导的人民大众的反帝反封建的文化，
也就是民族的、科学的、大众的文化。总之，新民主主义的政治、
新民主主义的经济和新民主主义的文化相结合，就是新民主主义共
和国。

　　上述关于新民主主义社会的构想，在具有临时宪法效力的《共
同纲领》中得到充分确证和体现。例如，在新中国的国体和政体方
面，《共同纲领》规定："中华人民共和国为新民主主义即人民民主
主义的国家，实行工人阶级领导的、以工农联盟为基础的、团结各
民主阶级和国内各民族的人民民主专政"[1]；"中华人民共和国的国
家政权属于人民。人民行使国家政权的机关为各级人民代表大会和
各级人民政府。各级人民代表大会由人民用普选方法产生之"[2]。在
经济政策方面，《共同纲领》规定："中华人民共和国经济建设的根

---

①　《建党以来重要文献选编（1921—1949）》第 26 册，中央文献出版社 2011 年版，
第 759 页。
②　《建党以来重要文献选编（1921—1949）》第 26 册，中央文献出版社 2011 年版，
第 760 页。

本方针，是以公私兼顾、劳资两利、城乡互助、内外交流的政策，达到发展生产、繁荣经济之目的。国家应在经营范围、原料供给、销售市场、劳动条件、技术设备、财政政策、金融政策等方面，调剂国营经济、合作社经济、农民和手工业者的个体经济、私人资本主义经济和国家资本主义经济，使各种社会经济成分在国营经济领导之下，分工合作，各得其所，以促进整个社会经济的发展。"① 在文化教育政策方面，《共同纲领》规定："中华人民共和国的文化教育为新民主主义的，即民族的、科学的、大众的文化教育。"② 作为中国共产党建国方略的集中体现，《共同纲领》不仅涵盖了党的最低纲领和最高纲领的基本要求，也充分体现了中国共产党关于新民主主义社会的构想，为中华人民共和国成立后党和国家各项工作的开展提供了基本遵循。中华人民共和国成立初期，面对复杂严峻的国内外形势和艰苦繁重的建设任务，党根据《共同纲领》的规定和要求，全面实施和贯彻了新民主主义的建国纲领，在基本完成民主革命遗留任务的同时，使国民经济得到了恢复和发展，从而为实现由新民主主义向社会主义的过渡创造了有利条件。

## （二）由新民主主义向社会主义过渡思想的演化

实现社会主义和共产主义是中国共产党的最高纲领，也是中国共产党自创立之时便在党纲中明确提出的奋斗目标。但是在半殖民地半封建社会的历史条件下，要实现上述奋斗目标必须分两步来完成：只有先取得新民主主义革命的胜利，并经历一个较长时期的新

---

① 《建党以来重要文献选编（1921—1949）》第 26 册，中央文献出版社 2011 年版，第 763 页。

② 《建党以来重要文献选编（1921—1949）》第 26 册，中央文献出版社 2011 年版，第 766 页。

民主主义建设阶段，才能转入社会主义革命。这是中国社会发展的独特道路。可以想象的是，在生产力十分落后、经济基础十分薄弱的情况下，"没有一个新民主主义的联合统一的国家，没有新民主主义的国家经济的发展，没有私人资本主义经济和合作社经济的发展，没有民族的科学的大众的文化即新民主主义文化的发展，没有几万万人民的个性的解放和个性的发展，一句话，没有一个由共产党领导的新式的资产阶级性质的彻底的民主革命，要想在殖民地半殖民地半封建的废墟上建立起社会主义社会来，那只是完全的空想"①。正因为如此，在如何向社会主义过渡的问题上，中共中央最初的设想是：由于半殖民地半封建社会的中国是一个人口众多、经济文化水平和现代工业化基础都十分薄弱的国家，因此既不能照搬马克思主义经典作家关于过渡时期的理论，也不能照抄苏联社会主义改造的模式和经验，只能根据中国社会发展的实际情况和基本国情，独立自主地探索一条具有中国特色的社会主义改造道路。具体来说，就是要在民主革命胜利之后，先经历一个较长时期的新民主主义建设阶段，采取切实的步骤推动社会生产力的发展，待实现国家工业化的历史任务完成后，再进行社会主义革命，实现由新民主主义向社会主义的过渡。

对于上述设想，毛泽东、刘少奇等党的领导人是有深刻认识的。在关于完成从新民主主义到社会主义过渡的准备这一问题上，1948年9月，毛泽东在中共中央政治局会议上的结论指出："我国在经济上完成民族独立，还要一二十年时间。我们要努力发展经济，由发展新民主主义经济过渡到社会主义。"② 中华人民共和国成

---

① 《毛泽东选集》第3卷，人民出版社1991年版，第1060页。

② 《毛泽东文集》第5卷，人民出版社1996年版，第146页。

立后，他一方面严厉批评了那种企图过早消灭资本主义、实行社会主义的主张，认为"这种思想是错误的，是不适合我们国家的情况的"[①]；另一方面则强调"在国家经济事业和文化事业大为兴盛了以后，在各种条件具备了以后，在全国人民考虑成熟并在大家同意了以后，就可以从容地和妥善地走进社会主义的新时期"[②]。在这个问题上，党的其他领导人也表达了相同看法，认为不宜过早地实行向社会主义过渡的步骤。1951年5月7日，刘少奇在中国共产党第一次全国宣传工作会议上的报告中提出："现在有人就讲社会主义，我说这是讲早了，至少是早讲了十年。当然，作为理论和思想，我们做宣传工作还要讲，而作为实践的问题，十年建设之内社会主义是讲不到的。十年以后建设得很好，那时我们看情况，就可以提一提这个问题：社会主义什么时候搞呀？但是还要看实际情况才能答复这个问题。十年以后可能采取某一些相当的社会主义步骤；也可能那时还不能采取这种步骤，还要再等几年。"[③] 由此可见，在中华人民共和国成立初期，党的领导人在如何向社会主义过渡的问题上基本形成了如下共识：由于社会主义社会必须以发达的生产力为基础，因此在社会生产力十分落后、尚未实现国家工业化的情况下，必须先经过一个相当长的新民主主义建设阶段，再考虑向社会主义过渡的问题。也就是说，从中国的基本国情出发，必须把发展新民主主义经济作为由新民主主义社会向社会主义社会过渡的基本途径。

然而，人们的认识往往是随着客观形势的发展而不断变化的，

---

① 《毛泽东文集》第6卷，人民出版社1999年版，第71页。

② 《毛泽东文集》第6卷，人民出版社1999年版，第80页。

③ 《刘少奇论新中国经济建设》，中央文献出版社1993年版，第182页。

中国共产党关于向社会主义过渡的设想也随着实践的发展经历了一个演变过程。一方面，中华人民共和国成立以来，经过全国人民三年多的努力和奋斗，国民经济得到了全面恢复和较快发展，新民主主义革命遗留的任务基本完成，人民民主专政的政权日益巩固，国家和社会生活的面貌都发生了深刻变化。另一方面，面对中华人民共和国成立初期严峻的执政考验和繁重的建设任务，党在领导全国人民集中力量恢复和发展国民经济、巩固人民民主政权的同时，也在着手通过没收官僚资本来建立社会主义性质的国营经济、将私营工商业纳入初级形式的国家资本主义轨道、在土地改革后的农村开展互助合作运动等途径，初步开始了对生产资产私有制的社会主义改造。通过这些举措，中国经济内部的关系在 1952 年发生了一些重大变化。首先，通过没收官僚垄断资本等途径，社会主义性质的国营经济在国民经济中的领导地位得到巩固和增强，不仅控制着有关国计民生的重要行业，而且在现代工业和批发商业中都占有明显优势，由此成为向社会主义过渡的重要物质基础。其次，私营工商业通过加工订货、统购包销、经销代销等多种形式被纳入国家资本主义的轨道，在增强与国营经济联系的同时，也进一步受到国家的管理和监督。再次，国家对农业和手工业的社会主义改造，一方面显示走合作化道路较之于个体生产的优越性，另一方面也在相当程度上实现了对生产关系的调整与变革。国家经济形势的发展和经济内部关系出现的这些变化，特别是社会主义性质的国营经济的发展壮大，以及国家在利用和限制私营工商业、开展农业互助合作方面所积累的成功经验，为实现由新民主主义向社会主义的过渡提供了重要经济保障。

除此之外，国内外形势的发展变化也为实现由新民主主义向社会主义的过渡创造了有利条件。从国内形势来看，面对新中国成立初期严峻的执政考验，党在领导人民集中力量恢复国民经济和完成民主革命遗留任务的同时，为进一步建设和巩固新生政权做了许多工作。通过开展土地改革运动、镇压反革命运动以及"三反""五反"运动，工农联盟和人民民主政权得到进一步巩固，国民党反动派在大陆的残余势力已基本肃清，民族资产阶级也在很大程度上向共产党靠拢，国内政治形势已基本稳定，加之抗美援朝战争结束后趋于平稳的国际局势，使开展大规模的经济建设获得了较为有利的内外环境。与此同时，在西方国家对我国实行经济封锁、政治孤立和军事威胁的背景下，苏联对我国提供的援助和支持具有特殊而重要的意义，同时苏联社会主义建设的成功经验也对我国发展道路的选择发挥了榜样作用。这是促使党认为应该开始思考如何向社会主义过渡的一个重要外部因素。

在国民经济得到恢复和发展的同时，经济生活中也出现了一些不容忽视的矛盾，亟待党和国家制定出正确的方针政策予以解决。在农村，由于全国范围内的互助合作运动还没有普遍地开展起来，因此以农民个体生产资料私有制为基础的小农经济在扩大再生产方面的能力还较为有限，难以满足工业化发展对粮食与农产品原料不断增长的需求；在城市，私人资本主义经济扩大自由生产和自由贸易的需求，与国家开展有计划的经济建设所提出的将有限资源集中到重点建设上的要求之间，不可避免地引起矛盾和冲突。此外，工人阶级和资产阶级之间限制与反限制的斗争，也对经济生活的正常运行造成了相当影响。经济生活领域暴露出来的这些矛盾与问题，客观上要求党和国家及时采取推动农村互助合作运动发展和限制资本增殖扩张的措施。这实际上提出了对国民经济进行系统的社会主义改造的任务。

总之，经过三年多的恢复和发展，国内外形势发生了深刻的变化，国民经济恢复工作和新民主主义革命遗留的任务已基本完成，社会主义因素在政治、经济、文化等领域中居于领导地位，开展大规模经济建设和进行社会主义改造的条件已基本具备。在新的实践基础上，毛泽东和党的其他领导人进一步看清了新民主主义建设时期实际上就是逐步过渡到社会主义时期的现实，也是社会主义经济成分在国民经济比重中逐步增长的时期，对进行社会主义改造的必要性和可能性有了更加充分的认识，最终改变了原来的先经过一个相当长的新民主主义建设阶段再采取实际步骤进入社会主义的设想，在经过认真思考和充分酝酿之后正式提出了过渡时期的总路线。

## （三）社会主义改造任务的呈现

中华人民共和国成立以来，毛泽东等党的领导人在如何向社会主义过渡的问题上并没有拘泥于原有设想，而是积极将马克思主义关于过渡时期的理论与中国社会的具体实际相结合，在密切关注实践发展和总结实践经验的基础上，不断深化对这一问题的思考和认识，最终在经过充分酝酿之后不失时机地提出了过渡时期的总路线，探索出了一条符合中国国情、具有中国特色的社会主义改造道路。

过渡时期总路线从初步酝酿到正式提出经历了一个较为复杂的演变历程。1952 年 9 月 24 日，毛泽东在中共中央书记处会议上初步提出了从现在逐步过渡到社会主义的大致设想："我们现在就要开始用十年到十五年的时间基本上完成到社会主义的过渡，而不是十年或者以后才开始过渡。"① 这个讲话表明，毛泽东对如何向社会

---

① 《毛泽东年谱（1949—1976）》第 1 卷，中央文献出版社 2013 年版，第 603 页。

主义过渡的认识同原来的设想相比，已经发生了改变。1953年2月17日，毛泽东听取了孝感地委书记王良等关于土改后农村状况的汇报，在谈话中再一次讲到了过渡时期的问题。他强调过渡时期的步骤就是走向社会主义，并扳着手指头解释说："类似过桥，走一步算是过渡一年，两步两年，三步三年，六步六年……十年到十五年走完了。"① 6月15日，毛泽东审阅李维汉给中央的报告《关于利用、限制和改组资本主义工商业的若干问题（未定稿）》，在封面所写的讲话提纲中，对过渡时期总路线的内容作了初步的阐述。除了强调总路线是照耀一切工作的灯塔，批评了"确立新民主主义的社会秩序""由新民主主义走向社会主义""确保私有财产"的错误观点之外，毛泽东在讲话提纲中进一步指出："党的任务是在十年至十五年或者更多一些时间内，基本上完成国家工业化和社会主义的改造。所谓社会主义改造的部分：（一）农业；（二）手工业；（三）资本主义企业。"同日，毛泽东主持召开中共中央政治局会议听取并讨论李维汉的报告。在会上的讲话中，他首先对过渡时期的总路线作了一个比较完整的表述："从中华人民共和国成立，到社会主义改造基本完成，这是一个过渡时期。党在过渡时期的总路线和总任务，是要在十年到十五年或者更多一些时间内，基本上完成国家工业化和对农业、手工业、资本主义工商业的社会主义改造。"② 他对过渡时期的起止时间，以及党在这一时期的主要任务等问题作了说明，从整体上明确了总路线的基本内容。12月，毛泽东在审阅中共中央宣传部编写的《为动员一切力量把我国建设成为一

---

① 《毛泽东年谱（1949—1976）》第2卷，中央文献出版社2013年版，第31页。

② 《毛泽东年谱（1949—1976）》第2卷，中央文献出版社2013年版，第115、116页。

个伟大的社会主义国家而奋斗——关于党在过渡时期总路线的学习和宣传提纲》时，将过渡时期总路线的完整表述确定如下："从中华人民共和国成立，到社会主义改造基本完成，这是一个过渡时期。党在这个过渡时期的总路线和总任务，是要在一个相当长的时期内，逐步实现国家的社会主义工业化，并逐步实现国家对农业、对手工业和对资本主义工商业的社会主义改造。这条总路线是照耀我们各项工作的灯塔，各项工作离开它，就要犯右倾或'左'倾的错误。"① 这是对过渡时期总路线的完整表述，最终被写进了由中共中央宣传部编写的关于总路线的学习和宣传提纲之中。1954 年 2 月10 日，党的七届四中全会通过决议，正式批准了中央政治局所提出的过渡时期总路线。9 月 20 日，在第一届全国人民代表大会第一次会议上，过渡时期总路线的内容被写入《中华人民共和国宪法》之中，由此成为整个国家的统一意志。经过广泛深入的学习和宣传，过渡时期总路线不仅在全党范围内获得统一认识，也得到了全国人民的理解和拥护。在总路线的指引下，我国开始了有计划的经济建设和对生产资料私有制的社会主义改造。

概括来说，过渡时期总路线的内容主要包括两方面：一是从根本上改变国家贫穷落后的面貌，逐步把中国从一个落后的农业国变为先进的工业国，实现社会主义工业化。这是实现民族独立和国家富强的必然要求。二是对个体农业、手工业和资本主义工商业进行社会主义改造，主要是将农业和手工业中以个体劳动为基础的私人所有制改造为合作社社员的集体所有制，将以剥削工人阶级剩余价值为基础的资本主义私人所有制改造为全民所有制。这不仅是为了适应社会主义工业化建设的需要，也是由当时国内主要矛盾即无产

① 《毛泽东文集》第 6 卷，人民出版社 1999 年版，第 316 页。

阶级和资产阶级、社会主义道路和资本主义道路之间的斗争所决定的一项重要任务。

这里需要说明的另一个问题，是过渡时期总路线与新民主主义社会理论之间的关系。过渡时期总路线是中国共产党关于向社会主义过渡的又一设想，与新民主主义社会理论相比，二者在过渡的性质、过渡的目标和任务、向社会主义转变的时间规划和方法方面具有内在的一致性。具体来说，在过渡的性质方面，新民主主义社会是向社会主义过渡的一个历史阶段，是一个具有过渡性质的社会形态；过渡时期总路线则明确将过渡时期的起点从中华人民共和国成立算起，要求在此基础上逐步向社会主义过渡。在过渡的目标和任务方面，二者都强调要迅速地恢复和发展生产，使中国由落后的农业国转变为先进的工业国，最终建设成为伟大的社会主义国家。在转变为社会主义的时间规划方面，过渡时期总路线所说的"相当长的时期内"是指三个五年计划即 15 年，加上国民经济恢复时期的 3 年，共计 18 年的时间。这是参照苏联社会主义改造经验所得出的结论，与新民主主义社会理论所提出的先经过 15 年或 20 年的新民主主义建设，再采取实际步骤向社会主义过渡的设想，在时间上大体一致。在转变为社会主义的方法方面，二者都主张采取和平转变的方式向社会主义过渡。然而，过渡时期总路线与新民主主义社会理论相比，在向社会主义过渡的时间起点、实施步骤、工作重心以及对待非社会主义所有制经济的态度与政策等方面，存在着显著的区别。

在向社会主义过渡的时间起点和实施步骤上，过渡时期总路线改变了新民主主义社会理论所提出的中华人民共和国成立后需要经过一个相当长的新民主主义建设阶段，再开始向社会主义过渡的设想，强调新民主主义时期就是逐步过渡到社会主义的时期，主张从中华人民共和国成立起就采取实际步骤向社会主义过渡。这就将向社会主义过渡的时间起点从新民主主义社会形态的结束改为中华人民共和国的成立，将向社会主义过渡的实施步骤由"将来突然转变论"改为"逐步过渡论"。

在向社会主义过渡的工作重心上，过渡时期总路线改变了新民主主义社会理论关于先实现国家工业化再进行社会主义改造的设想，提出了社会主义工业化和对生产资料私有制的社会主义改造同时进行的方针，因而是一条"建设与改造同时并举"的路线。当然，作为总路线的"主体"和"两翼"，社会主义工业化建设和社会主义改造两者之间是相辅相成、不可分割的内在统一体。

在对待非社会主义所有制经济的态度和政策上，过渡时期总路线对新民主主义社会理论的改变之处主要体现在两个方面：一是在对待个体农业和手工业的政策上，改变了新民主主义社会理论所提出的发展以私有制为基础的、以劳动群众劳工互助为主要形式的"半社会主义性质"的合作社经济，主张建立"完全社会主义性质"的高级农业生产合作社；二是在对待资本主义工商业的政策上，改变了新民主主义社会理论所提出的对资本主义工商业进行利用和限制，待条件成熟时通过国有化命令一举消灭的设想，主张在利用和限制资本主义工商业的同时对其加以改造和消灭，并通过一系列国家资本主义形式将其逐步引导至社会主义的轨道。

总的来说，过渡时期总路线和新民主主义社会理论是中国共产党在长期实践探索中逐步形成和提出的关于如何向社会主义过渡的两种设想。二者在过渡的性质、目标和任务、向社会主义转变的时间规划和方法上具有内在的一致性，但是在向社会主义过渡的时间起点、实施步骤、工作重心以及对待非社会主义所有制经济的态度与政策方面又具有明显的差异。需要强调的是，由于两者在精神实质方面是基本一致的，因此这种差别并不是过渡时期总路线对新民主主义社会理论的简单否定或抛弃，而是根据国内外形势的发展变化和实践要求所做出的调整和修改，标志着党对如何向社会主义过渡的认识发生了重要转变。实践证明，过渡时期总路线正确反映了由新民主主义向社会主义转变的历史必然性，是符合中国社会发展要求的。

过渡时期总路线是以毛泽东为代表的中国共产党人根据马克思主义关于过渡时期的理论，同时结合国内政治、经济条件及国际形势变化所提出的由新民主主义社会过渡到社会主义社会的科学设想。作为社会主义改造的科学指南，过渡时期总路线既借鉴了马克思主义关于过渡时期理论的基本原理，又充分体现了中国历史发展的特点和规律，是适应我国经济社会发展形势需要的重要理论创新。过渡时期总路线是"一化三改""一体两翼"的路线，这条总路线"好比一只鸟，它要有一个主体，这就是发展社会主义的工业；它又要有一双翅膀，这就是对农业、手工业的改造和对私营工商业的改造。要过渡到社会主义，没有主体当然不行，没有翅膀也不行。"① 因此，实现社会主义工业化和社会主义改造之间是相互联系、相互促进、不可分离的整体，体现了社会主义建设和社会主义改造的有机结合，体现了解放生产力与发展生产力、变革生产关系与发展生产力的辩证统一。

## 二、社会主义改造话语的建构

推进社会主义改造事业的发展离不开话语体系的建构，不论

---

① 《建国以来重要文献选编》第 5 册，中央文献出版社 1993 年版，第 2 页。

是诠释社会主义改造的必要性与合理性，还是阐述社会主义改造的步骤和方法，都需要建构起一套具有吸引力、说服力的话语体系。然而，话语不是简单的语句组合，更不能凭空生成，话语的建构不仅需要以事实为依据，密切结合变化发展的客观实际，也需要善于吸收和借鉴各种资源，才能增强话语的学理性和权威性、提升话语的解释力和影响力。在建构社会主义改造话语过程中，中国共产党不仅注意结合中华人民共和国成立初期的现实情况来阐释，同时综合运用了马克思主义理论、苏联经验、革命经验等资源。

## （一）基于马克思主义理论建构改造话语

马克思主义关于过渡时期的理论为社会主义改造理论的形成提供了重要理论支撑，正是在马克思主义理论指导之下，中国共产党探索出了一条适合中国国情的社会主义改造道路。因此，在建构社会主义改造话语时，中国共产党注意从马克思主义经典著作中寻找依据，通过直接或间接引用马克思主义的基本原理和主要观点来说明向社会主义过渡的必要性，制定社会主义改造的步骤和方法，以此来彰显改造话语的权威性和科学性，推动改造话语转化为具体实践。

根据马克思主义理论阐释向社会主义社会过渡的必要性。马克思、恩格斯在创立科学社会主义理论时，立足于19世纪西方资本主义社会的历史条件，初步阐述了由资本主义社会向社会主义社会过渡的问题。马克思、恩格斯在《共产党宣言》中指出，在成为统治阶级之后，"无产阶级将利用自己的政治统治，一步一步地夺取资产阶级的全部资本，把一切生产工具集中在国家即组织成为统治阶

119

级的无产阶级手里，并且尽可能快地增加生产力的总量"①。他们认为，无产阶级夺取政权之后，需要经历一个革命的转变时期即过渡时期才能进入社会主义社会。在这个过渡时期里，无产阶级的主要任务是利用国家政权对旧的生产关系进行改造，在逐步消灭生产资料私有制的过程中推动生产力的解放和发展。在《哥达纲领批判》中，马克思进一步论述了由资本主义社会向社会主义社会过渡的问题，他将共产主义社会分为"共产主义社会第一阶段"和"共产主义社会高级阶段"，并指出："在资本主义社会和共产主义社会之间，有一个从前者变为后者的革命转变时期。同这个时期相适应的也有一个政治上的过渡时期，这个时期的国家只能是无产阶级的革命专政。"② 在向社会主义过渡的问题上，列宁的观点也很明确。他在《无产阶级专政时代的经济和政治》这篇文章中进一步指出："在资本主义和共产主义之间有一个过渡时期，这在理论上是毫无疑义的。这个过渡时期不能不兼有这两种社会经济结构的特点或特性。这个过渡时期不能不是衰亡着的资本主义与生长着的共产主义彼此斗争的时期"。③

马克思主义经典作家关于向社会主义过渡的这些论述，为中国共产党科学认识过渡时期的基本特征和历史必然性提供了理论指南。根据马克思主义关于过渡时期的理论，中国共产党在建构改造话语的过程中，不仅确认了从中华人民共和国成立到社会主义改造完成是一个过渡时期，同时还对过渡时期的必要性作了说明。中共中央宣传部组织编写的关于党在过渡时期总路线的学习和宣传提纲

---

① 《马克思恩格斯文集》第 2 卷，人民出版社 2009 年版，第 52 页。
② 《马克思恩格斯文集》第 3 卷，人民出版社 2009 年版，第 445 页。
③ 《列宁全集》第 37 卷，人民出版社 2017 年版，第 265 页。

明确指出，由中华人民共和国成立到社会主义社会建成，是我国由新民主主义社会过渡到社会主义社会的历史时期。为了进一步说明新民主主义社会是属于社会主义体系和逐步过渡到社会主义社会的过渡性质的社会，学习和宣传提纲引用了《哥达纲领批判》《无产阶级专政时代的经济和政治》等经典著作的观点予以支撑，强调"我国目前时期的现实，和苏联在十月革命后一个时期的历史一样，证明马克思和列宁的这些论断是完全正确的"。不仅如此，提纲还对过渡时期的必要性作了分析，强调"我国由新民主主义社会逐步过渡到社会主义社会这一过渡历史时期之所以必要，并且需要一个相当长的时间，是由于：一、我国经济和文化的落后，要求一个相当长的时期来创造为保证社会主义完全胜利所必要的经济上和文化上的前提；二、我国有极其广大的个体的农业和手工业及在国民经济中占很大一部分比重的资本主义工商业，要求一个相当长的时期来改造它们"。[①] 尽管在向社会主义过渡的问题上，中国的具体国情与马克思主义经典作家所分析的情况有所区别，但是通过引用马克思主义基本原理作为阐述过渡时期的理论依据，无疑能够强化改造话语的学理性和科学性。

以马克思主义理论为指导确立社会主义改造的基本原则。马克思、恩格斯在论述向社会主义过渡的问题时，也对生产资料私有制改造的问题作了思考。在个体农业的社会主义改造方面，他们认为不能采取暴力的手段剥夺农民，只能采取合作化的途径将农民的个体劳动私有制改造为集体所有制，逐步引导农民走集体化生产的道路。对此，恩格斯在《法德农民问题》中明确提出："当我们掌握

---

① 《中共中央文件选集（1949 年 10 月—1966 年 5 月）》第 14 册，人民出版社 2013 年版，第 496 页。

了国家政权的时候，我们决不会考虑用暴力去剥夺小农（不论有无赔偿，都是一样），像我们将不得不如此对待大土地占有者那样。我们对于小农的任务，首先是把他们的私人生产和私人占有变为合作社的生产和占有，不是采用暴力，而是通过示范和为此提供社会帮助。"① 在资本主义私有制的改造方面，马克思、恩格斯明确提出了"剥夺剥夺者"的原则，主张无产阶级在夺取政权后必须废除生产资料私有制，为实现生产资料的社会主义公有制做准备。尽管在实现这一任务的途径上，马克思、恩格斯曾主张通过暴力剥夺的方式进行，但在当时的历史条件下，并没有完全排除"和平赎买"的可能性。恩格斯明确指出："我们决不认为，赎买在任何情况下都是不容许的；马克思曾向我讲过（并且讲过好多次）他的意见：假如我们能赎买下这整个匪帮，那对于我们最便宜不过了。"② 列宁在俄国十月革命胜利后进一步发展了马克思、恩格斯关于对资产阶级进行和平赎买的思想，他明确表示，如果将来种种情况能迫使资本家和平屈服，"在赎买的条件下文明地有组织地转到社会主义，那就给资本家付相当多的钱，向他们赎买，这种思想是完全可以容许的"③。

马克思主义经典作家根据特定历史条件对生产资料私有制改造问题所作的探索和思考，为中国共产党实行社会主义改造提供了理论依据。在建构改造话语的过程中，中国共产党始终强调社会主义改造要坚持以马克思主义为指导，不能违背马列主义的基本原则。刘少奇指出："要建成社会主义社会，就要改变资本主义所有制和

---

① 《马克思恩格斯文集》第 4 卷，人民出版社 2009 年版，第 524 页。
② 《马克思恩格斯文集》第 4 卷，人民出版社 2009 年版，第 529 页。
③ 《列宁选集》第 4 卷，人民出版社 2012 年版，第 531 页。

个体所有制，建立全民所有制和集体所有制。只要我们抓紧了这一点，在这一点上不动摇，那末，我们就基本上没有违背马列主义，就不会犯重大错误。"① 这是确保社会主义改造成功的关键所在，也是中国共产党在社会主义改造中一贯秉持的重要原则。在农业社会主义改造过程中，针对一些地方发生的强迫富裕中农入社的现象，毛泽东一方面主张对于不愿意入社的富裕中农不要勉强拉入，另一方面则强调这种做法"实际上侵犯他们的利益，违反了'巩固地团结中农'的原则。而这个马克思主义的原则，我们无论在什么时候都是决不可以违反的"②。在说明资本主义工商业社会主义改造方针时，毛泽东所依据的同样是马克思主义理论。他说："我们现在对资本主义工商业的社会主义改造，实际上就是运用从前马克思、恩格斯、列宁提出过的赎买政策。它不是国家用一笔钱或者发行公债来购买资本家的私有财产（不是生活资料，是生产资料，即机器、厂房这些东西），也不是用突然的方法，而是逐步地进行，延长改造的时间，比如讲十五年吧，在这中间由工人替工商业者生产一部分利润。"③ 由此可见，社会主义改造与马克思主义理论具有内在一致性，是对马克思主义基本原理、具体观点的继承和发展。

马克思主义理论提供了支撑社会主义改造的重要依据，是中国共产党建构改造话语的理论资源。基于马克思主义理论建构改造话语，不只是一般性的政策宣示，而是有了坚实的理论依据和学理支撑。此举不仅有助于强化改造话语的学理性和权威性，也有利于在实践中彰显马克思主义的生命力与解释力。

---

① 《刘少奇论新中国经济建设》，中央文献出版社 1993 年版，第 260 页。
② 《毛泽东文集》第 6 卷，人民出版社 1999 年版，第 445 页。
③ 《毛泽东文集》第 6 卷，人民出版社 1999 年版，第 499 页。

## （二）基于中华人民共和国成立初期的现实建构改造话语

推进社会主义改造事业不仅需要科学理论的指导，而且需要立足国情。中国共产党在建构改造话语时并没有拘泥于马克思主义的具体论断，而是采取了直面现实的态度和立场，通过结合中华人民共和国成立初期的现实情况来诠释社会主义改造的必要性，制定社会主义改造的具体策略，分析社会主义改造策略的可行性，纠正社会主义改造过程中的偏差，从而使改造话语建立在可靠的现实基础上。

基于现实诠释社会主义改造的必要性。对生产资料私有制进行社会主义改造不仅是马克思主义经典作家的基本观点，也是实现社会主义工业化的客观要求。建成社会主义工业化国家是以生产社会化为前提条件的，但是在经过三年国民经济恢复之后，非社会主义性质的个体经济与资本主义经济在国民经济中仍然占有相当的比重。实现社会主义工业化的目标与不适应生产社会化要求的个体经济和资本主义经济大量存在的现实，必然要求对农业、手工业、资本主义工商业进行社会主义改造，这是进行社会主义改造的现实依据。有鉴于此，中国共产党在建构改造话语的过程中，注意结合中华人民共和国成立初期个体农业、手工业和资本主义工商业的现实情况来阐释进行社会主义改造的必要性。在说明农业社会主义改造的必要性时，中国共产党对个体农业生产的弊端作了分析，指出"这种建立在劳动农民的生产资料私有制上面的小农经济，限制着农业生产力的发展，不能满足人民和工业化事业对粮食和原料作物日益增长的需要，它的小商品生产的分散性和国家有计划的经济建设不相适应，因而这种小农经济和社会主义工业化事业之间的矛盾，已随着工业化的进展而日益显露出来。同时，小农经济是不稳固的，时刻向两极分化，有的人因天灾人祸而穷困破产，有的人却利用做投机买卖、放债、雇工的办法来剥削旁人；如果不对它实行社会主义改造，农村中少数人就会发展成为富农剥削者，而多数人就不得不忍受贫困甚至破产的痛苦"。在说明手工业社会主义改造的必要性时，中国共产党对个体手工业生产的局限进行了分析，强调"分散的个体手工业的生产是十分落后的，不能使用新的技术，在生产和销售中会遇到许多不可克服的困难，并且会受到私商的剥削。同时，个体手工业是小商品经济，它也是不稳固的，如果听其自发地发展，也会走资本主义的道路，就是少数人发财、大多数人破产的痛苦的道路。因此，必须对个体手工业进行社会主义的改造，引导手工业劳动者走社会主义的道路"。在说明资本主义工商业社会主义改造的必要性时，中国共产党同样对私人资本主义经济生产存在的问题进行了客观审视，指出由于资本主义所有制和社会主义所有制之间的矛盾、资本主义所有制和资本主义的生产社会性之间的矛盾、资本主义生产的无政府状态和国家有计划的经济建设之间的矛盾、资本主义企业内的工人和资本家之间的矛盾是难以克服的，因此"这些企业的设备利用率和劳动生产率低，成本高，资金很多浪费，扩大再生产的能力很小或甚至没有，因而影响到工业产品在市场上供不应求，影响到国家计划受到破坏。如果不改变这种情况，这个广大部分的社会生产力就不可能获得充分的合理的发展以适应国计民生的需要，我国的社会主义工业化就不能全部实现"①。通过分析中华人民共和国成立初期个体经济和资本主义经济在生产方面的局限和弊端，揭示社会主义工业化与生产资料私有制

---

① 《中共中央文件选集（1949 年 10 月—1966 年 5 月）》第 14 册，人民出版社 2013 年版，第 511、518、520 页。

经济之间的矛盾，中国为什么要进行社会主义改造也就不难理解。

基于现实制定社会主义改造的具体策略。中国是一个人口众多，经济、文化各方面都比较落后的国家。在这样的情况下，要成功实现由新民主主义向社会主义的过渡，就不能拘泥于马克思主义经典作家的具体结论，而必须从国情出发，基于中国的实际情况制定社会主义改造的具体策略。毛泽东在关于农业互助合作的谈话中曾指出："做一切工作，必须切合实际，不合实际就错了。切合实际就是要看需要与可能，可能就是包括政治条件、经济条件和干部条件。"[1] 应该说，这一论断对于指导社会主义改造工作同样是适用的。事实上，中国共产党在制定社会主义改造的具体策略时，所遵循的正是从实际出发的科学原则。农业合作化运动初期，鉴于广泛发展的互助组和为数不多的农业生产合作社，还只是几家在一起或几十家在一起、建立在私有财产基础之上的小型组织，不仅大多数组织尚不固定，而且以使用旧式农具居多，毛泽东指出："对于这些互助组和合作社，按照中央已有的决定给以积极的提倡和适当的指导是完全必要的，但是决不应当将它们混同于社会主义的集体农庄，决不应当施行过多的干涉。我党现在在农村中的主要的危险倾向，就是许多同志将分散的经济混同于集体的经济，就是干涉过多。"[2] 随着农业合作化运动的深入发展，如何加强对合作化运动的领导和规划便成为一个亟待解决的问题。对此，毛泽东在党的七届六中全会上提出，合作化的规划要根据不同地区规定发展速度：第一种多数地区要有三个浪潮和三个冬春，这种地区到1958年春就可以基本完成半社会主义的合作化；第二种地区有两个冬春和两个浪

---

[1] 《毛泽东文集》第6卷，人民出版社1999年版，第301页。

[2] 《毛泽东文集》第6卷，人民出版社1999年版，第273—274页。

潮就够了，有个别地区到 1956 年春季就可以基本完成合作化了；第三种地区需要有四个、五个甚至六个冬春，但是要除开像大小凉山、西藏以及其他一些条件不成熟的少数民族地区，条件不成熟的不能搞。① 可见，毛泽东善于根据农业合作化运动发展的不同阶段和现实状况来制定农业社会主义改造的策略。我国的手工业经济行业复杂、分散、面广且变化多，针对手工业经济的这一特点，中共中央在批转《第四次全国手工业生产合作会议的报告》时明确要求：“各地在对手工业的某些行业进行社会主义改造和生产安排中，同时必须继续对当地各种手工业进行全面的深入的调查研究，务期在今明两年内，把手工业重要行业的基本情况彻底摸清楚，以便于对手工业进行安排和改造”②。根据手工业经济的基本特点制定针对手工业的调查研究任务，是进行手工业社会主义改造的前提和基础。中华人民共和国成立初期，考虑到资本主义工商业在一定时期内既有对国计民生有利的一面，还有对国计民生不利的一面，党对资本主义工商业采取了限制、利用和改造的政策。但是由于理论准备不足、实践经验缺乏等，党在当时对采取何种形式将资本主义工商业改造为社会主义企业的认识还不是十分明确。为此，李维汉率领中共中央统战部调查组赴武汉、南京等地进行调查研究，考察私营工商业的状况，在此基础上向中央提交了《资本主义工业中的公私关系问题》的报告。报告在深刻总结中华人民共和国成立初期对资本主义经济进行改组和改造经验的基础上指出：“国家资本主义的各种形式（其中一部分将由低级向高级发展），是我们利用和限

---

① 《毛泽东文集》第 6 卷，人民出版社 1999 年版，第 476 页。

② 《中共中央文件选集（1949 年 10 月—1966 年 5 月）》第 19 册，人民出版社 2013 年版，第 230 页。

制工业资本主义的主要形式，是我们将资本主义工业逐步纳入国家计划轨道的主要形式，是我们改造资本主义工业使它逐步过渡到社会主义的主要形式"①。可见，将国家资本主义作为改造资本主义工商业和将其逐步过渡到社会主义的主要形式，有其深刻的现实基础。这是在开展深入调查研究，特别是在总结工业方面发展国家资本主义经验基础上得出的科学结论。中国是一个统一的多民族国家，在长期历史发展进程中形成了大杂居、小聚居的民族分布格局，不同民族之间，特别是汉族与少数民族之间经济发展水平不一、文化风俗差异显著。因此，在阐述少数民族地区的社会主义改造问题时，中国共产党同样强调要秉持从实际出发的原则。《中共中央关于在少数民族地区进行农业社会主义改造问题的指示》明确要求，对于任何少数民族地区，"如果不去注意当地的特殊情况，企图用汉族地区同样的速度、同样的方式去推动少数民族地区的互助合作运动，就势必会发生急躁冒进的错误，造成工作的损失和困难，影响互助合作运动的健康发展，甚至可能发生群众性的骚乱"②。结合中华人民共和国成立初期的现实制定社会主义改造策略，是社会主义改造取得历史性成就的关键所在，也是中国共产党建构改造话语所遵循的基本原则。

基于现实分析社会主义改造策略的可行性。社会主义改造运动牵涉面广、难度大，是一场深刻、复杂的社会变革。确保社会主义改造运动的顺利进行，不仅要有科学的路线方针政策作为指引，而且需要对人民群众做细致耐心的宣传工作，以此来获得群众的理解

---

① 《李维汉选集》，人民出版社1987年版，第266页。

② 《中共中央文件选集（1949年10月—1966年5月）》第18册，人民出版社2013年版，第207—208页。

和支持。在阐释社会主义改造策略的可行性时，中国共产党注意结合实际情况进行说明，以此来增强改造话语的说服力和影响力。在个体农业的社会主义改造策略上，中国共产党主张把农民个体经济的积极性引到互助合作积极性的轨道上，从而克服建立在个体经济基础上的资本主义自发势力的倾向，逐步过渡到社会主义。中国共产党认为，实现这一目标的可能性是由以下几方面因素决定的："第一是以工人阶级为首的人民政权和社会主义工业的领导；第二是农民在工人阶级领导下获得了解放和土地，因而能够相信工人阶级领导的正确性；第三是工人阶级和农民群众有共同的利益以及贫农和中农有共同的利益，而这一切共同的利益就是大家都力求或希望摆脱资本主义的剥削，因为资本主义的剥削只是使极少数人靠剥削和投机而发财，至于极大多数人则将因此而陷于贫穷和破产。"[①]在变革资本主义生产资料私有制的问题上，马克思主义经典作家曾设想以和平赎买的方式实现这一目标，不过由于历史条件的限制，这一设想并没有实现。那么，对资本主义工商业的社会主义改造究竟能不能采用和平赎买的办法呢？中国共产党在解释这一问题时，根据当时的具体情况作了分析。中共中央宣传部关于党在过渡时期总路线的学习和宣传提纲指出，国家对资本主义工商业进行社会主义改造是可能的，"这是因为我国已经建立起工人阶级领导的人民民主专政的国家政权，这个政权已经建立了强大的社会主义的国营经济，掌握了国家的经济命脉；因为我国民族资产阶级是在半封建半殖民地的社会里生长起来的，一方面它的力量比较软弱，另方面由于它一贯地受着帝国主义、封建主义、官僚资本主义的限制或压

---

① 《中共中央文件选集（1949年10月—1966年5月）》第14册，人民出版社2013年版，第445页。

迫，它对新民主主义革命常常采取中立态度，它的一部分代表人物在某些时机还参加了相当的革命斗争，而在新民主主义革命胜利后又承认工人阶级的领导地位。同时，在过去几年中，社会主义经济的巨大的优越性和资本主义经济的相形见绌，不合理，对国计民生的不利方面，已经一步一步地表现了出来，使全国广大人民，首先是资本主义企业中的工人和职员纷纷要求改造资本主义经济，并使许多和资本主义有联系的人士逐渐认识到社会主义确是大势所趋，人心所向"①。可见，中国共产党在分析社会主义改造策略的可行性时，注意结合当时的实际情况进行说明，以此来赢得人民群众的理解和支持。

基于现实纠正社会主义改造过程中的偏差。在党的正确领导和广大人民群众的积极参与之下，社会主义改造工作在初期从整体上看是稳步前进和健康发展的，并且也取得了有目共睹的成就。但是由于指导思想的急于求成、工作方法过于简单、自然灾害的影响等一系列复杂问题，社会主义改造运动后期发生了一些失误和偏差，特别是在农业合作社发展过程中出现了过急过猛、违反自愿互利原则等问题，引起一些农民不满。在纠正这些失误和偏差时，中国共产党注意分析实践过程中暴露出来的问题，根据实际情况提出解决问题的举措。1955年1月10日，中共中央发出的《关于整顿和巩固农业生产合作社的通知》强调，鉴于许多地方陆续有新建社垮台散伙和社员退社，以及大批出卖耕畜、杀羊、砍树等现象，"中央认为有必要重申只许办好、不许办坏的方针，对当前的合作化运

---

① 《中共中央文件选集（1949年10月—1966年5月）》第14册，人民出版社2013年版，第520—521页。

动，应基本上转入控制发展、着重巩固的阶段"①。3 月中旬，毛泽东在听取邓子恢等人汇报农业互助合作和粮食征购情况时，就农业生产合作社的发展方针作了指示。他说："方针是'三字经'，叫一曰停，二曰缩，三曰发。经讨论议定，浙江、河北两省收缩一些，东北、华北一般停止发展，其他地区（主要是新区）适当发展一些。"② 可以看到，中国共产党在建构改造话语的过程中，十分注意观察和总结实践经验，特别是善于根据实际工作中暴露出来的问题及时调整、制定社会主义改造的方针政策，这是社会主义改造工作得以顺利推进的重要原因。

总之，中华人民共和国成立初期的现实为改造话语的建构提供了重要资源，不仅在理论层面上强化了改造话语的事实依据和实践支撑，使改造话语建立在更为可靠的现实基础上，同时还有助于在实践层面确保社会主义改造运动的顺利进行。

## （三）借鉴苏联经验建构改造话语

社会主义改造不仅需要立足国情，从国情出发制定改造的步骤和方法，而且需要合理地借鉴和吸收域外经验。作为世界上第一个社会主义国家，苏联在向社会主义过渡的过程中积累了丰富经验和教训，对于我国社会主义改造具有十分重要的借鉴意义。因此，中国共产党在建构改造话语时，注意借鉴苏联社会主义改造经验，以此为社会主义改造提供借鉴和指引。

第一，学习苏联经验，开展社会主义改造工作。新民主主义革

---

① 《中共中央文件选集（1949 年 10 月—1966 年 5 月）》第 18 册，人民出版社 2013 年版，第 32 页。

② 《毛泽东年谱（1949—1976）》第 2 卷，中央文献出版社 2013 年版，第 355 页。

命的胜利，从根本上结束了近代以来旧中国遭受帝国主义侵略的屈辱历史，为实现国家富强和人民幸福奠定了重要基础，但同时也向中国共产党提出了如何由新民主主义过渡到社会主义的新任务。客观来说，尽管党在领导新民主主义革命的过程中独立自主地探索出了一条适合中国国情的革命道路，但是在向社会主义过渡的问题上，苏联经验不仅不能忽视，甚至在当时的历史条件下还是唯一的学习对象。1953年2月7日，毛泽东在全国政协一届四次会议闭幕会上的讲话中，便提到学习苏联经验的问题。他说："我们要进行伟大的五年计划建设，工作很艰苦，经验又不够，因此要学习苏联的先进经验。"① 那么，学习苏联经验应当采取什么态度呢？毛泽东进一步指出："应该采取真心真意的态度，把他们所有的长处都学来，不但学习马克思列宁主义的理论，而且学习他们先进的科学技术，一切我们用得着的，统统应该虚心地学习。"② 毛泽东在讲话中分析了学习苏联经验的必要性，向全党提出了学习苏联经验的重要任务。显然，此举意在强调苏联经验对于中国社会主义改造的借鉴意义。

第二，参照苏联经验，制定社会主义改造的策略。苏联社会主义改造的不少举措和经验被实践证明是成功的、有效的，对于中国的社会主义改造有着重要的参考价值。在缺乏实践经验和理论准备不足的情况下，中国共产党注意参照苏联经验来制定社会主义改造的策略。如何认识社会主义工业化与农业集体化之间的关系，是建构改造话语时不能回避的一个问题。为了回应党内一些同志提出的农业合作化不必同工业化步骤相适应，而应采取特别迟缓速度的观

---

① 《毛泽东文集》第6卷，人民出版社1999年版，第263页。
② 《毛泽东文集》第6卷，人民出版社1999年版，第264页。

点，毛泽东借助苏联经验进行了驳斥，认为这种说法"忽视了苏联的经验"，强调必须坚持"农业合作化的步骤应当和我国的社会主义工业化的步骤相适应的方针，而这种方针，曾经在苏联证明是正确的"。① 事实上，毛泽东对苏联社会主义改造经验的推崇及重视还不止于此，在说明发展农业生产合作社的必要性、完成社会主义改造的可能性等问题时，毛泽东同样引证了苏联经验。关于发展农业生产合作社的必要性，毛泽东认为："大规模的轻工业的发展，不是在小农经济的基础上所能实现的，它有待于大规模的农业，而在我国就是社会主义的合作化的农业。因为只有这种农业，才能够使农民有比较现在不知大到多少倍的购买力。这种经验，苏联也已经提供给我们了"②。关于完成社会主义改造的可能性，毛泽东指出："从中华人民共和国成立直到第三个五年计划的完成，共有时间十八年。我们准备在这个时间内，同基本上完成社会主义工业化、基本上完成手工业和资本主义工商业的社会主义改造同时，基本上完成农业方面的社会主义的改造。这是可能的吗？苏联的经验告诉我们，这是完全可能的。"③ 可见，苏联经验为我国的社会主义改造提供了不少可资借鉴的思路和做法。对粮食实行计划收购和计划供应，是中央为解决大规模经济建设背景下粮食供需矛盾而采取的一个重要举措。在实行"统购统销"政策的背景下，如何更好地指导和发展农业合作化运动，是摆在中国共产党面前的一个重要问题。对此，陈云指出："我们也曾考虑过是否少要一点粮食，让农村合作化运动顺利地搞起来后再说。但是，这一条是不那么容易的。看

---

① 《毛泽东文集》第 6 卷，人民出版社 1999 年版，第 431 页。
② 《毛泽东文集》第 6 卷，人民出版社 1999 年版，第 433 页。
③ 《毛泽东文集》第 6 卷，人民出版社 1999 年版，第 434 页。

来合作化运动必须在统购统销的紧张工作中去开展，苏联的集体化运动也是如此。"① 这就借助苏联集体化运动的经验，说明了如何处理农业合作化运动与统购统销工作之间的关系。在开展农业合作化运动过程中，如何制定同富农的斗争策略以及如何处理好上下级合作社之间的关系，同样是党需要认真思考和加以解决的问题。在思考和探索这些问题时，中国共产党同样借鉴了苏联经验。考虑到富农通常是反对集体化和主张单干的，刘少奇明确提出："农业集体化，就是在反对富农斗争的基础上来进行的。开展反富农斗争，要把富农送走，因为他们加入集体农场要捣蛋，不加入，单干又没地方干，苏联是送走，我们恐怕也是送走好。" 在说明上下级合作社之间对于利润的管理和分配问题时，刘少奇主张合作社之间要实行对于利润的适当管理，限制过高的利润，实行利润的分配，对某些推销物资实行超额利润的返还，并特别强调"这是苏联专家告诉我们的，说是苏联的合作社实行这样的制度"。② 中华人民共和国成立初期，私营工商业的存在和发展对于恢复国民经济、改善人民生活有着积极意义。在谈及对私营工商业的态度时，毛泽东参照苏联社会主义改造的经验和做法。他说："私营工商业是会长期存在的，我们不可能很快实行社会主义。到哪一天才需要全面进攻，取消资本家的那一部分呢？照苏联的例子，时间是很长的。他们一九二九年开始集体化，消灭富农经济，后来又搞快了，因此一九三〇年斯大林有一篇文章《胜利冲昏头脑》。所以必须慎重。"③ 苏联的经验说明非社会主义性质的所有制经济对于国计民生同样具有积极作

① 《陈云文集》第2卷，中央文献出版社2005年版，第587页。
② 《刘少奇论新中国经济建设》，中央文献出版社1993年版，第213、229页。
③ 《毛泽东文集》第6卷，人民出版社1999年版，第61页。

用，因此对私营工商业的改造必须采取慎重的态度，不能急于求成。

第三，汲取苏联经验，避免社会主义改造失误的出现。苏联的社会主义改造，既有成功的经验，也有失败的教训，特别是在农业集体化后期存在急于求成的问题，出现了农民屠宰牲畜、毁坏农具等现象。因此，中国共产党在建构改造话语时，并没有盲目照搬照抄苏联经验，而是采取了批判分析的态度和立场，强调要汲取苏联经验，避免社会主义改造失误的出现。在发展农业合作社的问题上，毛泽东认为："要遵守自愿互利的原则，要有全面规划，要有灵活的指导。有这几条，我看就可以使合作社的质量比较好，就可以增加生产和不死牲口。我们务必避免苏联曾经犯过的大批杀掉牲口的那个错误。"① 对于苏联农业集体化运动中出现的失误，刘少奇也作了分析。他在《政治经济学教科书》学习讨论会上的发言指出："苏联对集体农庄的产品，实质上是调拨，收购价格很低，同零售价相比差好几倍，侵犯集体农庄的所有制，不让集体农庄搞积累，又不让集体农庄有拖拉机，实际上把农庄扩大再生产的资金都搞到国家的手里来了。"② 明确了苏联社会主义改造的失误和不足，实际上也就明晰了中国社会主义改造的方向和目标。中国该如何避免社会主义改造过程中可能出现的失误，从对苏联经验的总结和反思中不难获得启示。

苏联经验为中国社会主义改造提供了经验启示和实践指引，是中国共产党建构改造话语尤为倚重的域外资源。借鉴苏联经验建构改造话语，能够提升改造话语的权威性、科学性，增强改造话语的

---

① 《毛泽东文集》第6卷，人民出版社1999年版，第477页。
② 《刘少奇论新中国经济建设》，中央文献出版社1993年版，第392页。

解释力和说服力，同时也有助于缩短实践探索的时间和避免偏差与失误的出现。

### （四）援用革命经验建构改造话语

中国共产党是一个尊重历史、敬畏历史，并且善于从历史中汲取智慧和经验的政党。在建构改造话语的过程中，中国共产党注意援用革命经验为改造话语提供历史层面的支撑和依据，以此来强化改造话语的解释力和说服力。

以毛泽东为代表的中国共产党人十分重视合作社的发展，不仅将其视为农民摆脱贫困和增加农业生产的重要途径，同时还广泛动员和组织群众在自愿的基础上参与劳动互助组织，在领导革命根据地建设过程中积累了组织农民进行互助合作的经验。土地革命战争时期，毛泽东根据苏区群众创造劳动互助社和耕田队的经验，强调互助组在农业生产方面的积极作用，认为"合作社经济和国营经济配合起来，经过长期的发展，将成为经济方面的巨大力量，将对私人经济逐渐占优势并取得领导的地位"[1]。抗日战争时期，毛泽东进一步分析了农业个体生产的局限和弊端，比较完整地论述了互助合作的思想。他在《组织起来》一文中指出："在农民群众方面，几千年来都是个体经济，一家一户就是一个生产单位，这种分散的个体生产，就是封建统治的经济基础，而使农民自己陷于永远的穷苦。克服这种状况的唯一办法，就是逐渐地集体化；而达到集体化的唯一道路，依据列宁所说，就是经过合作社。"[2] 中华人民共和国成立前夕，毛泽东在党的七届二中全会上再次表达了土地改革之后

---

[1] 《毛泽东选集》第1卷，人民出版社1991年版，第133—134页。
[2] 《毛泽东选集》第3卷，人民出版社1991年版，第931页。

要帮助农民逐步组织合作社的思想，强调如果没有合作社经济，"就不可能领导劳动人民的个体经济逐步地走向集体化，就不可能由新民主主义社会发展到将来的社会主义社会，就不可能巩固无产阶级在国家政权中的领导权"[①]。中国共产党在新民主主义革命时期关于互助合作的实践探索和理论思考，不仅为中华人民共和国成立后的农业合作化运动提供了宝贵经验，事实上也成为建构改造话语的重要支撑。在开展农业合作化运动过程中，为了回应党内一些同志关于合作社能不能发展、能不能巩固的困惑，进一步阐释开展农业合作化运动的可能性和党关于农业合作化方针的正确性，毛泽东援用了党在新民主主义革命时期领导农民开展互助合作运动的经验予以说明。1955 年 7 月 31 日，毛泽东在中共中央召集的省委、市委、自治区党委书记会议上指出："在中华人民共和国成立以前，在二十二年的革命战争中，我党已经有了在土地改革之后，领导农民，组织带有社会主义萌芽的农业生产互助团体的经验。那时，在江西是劳动互助社和耕田队，在陕北是变工队，在华北、华东和东北各地是互助组。那时，半社会主义和社会主义的农业生产合作社的组织，也已经个别地产生。例如，在抗日时期，在陕北的安塞县，就出现了一个社会主义性质的农业生产合作社。不过，这种合作社在当时还没有推广。"[②] 主张通过合作化运动克服个体小农生产的局限和弊端，最终引导农民走向社会主义道路，是马克思主义经典作家的基本观点，也是党在新民主主义革命时期的一贯主张。回顾党领导农民开展互助合作的历史进程，以历史经验为证阐述开展农业合作化运动的可能性、必要性，有助于消解认识分歧、统一思

---

① 《毛泽东选集》第 4 卷，人民出版社 1991 年版，第 1432 页。
② 《毛泽东文集》第 6 卷，人民出版社 1999 年版，第 420 页。

想共识，使党中央关于农业合作化运动的方针更易于为全党和全社会所理解、接受。

历史是最好的教科书，历史经验对现实具有启迪和借鉴意义。结合革命经验建构改造话语，不仅能使改造话语富有历史底蕴和获得历史支撑，同时也能减少话语传播过程中的阻力和障碍，推动改造话语在全党和全社会范围内广泛传播。

中国共产党在建构改造话语的过程中，始终密切关注中华人民共和国成立初期的现实情况，并综合运用了马克思主义理论、苏联经验和革命经验等资源，使改造话语获得了理论与实践、历史与现实、中国与域外等多方面、多维度的支撑，形成了马克思主义中国化话语的新形态。通过改造话语的建构，中国共产党掌握了社会主义改造的领导权和主动权，诠释了社会主义改造的必要性和可能性，明确了社会主义改造的目标和方向，激发了广大人民群众参与社会主义改造的主动性和积极性，使社会主义改造成为一场深刻的社会变革，进而为社会主义基本制度在中国的确立奠定了基本前提。

# 三、社会主义改造理论的体系与地位

中华人民共和国成立后，在领导全国人民完成由新民主主义向社会主义过渡这一伟大历史任务的过程中，以毛泽东为代表的中国共产党人在马克思主义关于过渡时期理论的指导下，结合中国社会发展的实际情况，探索出了一条适合中国特点的社会主义改造道路，成功实现了对生产资料私有制的社会主义改造。并在总结实践经验的基础上形成了主题鲜明、体系完备、特点突出、逻辑严密的社会主义改造理论，有力地推动了马克思主义中国化的历史进程。作为中华人民共和国成立初期马克思主义中国化的重要成果，社会主义改造理论既坚持了马克思主义的基本原理和一般原则，同时又以独创性的理论贡献进一步丰富和发展了科学社会主义理论，是马克思主义关于过渡时期的理论在中国的运用和发展。科学认识社会主义改造理论的基本内涵和精神实质，深刻把握社会主义改造理论的学理价值和实践意义，有必要就这一理论的主题、体系、特点和地位作出说明。

## （一）社会主义改造理论的主题

任何理论的提出和创立都有其针对性的主题，理论体系的建构往往是围绕特定主题而展开的。从这个意义上讲，明确社会主义改造理论的主题，是阐释社会主义改造理论必须回答的问题。概括来说，社会主义改造理论是中国共产党人在思考和探索如何由新民主主义向社会主义过渡过程中形成的重要理论成果，其理论主题是"为何要向社会主义过渡，如何实现向社会主义过渡"。

无产阶级夺取政权之后为何要向社会主义过渡、如何向社会主义过渡，是马克思主义必须思考和回答的问题。在马克思主义发展史上，马克思、恩格斯在创立科学社会主义理论的同时，根据19世纪西方资本主义发展的历史特点和客观实际，对向社会主义过渡的必然性、长期性和对生产资料私有制改造的方式等问题作了初步探索。列宁、斯大林在领导俄国无产阶级革命和向社会主义过渡的过程中，创造性地提出和实践了新经济政策、农业集体化等设想，进一步丰富和发展了马克思主义关于过渡时期的理论。然而，受到当时历史条件的限制，马克思主义经典作家在向社会主义过渡的问题上，只是提出了蓝图式的初步设想和一般性的理论总结，并没有将过渡时期的路径选择局限于一种模式，也没有对过渡时期的具体起止时间等问题作出明确回应。因此，在如何向社会主义过渡的问题上，不能局限于经典作家的具体结论，必须在科学理论的指导下依据不同国家的实际情况和基本国情来确定向社会主义过渡的方式。特别是像中国这样脱胎于半殖民地半封建社会，经济、文化各方面都较为落后且现代工业基础十分薄弱的国家，在思考如何向社会主义过渡的问题上，既不能直接照搬马克思主义经典作家的设想，也不能全盘照抄苏联经验，只能在马克思主义理论的指导下结合中国的具体情况，独立自主地探索出一条适合中国国情的社会主义改造道路。

从新民主主义过渡到社会主义，是以毛泽东为代表的中国共产党人对于当时半殖民地半封建社会的中国如何建立社会主义制度所作出的重要贡献，是对马克思主义的独创性发展。尽管这一设想在新民主主义革命时期就已经明确提出，但是在何时过渡以及怎样过渡的问题上，中国共产党的认识经历了一个变化过程。原先设想先经过一个相当长时间的新民主主义建设阶段，采取切实的步骤实现国家工业化的发展目标，再由新民主主义社会向社会主义社会过渡。中华人民共和国成立后，经过三年的经济恢复时期，人民民主专政政权得到巩固和发展，社会主义性质的国营经济在整个国民经济中占领导地位，党也积累了对资本主义工商业和个体农业、手工业进行社会主义改造的经验，同时国际形势也不断朝着有利于社会主义的方向发展。在新的实践基础上，党结合中华人民共和国成立后政治、经济发生的新变化，改变了原先向社会主义过渡的设想，适时地提出和确立了过渡时期总路线。

围绕着向社会主义过渡的主题，过渡时期总路线明确提出了社会主义建设和社会主义改造并举的方针。社会主义工业化是社会主义社会重要的和唯一的物质技术基础，是实现国家富强和民族独立的必要条件，因而也是建立社会主义制度的客观要求。列宁曾指出："没有高度发达的大工业，那就根本谈不上社会主义，而对于一个农民国家来说就更是如此"。① 只有实现社会主义工业化，才能从根本上改变近代以来我国贫穷落后的面貌，使我国由一个落后的农业国转变为先进的工业国，进而彰显社会主义制度的优越性和先进性。更进一步讲，社会主义社会不仅要有高度发达的生产力，而且要有与生产力相适应的生产关系，这就要求将生产资料私有制改造为社会主义公有制。党在过渡时期总路线的实质所要解决的正是所有制问题。对此，毛泽东明确指出："党在过渡时期的总路线的实质，就是使生产资料的社会主义所有制成为我国国家和社会的唯一的经济基础。"② 具体来说，就是要将农业和手工业的个体所有制逐步改造为社会主义集体所有制，将资本主义所有制改造为社会主义全民所有制，使社会主义公有制成为我国社会的经济基础。总之，社会主义工业化和社会主义改造为我国成功实现由新民主主义向社会主义的过渡奠定了重要前提，这是社会主义改造理论在如何向社会主义过渡问题上作出的回应和解答。

社会主义改造理论不是一般的意识形态理论建构，而是事关中国社会发展方向的探索与思考，是中国共产党在马克思主义关于过渡时期理论的指导下，结合中国社会的具体实际，针对新民主主义革命胜利后如何逐步向社会主义过渡的问题所作出的重要理论创新。明确社会主义改造理论的主题，才能准确把握其科学内涵与理论体系，才能深刻认识其理论意义和实践价值。

---

① 《列宁全集》第 41 卷，人民出版社 2017 年版，第 301—302 页。
② 《毛泽东文集》第 6 卷，人民出版社 1999 年版，第 316 页。

## （二）社会主义改造理论的体系

社会主义改造理论既有其鲜明的理论主题，也有其严密完整的理论体系，其内容主要包括社会主义改造的起止时间、必要性、目的、任务、方法、形式等多个方面。上述内容虽各有侧重、相对独立，但彼此之间关联密切、相互依存，构成了一个不可分割的有机整体。

关于社会主义改造的起止时间。根据过渡时期总路线的表述，从中华人民共和国成立到社会主义改造基本完成是一个过渡时期。将对生产资料私有制社会主义改造的基本完成作为过渡时期的下限并不难理解，那么为什么要将过渡时期的起点从中华人民共和国成立算起呢？关于此点，毛泽东在审阅关于过渡时期总路线的宣传提纲时作了如下说明："我们说标志着革命性质的转变、标志着新民主主义革命阶段的基本结束和社会主义革命阶段的开始的东西是政权的转变，是国民党反革命政权的灭亡和中华人民共和国的成立，并不是说社会主义改造这样一个伟大的任务，在人民共和国成立以后就可以立即在全国一切方面着手施行了。"[1] 也就是说，政权的转变是革命性质转变的标准和依据，但是像社会主义改造这样一个伟大的任务，在中华人民共和国成立之后还需要等待条件成熟才能在全国范围内广泛开展起来。关于完成社会主义改造的时间，毛泽东最初设想是完成社会主义改造的任务后，大约需要三个五年计划即15 年，加上国民经济恢复时期的 3 年，也就是 18 年的时间，那时候中国就可以基本上建设成为一个伟大的社会主义国家。不过后来的实践发展大大超出了毛泽东的预期，我国绝大部分地区在 1956 年

---

[1] 《毛泽东文集》第 6 卷，人民出版社 1999 年版，第 315 页。

就基本上完成了对生产资料私有制的社会主义改造，这标志着社会主义基本制度在我国已经建立起来。

关于社会主义改造的必要性、目的和任务。过渡时期总路线的表述最终确定之后，中共中央宣传部随即编写了关于党在过渡时期总路线的学习和宣传提纲，向全党和全国人民进行了广泛深入的宣传教育工作，同时对社会主义改造的目的、任务和必要性等重要问题作了详细的解释。关于社会主义改造的必要性，宣传提纲吸收了毛泽东在审阅该稿时所写的说明，强调之所以要进行社会主义改造，"是因为只有完成了由生产资料的私人所有制到社会主义所有制的过渡，才利于社会生产力的迅速向前发展，才利于在技术上起一个革命，把在我国绝大部分社会经济中使用简单的落后的工具农具去工作的情况，改变为使用各类机器直至最先进的机器去工作的情况，借以达到大规模地出产各种工业和农业产品，满足人民日益增长着的需要，提高人民的生活水平，确有把握地增强国防力量，反对帝国主义的侵略，以及最后地巩固人民政权，防止反革命复辟这些目的"[①]。从推动社会生产力发展、满足人民需要和巩固新生政权等维度来阐述社会主义改造的必要性，有助于获得全党和全国人民的理解与支持。关于社会主义改造的目的，宣传提纲明确提出，中华人民共和国的成立标志着中国革命第一阶段的基本结束和中国革命第二阶段的开始，而中国革命第二阶段的任务就是要在中国建立社会主义社会。因此，必须发展社会主义工业和实行社会主义改造，动员一切力量把我国建设成为伟大的社会主义国家，这是全党和全国人民伟大的、光荣的任务。为了实现这一目的，宣传提纲还

---

① 《中共中央文件选集（1949年10月—1966年5月）》第14册，人民出版社2013年版，第500页。

说明了社会主义改造的主要任务：一方面必须充分地发展社会主义工业，使我国由工业不发达的、落后的农业国变为工业发达的、先进的工业国；另一方面则要扩大社会主义的全民所有制和合作社社员的集体所有制，也就是要对个体农业、手工业和资本主义工商业进行社会主义改造。这就明确提出了社会主义建设和社会主义改造并举的任务。阐明社会主义改造的必要性、目的和任务，有助于消弭认识分歧、统一思想共识，从而在此基础上广泛动员全国人民为把我国建设成为一个伟大的社会主义国家而奋斗。

关于社会主义改造的方法和形式。"推翻旧的社会制度，建立新的社会制度，即社会主义制度，这是一场伟大的斗争，是社会制度和人的相互关系的一场大变动。"① 毫无疑问，个体农业、手工业和资本主义工商业的社会主义改造属于社会主义革命的范畴，但是在中国实现由新民主主义向社会主义过渡这样一场深刻的社会变革，却是以和平的方式完成的。毛泽东指出："在我国的条件下，用和平的方法，即用说服教育的方法，不但可以改变个体的所有制为社会主义的集体所有制，而且可以改变资本主义所有制为社会主义所有制。"② 采取和平方法变革生产资料所有制是中国共产党对于社会主义改造理论的重要贡献，此举不仅有助于保证社会的平稳发展，同时还较好地解决了诸如社会变革与经济增长、和平过渡和改造生产资料私有制等通常难以克服的矛盾。在明确通过采取和平方法进行社会主义改造的同时，党还通过总结实践经验创造出了一系列适合中国国情的由初级到高级的过渡形式，将个体农业、手工业和资本主义工商业逐步引导到社会主义道路上来。在农业的社会主

---

① 《毛泽东文集》第 7 卷，人民出版社 1999 年版，第 267—268 页。
② 《毛泽东文集》第 7 卷，人民出版社 1999 年版，第 2 页。

义改造方面，党创造出了经过简单共同劳动的临时互助组和在共同劳动基础上实行某些分工分业而有少量公共财产的常年互助组，到实行土地入股、统一经营而有较多公共财产的农业生产合作社，再到实行完全社会主义的集体农民公有制的更高级的农业生产合作社的过渡形式。这种从带有社会主义萌芽性质到具有更多社会主义因素、再到完全社会主义的合作化的发展道路，就是逐步实现对农业社会主义改造的道路。在手工业的社会主义改造方面，党同样采取了积极引导、逐步过渡的方式，主张将手工业者逐渐组织到各种形式的手工业合作社中去，并在实践中创造出了由手工业生产小组到手工业供销生产合作社，最后到手工业生产合作社的过渡形式。在资本主义工商业的社会主义改造中，党创造性地提出和实践了从初级到高级的各种国家资本主义的过渡形式，通过采取由初级形式的国家资本主义到个别企业的公私合营，最后到全行业公私合营的改造步骤，成功实现了马克思主义经典作家曾经设想的对资产阶级进行和平赎买的政策。

社会主义改造理论具有多个维度的内容，是一个结构完整、逻辑严密的科学体系。明确社会主义改造理论的体系结构，不仅有助于把握其科学内涵和内在逻辑，深化对这一理论的整体性理解，也有助于认清其理论特点和理论创新之所在。

## （三）社会主义改造理论的特点

社会主义改造理论是中国共产党在积极探索新民主主义革命胜利后中国社会为何要向社会主义过渡、如何向社会主义过渡这一问题的过程中形成的重要理论成果，既是问题导向与目标导向的统一，也是合规律性与合目的性的统一，同时还是解放和发展生产力与变革生产关系的统一。

问题导向与目标导向的统一。问题是理论创新的突破口，也是理论建构的出发点。可以说，任何具有重要创新成果的理论都是在回答时代发展和社会实践所提出的重大问题中创造出来的，并且在解决这一问题的过程中彰显其理论意义和实践价值。社会主义改造理论秉持以问题为导向的原则，是中国共产党针对新民主主义革命胜利后，在中国这样一个人口众多，经济、文化落后的国家如何成功实现向社会主义转变这一问题而提出来的，具有强烈的问题意识。在中国实现社会主义，是党自创立之日起的奋斗目标，社会主义改造理论便是围绕这一目标提出来的，是实现这一伟大奋斗目标的科学指南。中华人民共和国成立后，党根据国内外形势的发展变化改变了原先新民主主义社会的设想，及时提出了过渡时期总路线，并在总结实践经验的基础上，系统而全面地论述了社会主义改造的方法、形式、步骤、原则等一系列重要问题，成功地指导我国的社会主义改造实践，在中国确立了社会主义基本制度。

合规律性与合目的性的统一。根据唯物史观的基本原理，人们创造历史的活动实际上表现为客观规律性和主观能动性的内在统一。恩格斯认为，社会发展史和自然发展史是根本不相同的，"在社会历史领域内进行活动的，是具有意识的、经过思虑或凭激情行动的、追求某种目的的人；任何事情的发生都不是没有自觉的意图，没有预期的目的的。但是，不管这个差别对历史研究，尤其是对各个时代和各个事变的历史研究如何重要，它丝毫不能改变这样一个事实：历史进程是受内在的一般规律支配的"①。也就是说，人们的历史活动既要遵循历史发展的客观规律，也要充分发挥人的主

---

① 《马克思恩格斯文集》第4卷，人民出版社2009年版，第302页。

观能动性，因而是合规律性与合目的性的辩证统一。尽管科学社会主义理论形成之后在实践中经历过低潮和曲折，但是人类社会发展的总体趋势并没有改变，社会主义代替资本主义仍然是历史的必然趋势。社会主义改造理论的提出，体现了中国共产党对历史发展趋势的正确认识和把握，反映了由新民主主义向社会主义过渡的历史必然性，符合人类历史发展的普遍规律和中国社会发展的客观要求。"历史证明，党提出过渡时期总路线，是符合新中国社会发展的实际和规律的，反映了历史的必然性，是完全正确的。"[①] 同时，社会主义改造理论作为中华人民共和国成立初期马克思主义中国化探索的重要成果，是中国共产党在马克思主义关于过渡时期理论指导下，立足中国社会现实、回应实践发展诉求所作出的重要理论创新，体现了中国共产党对中国社会发展方向的谋划和思考，彰显了中国共产党的政治智慧和价值追求。

解放和发展生产力与变革生产关系的统一。过渡时期总路线所提出的实行社会主义工业化和社会主义改造的任务，是适应中国社会发展客观要求的重要方针，是相互联系、不可分割的内在统一体。毛泽东指出："我们现在不但正在进行关于社会制度方面的由私有制到公有制的革命，而且正在进行技术方面的由手工业生产到大规模现代化机器生产的革命，而这两种革命是结合在一起的。"[②] 社会主义工业不仅是国家独立和民族富强的必然要求，而且是对整个国民经济进行社会主义改造的物质基础。"只有充分强大的社会主义工业才能吸引、改组和代替资本主义工业，才能支持社会主义

---

① 中共中央党史研究室：《中国共产党历史》第 2 卷（1949—1978）上册，中共党史出版社 2011 年版，第 187 页。

② 《毛泽东文集》第 6 卷，人民出版社 1999 年版，第 432 页。

的商业，改造和代替资本主义商业，才能用新的技术来改造个体的农业和手工业，才能最迅速地扩大生产，积累资金，造就社会主义的建设人才，培养社会主义的习惯，从而创造保证社会主义完全胜利的经济上、文化上和政治上的前提"。然而，根据生产关系一定要适应生产力发展要求的唯物史观原理，社会主义工业化不可能建立在落后的生产关系基础上，因而必须通过社会主义改造来变革不适应生产社会化要求的生产关系，才能促进社会主义工业化的发展。"如果不对资本主义工商业和个体的农业手工业实行社会主义改造，而听其自流，那么它们就不但不能认真地支持社会主义工业的发展，而且必然会对社会主义工业化的事业发生种种矛盾"。① 从这个意义上讲，实行社会主义工业化和社会主义改造的方针，充分体现了解放和发展生产力与变革生产关系的辩证统一。

社会主义改造理论的特点，彰显了社会主义改造理论提出的必要性和合理性，体现了中国共产党对马克思主义关于过渡时期理论的创新和发展。认清社会主义改造理论的主要特点，既有助于深化对这一理论的理解，也有助于客观评价其历史地位。

### （四）社会主义改造理论的地位

作为中华人民共和国成立初期马克思主义中国化的重要成果，社会主义改造理论在马克思主义中国化的历史进程中具有重要地位。这一理论成果不仅丰富和发展了马克思主义关于过渡时期的理论，而且为中国社会主义改造提供了行动指南，同时对于坚持和发展中国特色社会主义事业也具有积极的借鉴意义。

---

① 《中共中央文件选集（1949 年 10 月—1966 年 5 月）》第 14 册，人民出版社 2013 年版，第 500 页。

社会主义改造理论是对马克思主义关于过渡时期理论的创新和发展。中国共产党在领导社会主义改造的过程中，创造性地开辟了一条适合中国特点的社会主义改造道路，并在总结实践经验的基础上形成了社会主义改造理论，以许多新的经验和做法丰富了科学社会主义理论。概括来说，社会主义改造理论对马克思主义关于过渡时期理论的创新主要体现在以下四个方面：第一，在过渡的起点上，根据中国社会的具体情况提出了通过新民主主义向社会主义过渡的主张。按照马克思主义关于过渡时期的理论，无产阶级掌握国家政权后是在通过对旧的生产关系进行革命性改造，并确立生产资料社会主义公有制的基础上，逐步过渡到社会主义社会。但是要在半殖民地半封建社会的中国实现社会主义，必须先取得新民主主义革命的胜利，建立以无产阶级领导的各革命阶级联合专政的新民主主义社会，然后才能转入社会主义革命阶段。因此，脱胎于半殖民地半封建社会的中国是以新民主主义社会而不是资本主义社会作为向社会主义社会过渡的起点。第二，在过渡的方法上，主张采取和平方法进行社会主义改造，开启了以和平方式实现社会变革的先例。在对个体农业和手工业的社会主义改造实践中，中国共产党强调必须采用说服、示范和国家援助的办法，以互助合作的优越性引导农民和手工业者走社会主义道路，最终成功地将个体所有制改造成为社会主义集体所有制。在对资本主义工商业的社会主义改造实践中，中国共产党创造了由初级到高级的各种国家资本主义的过渡形式，成功实现了对资本主义工商业的和平赎买。不仅如此，中国共产党还将对生产资料私有制的改造与对资本家的改造结合起来，根据"量才使用，适当照顾"的原则对他们在政治上适当安排、在工作上发挥作用、在生活上妥善照顾，最终将资本家由剥夺者成功改造为自食其力的劳动者。第三，在过渡的步骤上，主张采取积极引导、逐步过渡的方式推进社会主义改造。在过渡方式的选择上，中国共产党根据形势的发展变化改变了原先"一举过渡"的设想，提出了积极引导、逐步过渡的方式，并在对个体农业、手工业和资本主义工商业的社会主义改造中，结合各行业的基本状况和生产力发展水平，创造出了各种由初级到高级的过渡形式。从实践效果来看，此举不仅避免了改造期间可能发生的社会动荡，而且还促进了生产力的发展。第四，在社会主义工业化建设和社会主义改造的关系上，突破了原来先集中力量发展经济再实行过渡的认识，提出了建设与改造并举的方针。对农业、手工业和资本主义工商业的社会主义改造是为了变革不适应工业化建设要求的生产关系，是围绕社会主义工业化建设这个中心任务进行的。因此，党在领导实际工作的过程中强调，必须将社会主义改造与这一改造的物质基础统一起来，也就是说，社会主义改造的步骤必须适应社会主义工业化建设的要求，而不允许对生产力发展造成破坏。实践证明，坚持建设与改造并举的方针，对于保持社会稳定、推动社会进步、促进生产发展具有重要意义。

社会主义改造理论为中国社会主义改造提供了行动指南。马克思认为："理论在一个国家实现的程度，总是取决于理论满足这个国家的需要的程度。"[①] 社会主义改造理论之所以能够发挥出重要的理论效能，成为中国社会主义改造的理论指南，其根本原因就在于这一理论成果既没有照搬马克思主义关于过渡时期的理论，也没有照抄苏联社会主义改造的经验，而是在立足中国社会的具体实际和回应实践发展要求的基础上形成的重要理论创新，因而满足了时代发展的客观需要，为中国共产党探索如何由新民主主义向社会主义

---

① 《马克思恩格斯选集》第1卷，人民出版社2012年版，第11页。

过渡的历史课题提供了理论指引。在领导社会主义改造的过程中，中国共产党在总结实践经验的基础上，对社会主义改造的目的、任务、步骤、必要性等问题作了深刻论述，对实际工作中发生的偏差作了及时纠正，以许多新的做法和经验原则形成了系统完备的社会主义改造理论，成功地走出了一条适合中国国情的社会主义改造道路，实现了中国历史上最深刻的社会变革。尽管社会主义改造运动在后期存在要求过急、工作过粗、改变过快、形式过于简单划一等问题，但其历史意义是不容否认的。正如《关于建国以来党的若干历史问题的决议》所评价的那样："在一个几亿人口的大国中比较顺利地实现了如此复杂、困难和深刻的社会变革，促进了工农业和整个国民经济的发展，这的确是伟大的历史性胜利。"[1] 应该说，社会主义改造工作所取得的历史性成就，充分证明了社会主义改造理论的科学性。

社会主义改造理论对于坚持和发展中国特色社会主义具有借鉴意义。客观评价社会主义改造理论，既要充分肯定理论意义和实践价值，也要对其理论局限作出深刻反思。客观来说，社会主义改造运动在后期所出现的偏差和失误与党在当时历史条件下的认识局限是分不开的。例如，在社会主义经济模式和公有制实现形式的选择和理解上过于单一、在生产关系的变革方面盲目求纯等。更为重要的是，受苏联社会主义模式的影响，当时党对什么是社会主义的认识存在局限性与片面性，对社会主义发展阶段的问题还没有形成科学的认知，因此便很难在社会主义改造理论中对这些问题作出系统、科学的论述。不过从总结历史经验的角度来看，社会主义改造理论的这些不足对于深化中国共产党关于社会主义的科学认知，对

---

① 《三中全会以来重要文献选编》下，人民出版社1982年版，第801页。

于坚持和发展中国特色社会主义，形成中国特色社会主义理论体系，无疑提供了有益的价值启示和经验教训。

如何评价社会主义改造理论的历史地位，是一个至关重要的理论问题。既不能因为社会主义改造的历史性成就而对其无限拔高，也不能因为社会主义改造运动后期出现的失误和偏差而对其全盘否定，必须在客观总结历史经验的基础上，以实事求是的态度对其理论贡献和理论局限作出评价。

在20世纪50年代的这场社会主义改造中，中国共产党既没有拘泥于马克思主义经典作家的具体结论，也没有照搬照抄苏联社会主义改造的经验和做法，而是在把马克思主义关于过渡时期的理论与中国社会的具体实际结合起来的基础上，积极借鉴苏联社会主义改造的经验，最终成功地走出了一条适合中国特点的社会主义改造道路，使我国的经济结构和社会制度发生了根本性变化，实现了中国历史上最伟大、最深刻的社会变革，为当代中国的一切发展奠定了根本的制度基础。

第四章

# 社会主义建设时期的马克思主义中国化

社会主义改造基本完成后，社会主义经济、政治等基本制度在我国得以确立，由此开启全面建设社会主义的时期。在中国这样一个人口多、底子薄，经济、文化都极其落后的农业国家建设社会主义，在世界上没有先例。中国共产党只有把马克思主义基本原理与中国社会主义建设实际结合起来，才能探索出自己的社会主义建设道路。苏共二十大暴露出来的问题，为刚开始的社会主义建设提供了有益启迪，也使中国共产党意识到马克思主义与中国实际第二次结合的必要性。社会主义建设时期虽然遭遇了挫折、犯了一些错误，但不可否认的是，这一时期的社会主义建设取得了很大成就，提出了许多具有开创性的社会主义建设理论。这些马克思主义中国化的重要理论成果，也为中国特色社会主义理论的形成和发展做了准备。

# 一、马克思主义中国化新任务的提出

每个时期有每个时期的具体形势与环境，每个时代也有每个时代的具体任务。中国进入社会主义建设时期，国际形势发生了重要变化，尤其是社会主义阵营内部产生了一系列问题，国内的阶级状况、经济成分等也发生了根本变化。与此同时，我国社会的主要矛盾和面临的历史任务也发生了转变。这是马克思主义中国化面临的新形势，也给马克思主义中国化提出了新任务。

## （一）对苏联模式的反思

苏联模式是20世纪20年代末苏联在放弃新经济政策的基础上，逐步形成的高度集中的社会主义发展模式。在经济上，苏联模式表现为单一的生产资料公有制，对工农业生产实行指令性计划管理，片面强调发展重工业，忽视轻工业和农业的发展，对工农业产品的流通和分配实行集中统一调配管理；在政治上，苏联模式主要表现为权力高度集中，而党的民主集中制原则没有得到坚持；在文化上，苏联模式主要表现为高度集中的文化领导体制和推行一元化的文化发展。苏联模式推动了苏联社会主义工业化快速发展并取得了巨大成就，也为赢得第二次世界大战的胜利起了关键作用。当时苏联模式所呈现的成功与高效，对中国共产党具有强大吸引力。在中国共产党看来，苏联模式无疑是建设社会主义最成功的样本。正因为如此，中华人民共和国成立前后，毛泽东、刘少奇等中国共产党人反复强调要向苏联学习。毛泽东在《论人民民主专政》一文中指出："苏联共产党是胜利了，在列宁和斯大林领导之下，他们不但会革命，也会建设。他们已经建设起来了一个伟大的光辉灿烂的社会主义国家。苏联共产党就是我们最好的先生，我们必须向他们学习。"① 同年，刘少奇访苏回国后，也反复强调要学习苏联。他认为，新中国不但在思想政治、组织制度、法律法规方面要向苏联学习，而且在经济财政、文化教育、科学技术等方面也要向苏联学习。也就是说，中国共产党向苏联学习，不仅要学习苏联的社会主义制度，而且要学习苏联社会主义建设方式，也就是要全方位向苏联学习。学习是一个观察体会、辩证思考、吸收借鉴的过程，但在中国共产党缺乏社会主义建设经验又急于求成，以及苏联指导援助的三重作用下，学习苏联在一定程度上演变为照搬苏联模式，中国的第一个五年计划（下称"一五"计划）就是仿照苏联第一个五年计划制定的。毛泽东对此进行过生动解释："解放后，三年恢复时期，对搞建设，我们是懵懵懂懂的。接着搞第一个五年计划，对建设还是懵懵懂懂的，只能基本上照抄苏联的方法"②。

随着社会主义改造的推进和"一五"计划的实施，照搬照抄苏联的方面越来越多。例如，集中资源优先发展重工业，建立指令性计划经济管理体制，力图建立单一的生产资料公有制。从效果来看，中国共产党照搬苏联模式，有力地推动了国民经济的恢复和发展，建立起了较为完整的工业体系，也使中国在较短时间内基本完成了社会主义改造，但苏联模式的弊端和问题并没有消除，而是随着社会主义建设的推进逐渐显现。事实上，中国共产党领导人在社会主义改造过程中，逐渐发现了苏联模式存在的问题，并力图根据中国实际建立适合中国国情的社会主义制度。1956 年 1 月 2 日，刘

① 《毛泽东选集》第 4 卷，人民出版社 1991 年版，第 1481 页。
② 《毛泽东文集》第 8 卷，人民出版社 1999 年版，第 117 页。

少奇在听取粮食部副部长陈国栋、陈希云、喻杰等人的汇报后指出:"农业合作化以后,粮食征购制度如何改变值得慎重研究,我国和苏联情况不一样,不要单纯学苏联的经验。我们的公粮制度好,群众习惯,国家不出钱,群众无意见,如果和征购合并成一个制度,征购粮就必须降价,农民就会有意见。"① 这里实际上已针对具体情况,提出根据中国国情建立和建设社会主义。

1956 年 2 月 25 日,赫鲁晓夫在苏共二十大最后一天会议上作了《关于个人崇拜及其后果》的秘密报告。报告着重揭露了斯大林领导苏联社会主义建设过程中的严重错误,尤其是对斯大林的个人崇拜、专断和破坏党的集体领导原则、破坏法制等错误进行了批判。赫鲁晓夫的秘密报告打破了苏联模式的神话,破除了中国共产党对苏联模式的迷信,也促使中国共产党开始全面反思苏联模式的弊端。用毛泽东的话来说就是"揭了盖子"。所谓"揭了盖子",就是说斯大林、苏共和苏联模式并不是完美无瑕、完全正确的,而是存在诸多问题和弊端,赫鲁晓夫的报告把这些问题暴露出来了。1956 年 3—4 月,中共中央政治局以不同方式多次召开会议讨论赫鲁晓夫的秘密报告及处理方式。这几次会议对秘密报告进行了分析和研究,肯定秘密报告的积极作用,也指出了秘密报告带来的消极影响,其重点是对斯大林、苏共和苏联模式的错误和问题进行反思,最终落脚点是中国如何进行社会主义建设。总体来看,当时中国共产党对苏联模式的反思主要有以下四个方面。

第一,反思斯大林个人所犯的错误。赫鲁晓夫秘密报告的主要内容就是揭露斯大林的个人错误,这些错误概括起来主要有四个方面:一是搞个人崇拜;二是破坏党的民主制原则,搞个人专制;三

① 《刘少奇年谱(1898—1969)》下卷,中央文献出版社 1996 年版,第 352 页。

是破坏法制，搞肃反扩大化；四是第二次世界大战期间苏联对德国的攻击没有警惕、防范和准备。对斯大林的这些错误，中国共产党在一定程度上是认同的。毛泽东也明确表示，他并不认为斯大林是一贯正确的，其错误是明摆着的。但问题的关键不在于斯大林是否有错误，而在于如何分析斯大林的错误，这些错误是如何产生的，中国如何避免此类错误发生，如何评价斯大林的功过是非。中共中央领导同志在讨论赫鲁晓夫的报告时普遍认为，赫鲁晓夫的报告比较乱，没什么逻辑，对斯大林的错误分析既不充分全面，也不透彻深刻。因此，中共中央领导同志在讨论过程中力图透过赫鲁晓夫的报告，全面反思斯大林的错误。首先，斯大林搞个人崇拜的确是错误的，是要不得的；其次，斯大林的错误既有客观方面的原因，也有主观方面的原因，不能全都归因于斯大林的个人崇拜；再次，斯大林基本是正确的，错误是次要的，应该是三七开；最后，关键在于我国社会主义建设中如何少犯类似错误。

第二，反思苏共指导国际共产主义运动中的错误，尤其是指导中国革命历程中的错误。苏联是世界上第一个社会主义国家，苏共通过共产国际推动世界共产主义运动发展，指导各国共产党进行革命斗争。苏共主要通过指定主要领导人、制定政策措施、提供援助等方式实现对共产主义革命的指导。在指导各国进行革命的过程中，苏共存在不少问题、犯了不少错误。正如王稼祥所指出的："苏联不仅是在南斯拉夫问题上犯了错误，而且是在国际共运一系列问题上，在对中国党的问题上，犯了错误。我国历史上的错误，如立三路线，与斯大林有关。特别是王明路线的错误达三四年之久，直接与斯大林有关，与共产国际有关。共产国际有过积极的作用，但后来抑制各国党的积极性，对各国党瞎指挥，有教条主义的错误，危害很大。"① 周恩来也认为，我们党的许多错误，中国革命遭受的损失，"苏共要负一定的责任"，因为"许多问题并不是我们决定的，而是苏共决定的，或由苏共主持的共产国际决定的。当时中国党只是照办"。② 毛泽东则直接指出，斯大林"对中国革命的指导，出的主意，有许多是错的"③。苏共对中国及其他国家所犯的错误，实质上是不了解其他国家的实际情况，不能从实际出发，也不能把马克思主义基本原理与各国实际相结合所造成的，苏共是从主观主义出发，犯了教条主义错误。

第三，反思苏联存在大国沙文主义的问题。第二次世界大战结束后，苏联国际地位迅速提升，国际影响力与日俱增，故此苏联常以大国、强国自居，把自己当作社会主义国家的家长，为了维护本国利益和社会主义阵营的发展，不惜对其他社会主义国家的内政外交进行干涉。正如张闻天所指出，苏联以"大国自居"，"看不起亚洲、非洲"。周恩来也认为，苏联存在大国沙文主义的问题由来已久，"他们思想僵化，许多事情不讲策略"，也不听取其他国家的意见和建议。邓小平进一步认为，秘密报告主要从"斯大林个人性格方面讲"所犯的错误，"但个人性格不能说明这么大的国家，这么大的党，在这么长的时期内犯了一系列的错误"④。

第四，反思苏联社会主义建设过程中工农业发展的问题。苏联模式的一个重要问题，就是过于重视工业，工业中又特别偏重重工业，轻视轻工业，忽视农业，导致重工业、轻工业和农业发展失调。张闻天在 1956 年 3 月 19 日讨论赫鲁晓夫的报告时，着重指出

---

① 吴冷西：《中苏论战十年》，中央文献出版社 1999 年版，第 8—9 页。
② 吴冷西：《中苏论战十年》，中央文献出版社 1999 年版，第 11 页。
③ 吴冷西：《中苏论战十年》，中央文献出版社 1999 年版，第 12 页。
④ 吴冷西：《中苏论战十年》，中央文献出版社 1999 年版，第 8 页。

了这方面的问题。他指出，苏联的主要错误是没有把农业搞好，粮食问题长期得不到解决，导致苏联粮食一直紧张。同时，苏联太偏重重工业，轻工业几十年都没有改进，导致轻工业产品供应紧张。在3月24日的会议上，刘少奇也分析了斯大林在农业问题上犯的错误，认为斯大林和赫鲁晓夫都没有解决苏联的农业问题。

对于苏联、苏共及斯大林出现的问题和错误的原因，毛泽东认为："共产主义运动，从马克思发表《共产党宣言》时起，迄今也只有100年多一点，实现共产主义是空前伟大、空前艰巨的事业。不艰巨就不能说伟大，因为很艰巨，才很伟大。这样伟大艰巨的事业，不犯错误是不可能的。苏联要犯错误，我们也要犯错误。因为我们所走的道路是前无古人的道路。苏联是第一个搞社会主义，第一个搞无产阶级专政，所以，可以说他们犯错误是不可避免的。中国搞社会主义也可能犯错误，甚至犯大错误。因为要摸清建设社会主义的规律不是容易的事情。路如何走，不容易。我们搞民主革命也是犯了许多错误之后才成功的。建设社会主义同样是这样。要树立错误难免的观点。任务是尽量少犯错误，使主观符合客观，按客观规律办事，反对主观主义，反对教条主义，反对片面性。"[1] 刘少奇也认为，社会主义建设过程中"犯错误是难免的，特别是像苏联这样的第一个社会主义国家。问题是怎样不使个别的、局部的、暂时的错误发展为一系列的全局性的、长期的错误。问题不在于犯不犯错误，而在于怎样才能使小错不致发展成大错"[2]。毛泽东和刘少奇既意识到社会主义建设过程中犯错误的不可避免性，又力求通过反思苏联模式的弊端防止中国犯类似错误。

---

① 吴冷西：《中苏论战十年》，中央文献出版社1999年版，第15页。
② 吴冷西：《中苏论战十年》，中央文献出版社1999年版，第15页。

总体来说，赫鲁晓夫的秘密报告对刚开始的中国社会主义建设具有重大启示意义，它促使中国共产党全面反思苏联模式，也促使中国共产党敢于打破苏联"紧箍咒"，破除苏联迷信。正如毛泽东所指出，我国社会主义建设"不要再硬搬苏联的一切了，应该用自己的头脑思索了。应该把马列主义的基本原理同中国社会主义革命和建设的具体实际结合起来，探索在我们国家里建设社会主义的道路了"①。

## （二）第二次结合的提出

苏共二十大之后，中国共产党在反思苏联模式过程中，深刻认识到苏联模式存在着诸多问题和弊端，以及由此造成的严重错误。因此，如何"以苏为戒"、如何避免重犯或者少犯苏联的错误，成为中国社会主义建设亟待思考和解决的问题。毛泽东等中央领导认识到不能再照抄照搬苏联经验，必须结合中国实际探索中国自己的社会主义建设道路。

实际上，早在苏共二十大召开之前，中国共产党就发现苏联模式存在的问题，也思考过要根据中国实际探索中国自己的社会主义建设道路，但基于苏联模式的成功，以及苏联对各社会主义国家指导的强化，中国社会主义革命和建设主要还是照搬照抄苏联模式，没有明确提出探索自己的社会主义建设道路的主张，苏联神话的破灭为中国共产党自主探索社会主义建设道路提供了有利时机。正如前文所言，一方面，苏共二十大揭露的问题有助于中国共产党认清苏联模式的弊端，为探索社会主义建设道路提供了借鉴，同时为改进社会主义建设方式提供了方向；另一方面，苏共二十大弱化了苏

---

① 《毛泽东年谱（1949—1976）》第 2 卷，中央文献出版社 2013 年版，第 550 页。

共在社会主义国家的领导地位和指导权威，为中国探索自己的社会主义建设道路提供了空间。同时，社会主义建设的展开为实现马克思主义基本原理与中国社会主义建设具体实际第二次结合提供了实践基础。在这种情况下，1956年4月4日，毛泽东在讨论修改《关于无产阶级专政的历史经验》一文时，明确提出第二次结合的思想。他说，从苏共二十大得到的最重要教益，就是"要独立思考，把马列主义的基本原理同中国革命和建设的具体实际相结合。民主革命时期，我们吃了大亏之后才成功地实现了这种结合，取得了新民主主义革命的胜利。现在是社会主义革命和建设时期，我们要进行第二次结合，找出在中国怎样建设社会主义的道路"①。探索中国自己的社会主义建设道路，归根到底就是要把马克思主义基本原理与中国革命具体实际结合起来，实现马克思主义基本原理与中国社会主义建设具体实际第二次结合，以指导中国社会主义建设。此后，中共中央开始全面系统思考如何把马克思主义基本原理与中国社会主义建设具体实际第二次结合，如何探索中国自己的社会主义建设道路。以此为基础，形成了《关于无产阶级专政的历史经验》《论十大关系》《关于正确处理人民内部矛盾的问题》等马克思主义中国化的经典文献，形成了具有中国特色、符合中国实际的建设社会主义的理论。

## 二、第二次结合从可能走向现实

实现马克思主义基本原理与中国社会主义建设具体实际的第二

---

① 《毛泽东年谱（1949—1976）》第2卷，中央文献出版社2013年版，第557页。

次结合，实质就是运用马克思主义基本原理指导中国社会主义建设，探索符合中国实际的社会主义建设道路，在社会主义建设中实现马克思主义中国化。这既要求中国共产党从中国最基本的国情出发把握社会主义建设实际，又要求中国共产党认识和把握社会主义建设的基本原理和本质规律，还要求中国共产党善于总结各方面的经验教训。实践表明，中国共产党正是从这三个方面出发，才使马克思主义基本原理与中国实际的第二次结合从可能走向现实。

## （一）通过调查研究探索社会主义建设道路

调查研究是以毛泽东为代表的中国共产党人历来重视的工作方法。大革命后期，为掌握农村大革命的实际情况，毛泽东在湖南湘潭、湘乡等地做过实地调查，撰写了著名的《湖南农民运动考察报告》，用翔实的数据与事实驳斥了质疑和反对湖南农民运动的言论，充分肯定湖南农民运动的积极作用与革命意义。1927 年大革命失败后，为开辟符合中国实际的革命道路，毛泽东对宁冈、永新、寻乌、兴国等井冈山地区进行了全面、系统、细致的调查研究，撰写了著名的《寻乌调查》《兴国调查》等调查报告，掌握了井冈山地区各县的基本情况，为开辟井冈山革命根据地和农村包围城市、武装夺取政权的革命道路打下了坚实基础。1941 年，中国共产党在延安开展调查研究运动，全党上下积极开展调查研究工作，进一步推动马克思主义基本原理与中国革命具体实际相结合。此后，"没有调查就没有发言权"成为党内共识，调查研究也成为中国共产党的重要工作方法和工作作风。

随着社会主义改造逐步完成，社会主义建设随之成为工作重点。为使党的八大制定的路线、方针、政策符合社会主义建设的实际，刘少奇率先进行了调查研究。他在 1955 年 12 月 5 日召开的中央工作会议上，对调查研究工作进行了安排，要求中央各部门的同志做好准备，并报送相关材料。12 月 7 日，刘少奇开始进行调查研究，他先集中约请中共中央和国务院 37 个部门的主要负责人对工业、农业、商业、财政、金融、交通、文化、教育等领域进行深入汇报座谈，此后又约请新华通讯社和中央广播事业局的负责人对宣传等工作进行汇报座谈。刘少奇此次座谈的调研时间长、范围广，不但涉及社会主义建设的各个部门，而且针对建设过程中存在的问题作了深入讨论和分析，形成了几万字的调研笔记。

1956 年 1 月，毛泽东获知刘少奇在召集各个部门进行座谈调查后，也安排相关部门向他汇报工作情况。从 2 月 14 日起，他开始听取国务院 35 个部门的工作汇报和国家计划委员会（下称"计委"）关于第二个五年计划的汇报。与刘少奇全面调查座谈不同，毛泽东的调查集中在经济方面，而且按照一定的逻辑顺序展开，先是安排重工业部门，如电力工业部、机械工业部、建筑工程部、石油工业部、煤炭工业部等部门，后是轻工业部门，如轻工业部、手工业管理局，再是交通邮电部门，如铁道部、交通部、邮电部、民航局，随后是农林水利部门，如农业部、水利部、林业部、气象局，最后是财贸金融部门，如商业部、对外贸易部、全国合作总社、粮食部、财政部等。至 4 月 24 日，毛泽东听完李富春关于第二个五年计划的汇报，此次汇报调研结束。经过两个多月的汇报调研，毛泽东对社会主义革命与建设有了全面的了解和认识，在此基础上提出了正确处理社会主义革命和建设过程中的十大关系问题。为进一步深入调查研究社会主义建设的情况，毛泽东从 5 月 3 日开始到南方部分省市进行调查，重点听取相关省市关于工商业改造与社会主义建设情况的报告。同时，毛泽东还为中共中央起草《关于各省市区党委向中央汇报工作的具体安排的通知》，要求各省市向中央汇报工业、交通运输业、商业、农林业、财政、金融、干部教育等工作的历史、现状、远景规划及相关建议和意见。

在毛泽东、刘少奇全面系统针对社会主义革命和建设进行调研时，陈云主要针对资本主义工商业改造的问题进行调研，朱德针对地方经济发展情况、农业合作化后农村情况进行调研。

1956 年中共中央领导同志的调查研究，对于探索中国社会主义建设道路具有重要作用。第一，通过调查研究掌握了国家经济社会发展的基本情况，为探索社会主义建设道路提供了翔实材料。1949年中华人民共和国成立，历经三年国民经济的恢复和发展，进入社会主义改造时期。这一时期提出并执行了"一化三改""一体两翼"的过渡时期总路线，同时实施了第一个五年计划。到 1956 年，农业、手工业和资本主义工商业的社会主义改造基本完成，工业生产、交通运输、基本建设等取得显著成绩。中共中央领导同志通过调查研究，全面掌握了社会主义改造和第一个五年计划实施过程中各行各业的改造发展情况。例如，重工业建设情况、农业改造情况、轻工业发展情况，等等。这些翔实资料的获取和掌握，有利于从总体上把握社会主义改造情况，为进一步判定社会主义发展状态提供事实依据。第二，通过调查研究发现社会主义改造与建设过程中存在的问题，有利于探索符合中国实际的社会主义建设道路。第一个五年计划是依照苏联模式制定的，实施过程中暴露出不少问题和矛盾，尤其是苏共二十大暴露出来的问题，使毛泽东等中央领导在调查研究过程中，更加关注社会主义改造和建设过程中存在的各类问题。例如，重工业发展过快，农业和轻工业发展相对滞后；过于强调中央的集中统一管理，地方缺少独立性和灵活性；等等。事实上，这些问题的出现在一定程度上是照搬苏联模式的结果，提出并解决这些问题有利于探索符合中国实际的社会主义建设道路。第三，在调查研究的基础上，制定社会主义建设的路线、方针、政策，为探索社会主义建设道路指明方向。根据我国社会矛盾状况，党的八大指出社会主义改造完成后，我国社会主要矛盾已转变为人民对于经济文化迅速发展的需要同当前经济文化不能满足人民需要的状况之间的矛盾。党的八大还根据我国实际情况和社会主义建设经验，对社会主义建设进行了全面部署，指出我国要集中力量"保护和发展生产力"，制定了既反保守又反冒进，在综合平衡中稳步前进的经济建设方针，明确了"继续坚持优先发展重工业"，"根据原料、资金的可能和市场的需要，积极发展轻工业"，同时"必须用更大的力量发展农业"的政策。① 党的八大制定的路线、方针、政策是正确的，符合当时我国社会主义发展实际。这是中国共产党领导中国人民探索符合中国实际的社会主义建设道路的结果，为社会主义建设指明了正确方向。

党的八大结束后，既定的各项政策方针得到较好的贯彻和执行，党和国家工作重点转移到经济建设上来，集中力量大力发展生产力，这是探索社会主义建设道路的良好开端。1957 年底，第一个五年计划大幅度超额完成，我国工业生产能力和技术水平有了显著进步，各方面建设也取得了前所未有的成就。在社会主义建设成就的正向激励下，广大人民群众对于社会主义建设热情高涨，毛泽东等中央领导也认为我国社会主义建设还可以搞得更快、更好一些。由此，1958 年党中央制定了"鼓足干劲、力争上游、多快好省地建设社会主义"的总路线，此后又发动了"大跃进"和人民公社化运动。但社会主义建设总路线、"大跃进"和人民公社化运动严重脱

---

① 《中共中央文件选集（1949 年 10 月—1966 年 5 月）》第 24 册，人民出版社 2013 年版，第 249、250 页。

离社会主义建设的实际，使得高指标、浮夸风、"共产风"盛行，以致工农业生产以及人民生活困难重重、问题丛生。1959年开始的三年困难时期，进一步加剧了这些困难和问题。为彻底掌握情况，解决"大跃进"和人民公社化运动中出现的问题，毛泽东在1961年1月中央工作会议上号召进行深入的调查研究。他说："我希望同志们回去之后，要搞调查研究，把小事撇开，用一部分时间，带几个助手，去调查研究一两个生产队、一两个公社。在城市要彻底调查一两个工厂、一两个城市人民公社。去做调查，就是要使自己心里有底，没有底是不能行动的。了解情况，要用眼睛看，要用口问，要用手记。这些年来，我们的同志调查研究工作不做了。要是不做调查研究工作，只凭想象和估计办事，我们的工作就没有基础。所以，请同志们回去后大兴调查研究之风，一切从实际出发，没有把握就不要下决心。调查研究极为重要，要教会所有的省委书记加上省委常委、省的各个部门的负责同志、地委书记、县委书记、公社党委书记做调查研究。"[1] 五天后，毛泽东又在党的八届九中全会上说："我今天讲了这么许多，拿调查研究作为一个题目。希望今年这一年，一九六一年成为一个调查年，大兴调查研究之风。调查要在实际中去调查，在实践中间才能认识客观事物。"[2] 在毛泽东的号召下，全党开展了深入的调查研究。

1961年1月20日，毛泽东率先安排陈伯达、胡乔木和田家英组成三个调查组，分别赴广东、湖南和浙江的农村生产队进行调查研究。1月25日，毛泽东乘坐专列离开北京南下广州，途经天津、南京、杭州、南昌、长沙等地时，他一面听取相关省市关于农村整

---

① 《毛泽东年谱（1949—1976）》第4卷，中央文献出版社2013年版，第523页。

② 《毛泽东年谱（1949—1976）》第4卷，中央文献出版社2013年版，第526页。

风整社等方面的情况汇报,一面听取田家英、胡乔木、陈伯达等深入生产队调查研究的情况汇报。2月13日到达广州后,毛泽东又分别听取了陈伯达、胡乔木、田家英的调查情况汇报。综合来看,调查研究主要是汇报人民公社的体制问题,如生产队规模问题、生产队核算单位问题、队与队之间的平均主义问题、人与人之间的平均主义问题等。在初步了解陈伯达、胡乔木、田家英等人的调查情况后,毛泽东认识到人民公社问题的严重性。为深入了解和系统解决人民公社问题,毛泽东指导和敦促党的领导干部继续深入开展调查研究。为此,毛泽东专门致信在北京参加"三北会议"的刘少奇、周恩来、陈云、邓小平等同志,建议他们亲自参加并指导各级第一书记针对人民公社体制中的"两个平均主义问题"进行调查研究,还特别建议:"小平、彭真两位同志在会后抽出一点时间(例如十天左右),去密云、顺义、怀柔等处同社员、小队级、大队级、公社级、县级分开(不要各级集合)调查研究一下,使自己心中有数,好作指导工作。"[1] 同时,毛泽东在参加"三南会议"时特别强调各级书记要进行调查研究,他说:"要做系统的由历史到现状的调查研究。省委第一书记要亲自做调查研究,我也是第一书记,我只抓第一书记。其他的书记也要做调查研究,由你们负责去抓。只要省、地、县、社四级党委的第一书记都做调查研究,事情就好办了。"[2] 1961年3月23日,中共中央专门下发《关于认真进行调查工作问题给中央局,各省、市、区党委的一封信》,提出两个要求:一是要求全党上级及中级干部认真学习毛泽东1930年写的《关于调查工作》一文,还要求县以上各级领导机关要结合工作中的经验

---

① 《毛泽东年谱(1949—1976)》第4卷,中央文献出版社2013年版,第554页。

② 《毛泽东年谱(1949—1976)》第4卷,中央文献出版社2013年版,第555页。

教训进行深入讨论；二是要求县级以上党委的领导人员，首先是第一书记，"把深入基层（包括农村和城市），蹲下来，亲身进行有系统的典型调查，每年一定要有几次，当作领导工作的首要任务"①。

在毛泽东和党中央的号召和指导下，党的相关领导干部深入农村对人民公社体制、公共食堂、农业生产等问题进行调查研究。1961年4月1日，刘少奇离开广州到湖南农村进行调查研究，4月2日到达湖南宁乡东湖塘公社王家湾生产队。此后，刘少奇先后到韶山、湘潭、长沙等地农村生产队进行了一个多月的调查。在调查过程中，刘少奇一面深入生产队、食堂、社员家中进行细致调查，一面召集生产队社员、干部进行座谈。此外，他还多次听取中央工作组和湖南省委负责人及工作组的汇报，共同分析、研究人民公社的所有制、食堂、分配、供给、粮食、住房、生产等方面的问题。1961年4月初，周恩来先派办公室副主任许明带领工作组赴河北邯郸地区农村进行调查研究，随后自己于4月28日午夜也赶赴河北邯郸进行调查研究。调查研究过程中，周恩来一面听取工作组许明和河北省委、邯郸地委的汇报，一面到生产队和社员家中走访，并与公社、生产队干部进行座谈，重点了解生产队社员的生产、生活、分配以及公共食堂等方面的问题。1961年4月3日，邓小平主持中共中央书记处会议，决定组织十个工作组分赴各地进行农村调查。4月7日，邓小平到北京顺义、怀柔农村进行为期一个月的调查研究。邓小平也是一面召开干部座谈会调查了解农村情况，一面深入公社拖拉机站、生产队、公共食堂等地走访调查，着重了解人民公社体制、规模、核算和粮食征购、公共食堂、家庭副业等方面的问题。与此同时，1961年3月24日，朱德赴河南、四川、陕西、河

①《建国以来重要文献选编》第14册，中央文献出版社1997年版，第226页。

北等省开展调查研究。1961 年 6 月，陈云到上海清浦县进行调查。除了中央领导的调查研究外，地方各级领导干部也深入农村进行广泛的调查研究。

通过中央领导及地方各级领导干部的调查研究，农村人民公社的问题基本上得到理清，综合起来主要有三个方面：一是人民公社及生产队的性质、管理体制、规模等方面的问题，如人民公社的规模过大，人民公社管理存在命令主义作风等；二是人民公社及生产队的所有制、生产、分配、供给等方面的问题，如生产队与生产队之间的平均主义、生产队内部人与人之间的平均主义打击了人民群众的生产积极性等；三是社员的所有权、家庭副业、公共食堂等方面的问题，例如公共食堂既浪费劳动力又浪费粮食，还不方便，大部分群众反对办公共食堂，又如人民公社存在对社员的劳动工具、生活工具随意平调等情况。以上三个方面问题是在广泛调查的基础上总结出来的。为了彻底解决农村中的这些问题，中共中央根据前期调查研究的情况和意见，于1961 年 3 月制定并通过《农村人民公社工作条例（草案）》（即"农业六十条"）。随后，中央领导及地方各级领导干部带着这份文件深入农村调查研究，广泛听取农村基层干部及人民群众的意见和建议。经过全面深入的调查研究，1961年 5 月 21 日召开的中央工作会议对《农村人民公社工作条例（草案）》做了修改，随即制定出《农村人民公社工作条例（修正草案）》。该工作条例针对农村人民公社中存在的问题进行了全面深入的梳理和分析，对农村人民公社的所有制、生产、分配、公共食堂等作了原则规定和详细规范。例如，《农村人民公社工作条例（修正草案）》第二条明确规定："农村人民公社一般地分为公社、生产大队和生产队三级。以生产大队的集体所有制为基础的三级集体所有制，是现阶段人民公社的根本制度"，"生产大队是基本核算单位。生产队是直接组织生产和组织集体福利事业的单位"。① 这一规定,一方面解决了所有制问题和基本核算单位问题;另一方面明晰了公社、生产大队、生产队三级管理体制,也明确了三级管理具体责任和义务。又如,《农村人民公社工作条例(修正草案)》第三十四条明确规定:"生产队对于社员的劳动,应该按照劳动的数量和质量,付给合理的报酬,避免社员和社员之间在计算劳动报酬上的平均主义。"② 这一规定解决了过去生产队社员之间的平均主义问题,有利于调动社员群众的劳动积极性。再如,《农村人民公社工作条例(修正草案)》第三十六条明确规定:"在生产队办不办食堂,完全由社员讨论决定。凡是要办食堂的,都办社员的合伙食堂,实行自愿参加、自由结合、自己管理、自负开销和自由退出的原则。这些食堂,都要单独核算,同生产队的财务分开。"③ 这一规定不再把公共食堂与社会主义、共产主义原则相联系,也不再强制规定必须办公共食堂,这在一定程度上解决了农村公共食堂的问题,有利于增强社员群众的自主性和加大其自由度。

《农村人民公社工作条例(修正草案)》实行后,毛泽东根据调查研究情况,发现以生产大队为核算单位无法调动农民积极性,而且分配在生产大队,生产却在生产队,这造成了很多矛盾和问题,其中一个重要的问题就是平均主义严重。在反复调查研究的基础上,中共中央制定下发了《关于改变农村人民公社基本核算单位问题的指示》。该指示明确指出:"以生产队为基本核算单位,实行以生产队为基础的三级集体所有制,将不是短期内的事情,而是在一

---

① 《建国以来重要文献选编》第 14 册,中央文献出版社 1997 年版,第 385 页。
② 《建国以来重要文献选编》第 14 册,中央文献出版社 1997 年版,第 399—400 页。
③ 《建国以来重要文献选编》第 14 册,中央文献出版社 1997 年版,第 401 页。

个长时期内，例如至少三十年内，实行的根本制度。"① 同时，《中共中央关于坚决纠正平调错误、彻底退赔的规定》《中共中央关于城乡手工业若干政策问题的规定（试行草案）》《中共中央关于改进商业工作的若干规定（试行草案）》等条例和规定相继出台。这些方针政策的制定都以调查研究为基础，符合城乡社会主义建设的实际，能有效解决社会主义建设过程中的农业、手工业、商业等方面的问题。1961年调查研究是对前期"大跃进"和人民公社化运动过程中错误方针政策的纠偏，是探索社会主义建设道路的有效途径和方法。

### （二）通过读书研讨探索社会主义建设道路

社会主义建设既要把握社会主义政治经济发展规律，又要了解社会主义的整体图景和具体样态，还要掌握建设社会主义的基本方法和途径。社会主义改造完成后，中国开始大规模建设社会主义，但中国共产党当时既缺乏建设社会主义的实践经验，又缺乏系统的行之有效的社会主义建设理论。因此，只能把目光转向苏联，借鉴苏联的社会主义建设经验。而借鉴苏联社会主义建设经验最直接有效的方式之一就是阅读苏联社会主义建设的相关书籍。正如毛泽东所言："我们研究公社的性质、交换、集体所有制向全民所有制过渡、社会主义向共产主义过渡这些问题，可以参考的还是斯大林那本《苏联社会主义经济问题》。"②

随着"大跃进"和人民公社化运动中问题的暴露，毛泽东意识到阅读相关理论著作的重要性。1958年10月19日，毛泽东写信给

---

① 《建国以来重要文献选编》第15册，中央文献出版社1997年版，第180页。
② 《毛泽东年谱（1949—1976）》第3卷，中央文献出版社2013年版，第489页。

陈伯达，要求他前往河南遂平嵖岈山卫星公社作调查问题时带上几本《马恩列斯论共产主义社会》，"调查团几个人，每人一本，边调查，边读书，白天调查，晚上阅读，有十几天，也就可以读完了"①。10月26日，毛泽东同前往河南调查人民公社一事的吴冷西、田家英谈话时，同样要求他们下去调查时带书去读，不同的是这次"要带两本书，一本是《马恩列斯论共产主义社会》，一本是斯大林的《苏联社会主义经济问题》"，毛泽东还要求吴冷西等"出发前要把这两本小册子通读一遍，至少把《马恩列斯论共产主义社会》看一遍"②。11月9日，毛泽东写信给中央、省市自治区、地、县四级党委的委员们，题为《关于读书的建议》，"向同志们建议读两本书。一本，斯大林著《苏联社会主义经济问题》；一本，《马恩列斯论共产主义社会》"，信中还列出了具体读书方法，即"每人每本用心读三遍，随读随想，加以分析，哪些是正确的（我以为这是主要的）；哪些说得不正确，或者不大正确，或者模糊影响，作者对于所要说的问题，在某些点上，自己并不甚清楚。读时，三五个人为一组，逐章逐节加以讨论，有两至三个月，也就可能读通了。要联系中国社会主义经济革命和经济建设去读这两本书，使自己获得一个清醒的头脑，以利指导我们伟大的经济工作"③。12月9日，毛泽东继郑州会议后，再次要求各省组织研读斯大林的《苏联社会主义经济问题》、苏联的《政治经济学教科书》和《马恩列斯论共产主义社会》三本书。

由上可见，随着时间的推移，毛泽东要求阅读的书目和阅读人

---

① 《毛泽东年谱（1949—1976）》第3卷，中央文献出版社2013年版，第469页。

② 《毛泽东年谱（1949—1976）》第3卷，中央文献出版社2013年版，第478页。

③ 《毛泽东年谱（1949—1976）》第3卷，中央文献出版社2013年版，第499—500页。

员也在逐步增多。先是要求读《马恩列斯论共产主义社会》一本，后来扩展至《苏联社会主义经济问题》《政治经济学教科书》和《马恩列斯论共产主义社会》三本。阅读的人员也从身边的调查研究人员扩展至党内各级主要领导干部。之所以如此，是因为毛泽东深入调研之后发现，很多领导干部对"什么是社会主义""什么是共产主义""如何建设社会主义""怎样才算过渡到共产主义社会"等理论问题并不了解，尤其对社会主义经济建设规律没有掌握，以致引发社会主义建设思想的混乱，引起"共产风"、浮夸风等不良风气，导致社会主义革命与建设中的一系列严重问题。毛泽东认为，结合我国社会主义建设实际阅读这些理论著作，有利于党的领导干部对"什么是社会主义""什么是共产主义"有大致了解，对社会主义建设规律和方法有所掌握，有利于党的领导干部在面对纷繁复杂的实际情况时保持清醒冷静的头脑。这实际上是发现"大跃进"和人民公社化运动中的问题后，从相关理论书籍获得社会主义建设的思想理论资源，以分析问题产生的原因，并从中找到社会主义建设的规律。因此，研读相关理论著作就成为探索社会主义建设道路的重要方法。

毛泽东不仅要求党的领导干部读书，而且以身示范，率先研读。1958 年，毛泽东读了三遍《苏联社会主义经济问题》，并做了批注。在 1958 年 11 月 10 日召开的第一次郑州会议上，毛泽东结合我国社会主义革命与建设实际情况，把《苏联社会主义经济问题》前三章做了简明扼要的讲解。例如，第二章讲的是关于社会主义制度下的商品生产问题，在讲解时，毛泽东批判了急于消灭商品生产并把商品生产看作资本主义东西的观点，认为社会主义商品生产和资本主义商品生产是有本质区别的，社会主义条件下仍然可以利用商品生产，这是社会主义经济的客观法则。在研读完《苏联社会主义经济问题》一书后，毛泽东转而开始研读苏联《政治经济学教科书》（第三版）下册。1959 年 7 月，毛泽东确定的庐山会议的第一个问题便是读苏联《政治经济学教科书》。1959 年 12 月 10 日，毛泽东在杭州和陈伯达、胡绳、邓力群、田家英一起开始全面、深入地研读苏联《政治经济学教科书》。他们围坐在一起，由一个人逐字逐句诵读一段，然后结合历史和现实深入讨论。中间因为开会等偶有中断，但始终坚持阅读，至 1960 年 2 月 9 日在广州读完，历时近两个月。在读书过程中，毛泽东不仅做了大量批注，而且有很多分析、讨论和评价。

在毛泽东的号召、要求和示范下，党内掀起了读《苏联社会主义经济问题》和《政治经济学教科书》的热潮。1958 年 11 月 13 日和 15 日，刘少奇主持中共中央政治局会议，研究讨论了《苏联社会主义经济问题》一书。1959 年 11 月 1 日，刘少奇到海南研读《政治经济学教科书》，随后组织由王学文、薛暮桥等人参加的读书小组。11 月 11 日，读书小组通过座谈的方式研读《政治经济学教科书》。在研读过程中，刘少奇针对无产阶级专政、社会主义工业化、社会基本矛盾、社会主义社会的历史地位等相关问题发表了大量讲话。其中，既有对教科书观点的否定和批判，也有对教科书相关理论的肯定和借鉴。恰如刘少奇指出，"整个看来，教科书还是一本好书，但有缺点"，"学习教科书后，对我们的计划工作、经济核算要好好研究一下"。[①] 1960 年 2 月 13 日，周恩来在广州从化组织了读书小组，阅读《政治经济学教科书》。同一时期，陈云等中央领导以不同方式组织或参加过专门的读书小组进行研读，地方各

---

① 《刘少奇年谱（1898—1969）》下卷，中央文献出版社 1996 年版，第 468、472 页。

级领导干部也以不同方式研读了《政治经济学教科书》等著作。

在研读的同时，毛泽东、刘少奇等领导的读书讲话和批注也以不同方式在党内传播。例如，周恩来阅读毛泽东关于教科书的谈话后深受启发，在经毛泽东同意后，组织国务院各个部委一起学习毛泽东的谈话记录，并要求胡绳编一个选本印发给国务院各部委以及各省、直辖市、自治区。

总体来看，中国共产党人在读书过程中，注重把中国社会主义建设实践与苏联社会主义政治经济理论结合起来，在批判分析的基础上，以理论观照实践，用实践论证理论。这也是毛泽东对领导干部读《政治经济学教科书》等著作的明确要求。通过读书活动，中国共产党对"什么是社会主义""什么是共产主义""如何从社会主义过渡到共产主义""社会主义经济建设的规律""社会主义建设的方法"等问题有了更加清晰、明了的认识。具体来看，读书活动从三个方面对社会主义建设道路进行了探索。

第一，通过读书研讨深化对社会主义的认识。社会主义是一个什么样的社会？如何才能算是建成社会主义？如何才能过渡到共产主义？对于这些问题，马克思认为，"在资本主义社会和共产主义社会之间，有一个从前者变为后者的革命转变时期。同这个时期相适应的也有一个政治上的过渡时期，这个时期的国家只能是无产阶级的革命专政。"① 也就是说，社会主义就是处于革命转变时期的一种社会形态，在这种社会形态中，无产阶级专政是其应有的国家政权形式。苏联《政治经济学教科书》继承并发展了马克思的这一观点，认为"为了用社会主义制度代替资本主义制度，在每一个国家中都需要有一个特殊的过渡时期，这个过渡时期开始于无产阶级政

---

① 《马克思恩格斯文集》第3卷，人民出版社2009年版，第445页。

权的建立，完成于社会主义革命任务的实现——建成社会主义即建成共产主义社会的第一阶段"①。苏联《政治经济学教科书》只是对过渡时期进行了总体描述，但对"什么是社会主义""什么叫做建成社会主义""过渡时期包括一些什么阶段"等问题没有详细说明。从当时情况来看，我国处于马克思所说的"革命转变时期"，但是否属于苏联《政治经济学教科书》所指明的"过渡时期"呢？刘少奇认为，"社会主义不是独立的、固定的社会经济形态，它正在向共产主义过渡。基本上与共产主义相同，但还要利用一些资本主义的范畴和规律"，也就是"把社会主义当做共产主义低级阶段，不把它当作独立的社会形态，它是共产主义的初级阶段"。②毛泽东认为："建成社会主义，也有一个'边'，要有笔账。例如，工业占多大比重，生产多少钢，人民生活水平多么高，等等。"③也就是说，建成社会主义不仅以生产资料公有制程度作为衡量标准，而且还要看工农业生产情况及其人民生活状况。这意味着社会主义对生产关系、生产力水平和人民生活都有质的规定。毛泽东的言下之意是，虽然我国基本完成了社会主义改造并进行了社会主义建设，但在生产的工业化和人民生活方面还没有实现从量变到质变的变化，也就是还没有建成社会主义（共产主义的第一阶段）。毛泽东还对社会主义不同阶段及其与共产主义的关系进行了分析，他说："社会主义这个阶段，又可能分为两个阶段，第一个阶段是不发达的社会主义，第二个阶段是比较发达的社会主义。后一阶段可能比前一阶段需要更长的时间。经过后一阶段，到了物质产品、精神财富都极为

---

① 《毛泽东年谱（1949—1976）》第4卷，中央文献出版社2013年版，第249页。

② 《中共党史教学参考资料》第23册，国防大学出版社1986年版，第191页。

③ 《毛泽东年谱（1949—1976）》第4卷，中央文献出版社2013年版，第263—264页。

丰富和人们的共产主义觉悟极大提高的时候，就可以进入共产主义社会了。"① 刘少奇对社会主义向共产主义过渡也有一定认识，认为"社会主义是共产主义的低级阶段"，这个低级阶段又可以分为几个更小的阶段，"从社会主义到共产主义，苏联好像主张一次过渡，我们可以两次过渡，先从集体所有制过渡到全民所有制，再过若干年，然后从按劳分配过渡到按需分配，还要几个条件……即产品的极大丰富，道德水平（不偷懒），消灭三个差别，消灭资产阶级法权，实行按需分配"。② 显然，毛泽东、刘少奇通过研读相关著作，对社会主义的性质、定位及其向共产主义过渡的条件等有了深刻认识，这能够引导领导干部正确认识社会主义与共产主义的联系与区别，科学认识建成社会主义从而进入到共产主义社会的长期性和艰巨性，有助于抑制人民公社化运动中的"共产风"。

第二，通过读书研讨深化对社会主义经济规律的认识。规律是客观存在的，它不以人的意志为转移。只有善于揭示规律和运用规律，才能真正认识世界和改造世界。新民主主义革命之所以能够取得胜利，就是因为遵循了中国革命的规律，社会主义建设要顺利进行并取得成功，同样需要揭示规律、遵循规律和运用规律。斯大林《苏联社会主义经济问题》一书的第一章便是"关于社会主义制度下经济法则的性质问题"。毛泽东认为斯大林主要讲的是两个经济法则，一个是生产关系一定要适合生产力性质，另一个是国民经济有计划按比例发展的必然性。他赞同斯大林关于社会主义制度下经济规律的观点，认为在社会主义建设过程中研究经济法则是必然要求，要"认识这个必然性，运用这个法则"，具体来说就是要搞清

---

① 《毛泽东年谱（1949—1976）》第 4 卷，中央文献出版社 2013 年版，第 264 页。
② 《中共党史教学参考资料》第 23 册，国防大学出版社 1986 年版，第 195—196 页。

楚"中国国民经济有计划发展的客观经济法则是什么？是不是就是我们这个总路线这一套？我们总路线这一套是不是完全反映或者相当程度地反映了客观法则？"① 毛泽东对我国社会主义建设中出现的"一平、二调、三收款"问题进行了分析，认为"一平、二调、三收款"是完全破坏经济秩序的，违反了按劳分配原则，否定了价值法则和等价交换原则，实质上，价值法则、等价交换仍然适用于社会主义，这是社会主义经济建设的客观规律。刘少奇通过阅读《政治经济学教科书》认识到熟练运用客观规律对社会主义建设的重要性，认为人类运用客观规律的程度，决定于对客观规律的认识、掌握和运用它的能力，而且对规律的认识是逐步的。因此，中国共产党要熟练地运用规律，必须兢兢业业地持续探索和努力。毛泽东、刘少奇等中国共产党人通过阅读《苏联社会主义经济问题》和《政治经济学教科书》，不但认识到社会主义建设过程中存在不以人的意志为转移的经济规律，而且意识到要在揭示和遵循经济规律的基础上，善于发挥主观能动性，以运用经济规律进行社会主义建设。

第三，通过读书研讨深化对社会主义经济建设实践的认识。中华人民共和国成立后，我国仿照苏联建立了计划经济体制。当时，中央领导普遍认为有计划地发展经济是社会主义经济的重要特点，但是，如何计划才能推动国民经济快速发展本身就是个问题。毛泽东认同斯大林在《苏联社会主义经济问题》一书中所指出的，不能把"各个年度计划和五年计划跟国民经济有计划、按比例发展的客观经济法则混为一谈"的观点。受《苏联社会主义经济问题》和《政治经济教科书》的启发，毛泽东更加重视计划工作，多次强调中央和地方的计划工作都要符合国民经济有计划、按比例发展的客

---

① 《毛泽东年谱（1949—1976）》第3卷，中央文献出版社2013年版，第503—504页。

观规律。刘少奇阅读苏联《政治经济学教科书》后，对按计划发展国民经济问题有了深刻认识，指明了计划的根本性问题，即"生产资料和劳动力的按比例分配，在资本主义社会是通过价值规律自发地调节的，在社会主义社会通过计划来调节。计划本身是经过人们主观努力来实现的。如果计划搞得不好，国民经济也可能出现大的失调"[①]。"大跃进"和人民公社化运动之所以出现严重的困难，一个重要的主观原因就是计划的社会生产比例失调。例如，要提高社会主义经济发展的高速度，就需要多积累，但过多的积累必然导致消费减少，这样比例就失调了。又如，优先发展重工业，轻工业和农业发展相对滞后，这也容易导致工农业发展的比例失调。刘少奇认为，"苏联速度递减，客观原因是战争和军备，主观原因是农业落后和生产关系、上层建筑不继续改进，在一定程度上妨碍生产力发展"。因此，我国要保持经济高速度发展，关键在于合理调整国民经济发展的比例，要大力发展农业、轻工业，农业高速度增产，轻工业、重工业就可以高速度发展，同时要创造先进经验，科技要不断进步、劳动组织要不断改善、生产关系和上层建筑也要不断改进以适应生产力发展。[②] 毛泽东、刘少奇通过读书提出了许多提高计划效率、提升比例协调性的政策和措施，有利于社会主义经济的调整和巩固。

## （三）通过总结实践经验探索社会主义建设道路

总结经验是中国共产党在革命实践过程中形成的有效工作方法，也是中国共产党推进革命、建设和改革的重要领导方式。1935

---

[①] 《中共党史教学参考资料》第23册，国防大学出版社1986年版，第196页。
[②] 《中共党史教学参考资料》第23册，国防大学出版社1986年版，第197页。

年，毛泽东、周恩来、张闻天等在遵义会议上正确总结了第五次反"围剿"失败的原因，分析并批评了李德、博古在军事指挥上的错误，提出了正确的军事策略和方针，使中国共产党和中国革命转危为安。1938 年，党的六届六中全会全面总结了抗战以来的经验教训，科学分析了抗战的形势，正确指明了抗战正处在由防御到相持的过渡阶段，由此制定了正确的抗战战略和方针政策，为取得抗日战争胜利统一了思想、指明了方向。正因为中国共产党善于总结经验教训，才能够及时纠正错误和偏差，才使中国革命在不断遭受挫折中逐步走向胜利。社会主义建设时期，中国共产党始终坚持总结经验的工作方法。中共中央和地方各级党委、政府一方面积极推进社会主义建设，另一方面在社会主义实践的基础上总结经验教训，探索中国自己的社会主义建设道路。

1958 年上半年，中共中央分别在杭州、南宁和成都召开了工作会议。这三次会议是对中华人民共和国成立 8 年来，尤其是全面建设社会主义以来工作经验的简要总结。总体来看，这三次会议肯定了社会主义革命与建设过程中的有益做法，分析了社会主义建设过程中存在的问题和矛盾，批评了反冒进和分散主义，提出并通过了进一步加速推进社会主义工农业发展的意见和建议。例如，成都会议通过《中共中央关于合作社社员的自留地和家庭副业收入在社员总收入中应占比例的意见》，充分肯定自留地政策在照顾社员个人利益中的重要作用，同时针对部分地区自留地过多、家庭副业收入在社员总收入中所占比例过大的问题给出了指导意见。在成都会议上，毛泽东强调了总结实践经验的重要性，认为"群众性的创造是无穷无尽的，我们发现了好的东西，就要加以总结推广"，他还要求"各省、市、自治区两个月开一次会，检查总结一次"，以加强协作、互通情报、调整生产节奏。① 毛泽东还根据杭州会议和南宁会议讨论的结果，在总结社会主义建设工作方法的基础上，起草《工作方法六十条（草案）》。正如毛泽东所指出，这六十条工作方法"并不都是新的"，"有一些是多年积累下来的，有一些是新提出的"。② 例如，文件第一条列出县以上各级党委要抓的社会主义建设工作，包括工业、手工业、农业、农村副业、林业、渔业、畜牧业、交通运输业、商业、财政和金融等 14 项。这 14 项就是对新中国成立以来党委常规性工作的总结。又如，文件第四条列出三个常规性工作方法，即"全面规划，几次检查，年终评比"③，这也是对党领导社会主义建设方法的总结。毛泽东起草的这些工作方法是中国共产党带领中国人民探索社会主义建设道路的重要成果，全面总结了党领导社会主义建设的方法。虽然其中有些方法和意见带有"左"的倾向，但绝大部分方法对推进社会主义建设有重要作用和价值，不少方法至今仍在运用。

随着"大跃进"的发动和人民公社化运动的开展，社会主义建设在各条战线加速推进。快速度、大规模建设社会主义在中国没有先例，苏联经验也相对有限，因此，毛泽东和党中央更加强调在社会主义实践中总结经验。1958 年 8 月 9 日，毛泽东同山东省领导干部谈话时，要求领导干部多到基层考察调研，关键是要帮助基层干部总结经验，以加强指导。1958 年 12 月 23 日，陈云在全国基本建设工程质量杭州现场会议上特别强调总结经验的重要性，认为各级管理人员和技术人员建设社会主义的本领还不大，"应该小心谨慎

---

① 《毛泽东年谱（1949—1976）》第 3 卷，中央文献出版社 2013 年版，第 318—319 页。

② 《建国以来重要文献选编》第 11 册，中央文献出版社 1995 年版，第 39 页。

③ 《建国以来重要文献选编》第 11 册，中央文献出版社 1995 年版，第 41 页。

地前进，并在前进中随时总结经验"，这样才能迅速提高自己。1959 年 2 月 12 日，毛泽东会见印度共产党中央总书记高士时指出，社会主义建设的总路线可能是正确的，小错误不可避免，关键是要学会总结经验教训，并提出"现在一年要研究总结四次到六次，随时纠正错误缺点，解决新的问题"①。1959 年 3 月 26 日，毛泽东在主持中共中央政治局扩大会议时，批评了负责工业的同志已经有十年经验却"总结不起经验来"，之所以如此，是因为没有走群众路线，因此要总结工业建设方面经验就需要深入群众当中，把工业计划和执行情况交给群众讨论，这样才能积累经验。在毛泽东和党中央的号召和指导下，各地积极总结社会主义建设中的有益经验和有效做法。例如，湖北省委总结了通过干部种试验田的方式改变领导作风的有益经验，中共中央批转了湖北省委总结的经验，并将其推广至全国。

随着"共产风"、浮夸风、高指标等问题的增多和严重化，党中央认识到亟须对"大跃进"和人民公社化运动进行总结，以分析问题、吸取教训、化解矛盾。因此，1958 年中共中央先后召开了第一次郑州会议、武昌会议和第二次郑州会议，这三次会议在一定程度纠正了"左"的错误，也解决了部分人民公社化运动中的"共产风"、浮夸风、高指标等问题。为进一步全面深入总结"大跃进"和人民公社化运动以来的经验教训，1959 年七八月间中共中央举行了庐山会议。会议初期，中央领导分别参加了会议小组的讨论，毛泽东、刘少奇、朱德等人在讨论中充分肯定了"大跃进"和人民公社化运动中的伟大成绩，全面分析了其中存在的问题及其问题产生的原因。会议在充分讨论的基础上，印发了《庐山会议诸问题的议

---

① 《毛泽东年谱（1949—1976）》第 3 卷，中央文献出版社 2013 年版，第 586 页。

定记录》。这份文件是对 1958 年社会主义建设工作的总结，主要体现的是会议前期毛泽东和大多数与会者的意见，一方面充分肯定了"大跃进"和人民公社化运动的成绩，另一方面分析了工作中存在的问题及其产生的原因，认为主要原因是经验不足，在此基础上规定了今后工农业生产的增长速度并提出了解决高指标、"共产风"等问题的意见和对策。彭德怀参加会议后，认为会议在总结经验教训方面还很不够，因此，他在给毛泽东的信中着重讲了应该如何总结工作中的经验教训，从缺乏社会主义建设的完整经验、浮夸风普遍地滋长、小资产阶级的狂热性等方面分析了社会主义建设工作中面临的突出矛盾和问题，觉得"系统地总结一下我们去年下半年以来工作中的成绩和教训，进一步教育全党同志，甚有益处。其目的是要达到明辨是非，提高思想，一般的不去追究个人责任。反之，是不利于团结，不利于事业的"[1]。张闻天认为彭德怀所提意见的中心内容是希望总结经验，本意是好的，《庐山会议诸问题的议定记录》作为总结经验的文件，不能满足于把"大跃进"的缺点产生的主要原因归结于缺乏经验，而应该重点从思想作风、思想方法方面找原因，对于社会主义建设过程中的缺点必须讲透，深刻的经验也应该认真总结。彭德怀、张闻天等人的初衷是想对"大跃进"和人民公社化运动中存在的问题及其原因进行全面、深入、充分的讨论、分析和总结，以吸取教训，解决问题。彭德怀、张闻天等关于总结经验的观点和看法，从方法论上来说是完全正确的，对探索社会主义道路也是非常有益的。但毛泽东认为，彭德怀等人的言论是从根本上反对总路线、"大跃进"和人民公社化运动，是反对他和党中央，犯了右倾错误。由此，庐山会议由总结经验教训、纠正

---

① 《建国以来重要文献选编》第 12 册，中央文献出版社 1996 年版，第 446 页。

"左"的做法转到了"反右倾"的错误方向。

随着"反右倾"斗争的进行和扩大，各地的"共产风"、浮夸风和命令风又刮起来，高指标、"以钢为纲"、大办公社公共食堂等违反经济规律和人民意愿的政策措施，加上自然灾害导致国民经济比例失调、工农业生产大幅度下降、粮食严重短缺。面对社会主义建设的曲折历程和诸多困难，毛泽东力图从思想理论的高度进行总结分析。因此，1960 年 6 月 14—18 日，毛泽东在上海召开中共中央政治局扩大会议期间，写了《十年总结》一文。这篇文章主要从以下四个方面对探索中国社会主义道路进行了总结。

第一，充分肯定我国自主探索社会主义道路的积极作用和重大意义。文章开篇就指出："前八年照抄外国的经验。但从一九五六年提出十大关系起，开始找到自己的一条适合中国的路线。"[①] 从全面建设社会主义开始，中国就开始了探索自己的社会主义道路，在这一过程中虽然不可避免地会犯一些错误，但有利于摆脱苏联模式的束缚，避免重犯苏联的错误，也有利于探索一条符合中国国情的社会主义道路。正因为如此，毛泽东在总结中首先强调的就是探索中国自己的社会主义道路。

第二，继续肯定社会主义建设的总路线，认为"大跃进"和人民公社化运动基本上是正确的。毛泽东在文章中梳理了 1957 年以来社会主义建设中的重大决策和历史过程，认为"大跃进"和人民公社化运动是可行的，起草的人民公社化的章程基本是正确的，虽然其中出了不少乱子，但是经过郑州会议、武昌会议的纠正和调整，通过运用价值法则、等价交换等方法解决了部分问题。例如，郑州会议作出的长篇决议解决了集体、国营两种所有制的问题和社会主

---

① 《建国以来重要文献选编》第 13 册，中央文献出版社 1996 年版，第 418 页。

义与共产主义的界线问题。

第三，强调社会主义建设要坚持实事求是的原则，要掌握主动权，关键是利用规律为社会主义建设服务。毛泽东在文章中指出，1958 年北戴河提出的 3000 万吨钢，包括后来武昌会议降至 2000 万吨以及上海会议降至 1650 万吨都是不符合实际的。问题在于管农业、工业和商业的同志"忘记了实事求是的原则"，以致社会主义建设始终处于被动地位。要掌握主动权就要坚持实事求是的原则，使人们头脑真实地反映客观情况。要掌握社会主义建设的主动权还要善于把握和驾驭客观规律，学会通过调查研究掌握固有的规律，"以便利用这些规律为社会主义的革命和建设服务"。

第四，要从认识论角度把握和理解社会主义建设的错误和曲折。毛泽东历来主张错误难免论，他在文章中对此进行了总结："错误不可能不犯。如列宁所说，不犯错误的人从来没有。郑重的党在于重视错误，找出错误的原因，分析所以犯错误的客观原因，公开改正。我党的总路线是正确的，实际工作也是基本上做得好的。有一部分错误大概也是难于避免的。那里有完全不犯错误、一次就完成了真理的所谓圣人呢？"[1] 也就是说，社会主义建设中犯错是难免的，因为认识客观真理需要一个很长的过程，并且我们建设社会主义的时间还不长，"还有一个很大的盲目性，还有一个很大的未被认识的必然王国"[2]。

毛泽东以上对社会主义建设经验的总结，一方面，继续坚持社会主义建设总路线是基本正确的认识，肯定"大跃进"和人民公社化运动；另一方面，从认识论高度对社会主义建设中存在的问题和错误

---

[1] 《建国以来重要文献选编》第 13 册，中央文献出版社 1996 年版，第 420—421 页。

[2] 《建国以来重要文献选编》第 13 册，中央文献出版社 1996 年版，第 421 页。

进行了理论分析，阐明了探索社会主义道路的长期性、过程性与曲折性，同时强调社会主义建设要勇于承认错误、纠正错误，要坚持实事求是的原则，注重把握和运用社会主义建设的规律。显然，《十年总结》对社会主义经验的总结，不可避免地会带有时代局限性，对"大跃进"和人民公社化运动的认识也不彻底，但仍不失为探索社会主义道路的重要文献，其中关于建设社会主义道路的认识论为推进社会主义建设指明了方向，成为马克思主义中国化的重要成果。

《十年总结》发表后，中共中央继续深入总结经验教训，以进一步推进社会主义各方面建设的调整。1960 年 10 月，毛泽东召开四个大区党委主要负责人参加的工作会议，研究纠正"共产风"的问题，会后制定并下发《关于农村人民公社当前政策问题的紧急指示信》，肯定人民公社在社会主义建设中的重要作用和优越性，分析"共产风"盛行的危害，指出"共产风"纠正不彻底的问题，重点是制定纠正"共产风"的 12 条政策。此后，中共中央以不同形式召开多次会议，以调整农业、工业、科学、教育等方面的政策措施，解决社会主义建设及国民经济的困难。在这一过程中，中共中央和各地继续反思建设社会主义过程中犯的一些错误和存在的问题，总结整风整社的有益经验。例如，1960 年 11 月 18 日，李富春在第九次全国计划会议上总结了十条经济工作中的经验教训，具体包括："发展国民经济必须以农业为基础，必须从全局出发处理各方面的关系"；"在农村首先必须坚持以生产队为核算基础的三级所有制"；"认真节约和全面安排劳动力"；"工业生产首先必须充分注意产品的质量和品种"；等等。[①] 又如，1960 年 12 月 30 日，毛泽东

---

① 《建国以来重要文献选编》第 13 册，中央文献出版社 1996 年版，第 710、712、713、716 页。

在中南海召开会议时专门讲了总结经验的问题。他说:"总结经验,前后不要矛盾才行。过去一个时期,一方面纠正'共产风',纠正瞎指挥风;另一方面,又来了几个大办,助长了'共产风',这不是矛盾吗?庐山会议时以为,'共产风'已经压下去了,右倾也压下去了,加上几个大办,就解决问题了。实际上并不是这样,'共产风'比一九五八年刮得还厉害。原来估计一九六〇年会好一些,但没有估计对。一九六〇年有天灾又有人祸,敌人的破坏尚且不说,我们工作上是有错误的,突出的是大办水利、大办工业,调劳动力过多。三年的经验对我们有很大的帮助,要真正地好好地总结三年经验。把这几年的经验总结起来,接受过来,就可以把消极因素转化为积极因素。"① 毛泽东还简要总结了争取形势好转的基本经验,即"缩短工业战线,大办农业,大办粮食"②。再如,1961 年 1 月 31 日,中共中央批转湖北省委《关于沔阳县通海口公社整风整社第二阶段的总结报告》。这一报告分析了公社存在的干部特殊化风和命令风等问题,总结了三条整社的有效经验:第一,放手发扬民主,揭开命令风的盖子,大抓作风兑现;第二,放手发扬民主,揭开特殊化风的盖子,大抓经济兑现;第三,放手发扬民主,揭开干部政策方面的盖子,大抓组织兑现。同年 3 月 1 日,中共中央批转广东省坦洲整社工作团关于《中山县坦洲公社整风整社运动的经验》的报告。这个报告总结的整风整社经验是:第一,采取坚定地放手发动群众的方针;第二,采取扎根串联深入发动的方法,把贫下中农重新组织起来;第三,正确对待原有干部;第四,做到"放而不散"(群众不涣散)、"放而不乱"(不混乱)、"整而不躺"

---

① 《毛泽东年谱(1949—1976)》第 4 卷,中央文献出版社 2013 年版,第 511 页。

② 《毛泽东年谱(1949—1976)》第 4 卷,中央文献出版社 2013 年版,第 511—512 页。

（干部不躺倒）。

以上是从不同角度、不同层面进行的经验总结。这有利于全面系统总结 1958 年"大跃进"和人民公社化运动以来的教训，以统一思想认识，加强团结，战胜困难。1962 年 1—2 月，中共中央在北京召开了扩大的中央工作会议（通常称"七千人大会"）。会议开始时，刘少奇代表中共中央向大会提交《在扩大的中央工作会议上的报告》，以供大会讨论和修改。该报告作为这次会议的正式文件，对前几年社会主义建设的成绩、问题、原因、经验、教训进行了全面总结，对未来几年的工作也进行了规划和部署，具体内容如下：

首先，报告简要列举了 1958 年以来社会主义建设取得的伟大成就，包括：提前两年完成了第二个五年计划的主要工业产品的产量指标、基本工业生产能力有很大增长、机械设备和重要材料自给程度有了很大提高、工业的地区分布有进一步改善、农田水利基本建设有很大成绩等十二个方面。

其次，报告梳理了社会主义建设中的缺点和错误，主要有以下四个方面：第一，工农业生产的计划指标过高，基本建设的战线过长，使国民经济各部门的比例关系、消费与积累的比例关系严重不协调；第二，在农村人民公社的实际工作中，一度混淆集体所有制和全民所有制的界线，急于把集体所有制变为全民所有制，违反了按劳分配和等价交换的原则，犯了平均主义的错误；第三，不适当地要在全国范围内建立许多完整的工业体系，权力下放过多，分散主义的倾向严重滋长；第四，对农业增产的速度估计过高，对建设事业的发展要求过急，因而使城市人口不适当地大量增加，造成了城乡人口的比例同当前农业生产水平极不适应的状况，加重了城市供应的困难，也加重了农业生产的困难。报告还分析了造成指标过高、要求过急、各方面不协调等缺点和错误的原因：一方面是由于党在社会主义建设中经验还很不够，另一方面是由于几年来党内不少领导同志不够谦虚谨慎，违反了党的实事求是和群众路线的传统作风，在不同程度上削弱了党内生活、国家生活和群众组织生活中的民主集中制原则。对于社会主义建设工作中的缺点和错误，报告认为首先要负责的是中共中央，包括中央各部门和国务院及其所属各部门，其次要负责的是省一级领导机关。

再次，报告重点总结了中华人民共和国成立以来，尤其是1958年以来社会主义建设中的基本经验教训，主要包括以下十六个方面：第一，我国社会主义建设总路线多、快、好、省这几方面是相互促进、相互制约的，也就是说，在"大跃进"中，既要多、快又要好、省，既要数量又要质量，既要高速度又要按比例，既要从当前实际出发又要有长远打算；第二，以农业为基础发展国民经济是根本方针，必须正确处理工业和农业的比例关系；第三，社会主义两种所有制不能混淆，集体所有制转变为全民所有制是一个逐步发展的长期过程，不可能在短时间完成；第四，社会主义的全民所有制在我国各种所有制中居于领导地位，不能把全民所有制分割为部门所有制、地方所有制等，必须按照国家规定的统一制度和设计实行管理；第五，社会主义经济要有统一的国家计划，国家计划指标必须符合实际，并且适当地留有余地；第六，文化、教育、科学、卫生事业的发展，必须同经济建设的发展相适应，要保持适当的比例；第七，国家计划的统一性和地方的积极性要结合起来；第八，无产阶级的民主集中制是最彻底的民主集中制，是人民内部实行的根本制度，是在高度民主基础上的高度集中和在高度集中指导下的高度民主；第九，必须充分发展商品交换，加强和改进全民所有制和集体所有制之间、工业和农业之间、城市和农村之间、地区和地区之间的经济联系；第十，社会主义不是平均主义，共产主义也不是平均主义，在社会主义阶段实行按劳分配和等价交换的原则，到共产主义阶段将实行按需分配的原则；第十一，必须爱惜群众的精力，把群众的精力用在最恰当的地方，同时要注意，一切新的创举都必须经过试验，一切事业都必须同群众商量，取得群众的同意；第十二，我国社会主义建设需要吸取其他国家的经验，也需要其他国家的援助，但必须自力更生，必须建立起强大的独立的经济体系；第十三，必须坚持勤俭建国的方针；第十四，必须认真落实"精兵简政"的方针；第十五，必须实行政治和经济的统一、政治和技术的统一；第十六，在社会主义建设事业中必须加强党的领导。

最后，报告明确了未来几年的具体工作任务，并且着重从反对脱离群众的倾向、反对破坏民主作风的倾向、反对分散主义、正确处理中央和地方的关系、经济工作方面集中统一的要求、实事求是的作风、群众路线、党内生活等方面，梳理了党委、政府及其领导干部在社会主义建设过程中存在的突出问题、严重错误和不良作风，分析了这些问题、错误和不良作风产生的原因，指明了解决问题、改正错误、纠正不良作风的政策措施。

1962 年 1 月 27 日，刘少奇对报告进行了补充说明。这次补充说明主要针对与会人员及其党内关注的经济方面的困难、错误与成绩的比例关系、错误产生的原因、改正错误的办法、"三面红旗"的问题、近几年的口号、未来几年的任务和奋斗目标等进行解释。例如，最初的报告只说了成绩是第一位的，缺点和错误是第二位的，但关于缺点、错误和成绩所占的比例没有讲。有的与会代表提出，缺点、错误应和成绩三七开，七分成绩，三分缺点和错误，刘少奇对此表示认同。他说："过去我们经常把缺点、错误和成绩，比之于一个指头和九个指头的关系。现在恐怕不能到处这样套。有一部分地区还可以这样讲。在那些地方虽然也有缺点和错误，可能只是一个指头，而成绩是九个指头。可是，全国总起来讲，缺点和成绩的关系，就不能说是一个指头和九个指头的关系，恐怕是三个指头和七个指头的关系。还有些地区，缺点和错误不止是三个指头。如果说这些地方的缺点和错误只是三个指头，成绩还有七个指头，这是不符合实际情况的，是不能说服人的。"① 判断缺点、错误和成绩各自所占比例是总结经验教训的重要一环，不合实际地多讲成绩，容易掩盖缺点和错误，不利于从经验教训中学习和进步。刘少奇通过大会说明缺点、错误和成绩的比例情况，有利于各地根据客观情况判断过去工作的缺点和成绩，也有利于进一步深入总结经验教训。对于这些缺点和错误，刘少奇有一个基本判断，即这几年的经验教训不能忘记，但"这些缺点和错误，大部分已经停止，不再犯了，已经改正了……比如供给制、公共食堂现在已经不办了，高指标已经不搞了，许多'大办'也停止了，基本建设战线也缩短了，水利建设也不搞那么多了。我们的许多缺点和错误已经改正了。"② 刘少奇特别强调指出："缺点和错误改正之后，坏事就能够变为好事。问题是我们要善于总结经验，善于学习。事物向相反的方向转化，必须具备一定的条件。要使坏事变为好事，就缺点错误来说，它的条件就是我们能够总结经验，能够很好地从经验教训中学习。"③ 这实质上也是这次会议的主要目的，通过总结经验教训，改正缺点和错误，使社会主义建设顺利进行。

　　1962 年 1 月 30 日，毛泽东在七千人大会上发表的讲话也特别

---

① 《建国以来重要文献选编》第 15 册，中央文献出版社 1997 年版，第 89 页。
② 《建国以来重要文献选编》第 15 册，中央文献出版社 1997 年版，第 90 页。
③ 《建国以来重要文献选编》第 15 册，中央文献出版社 1997 年版，第 90 页。

指明这次会议的目的，就是要"总结十二年的工作经验，特别是要总结最近四年来的工作经验"①。毛泽东总结的最主要经验就是要实行民主集中制，讲话的中心也是民主集中制的问题。毛泽东指出部分同志怕群众讲话、怕群众批评、听不得反对意见的现象，并对此提出了批评。毛泽东认为，要实行民主集中制，应该准确理解民主集中制的科学内涵，实行民主集中制不能怕群众讲话、怕群众批评，要有充分的民主生活，要真正把问题敞开，让群众说话，在充分实行民主集中制的基础上，实行批评与自我批评。毛泽东还进一步指出，没有民主，不可能有正确的集中，民主集中首先要通过民主的方式，广泛发动群众，让他们敢于发表自己的意见，在此基础上集中正确的意见，然后再做到统一认识、统一政策、统一计划、统一行动。讲完民主集中制之后，毛泽东还讲了认识客观世界的问题，也就是《十年总结》中曾经强调的人民对客观世界的认识有一个过程。毛泽东认为，对建设社会主义的认识，"必须从实践出发，从没有经验到有经验，从有较少的经验，到有较多的经验，从建设社会主义这个未被认识的必然王国，到逐步地克服盲目性、认识客观规律、从而获得自由，在认识上出现一个飞跃，到达自由王国"。毛泽东强调，"对社会主义建设，我们还缺乏经验"，"在社会主义建设上，我们还有很大的盲目性。社会主义经济，对于我们来说，还有许多未被认识的必然王国"，虽然"这次会议已经初步总结了过去工作的经验"，还制定了（或将要制定，或即将制定）各个方面的具体政策，但还需要在总路线指导下制定"一整套适合情况的具体的方针、政策和办法"。因此，"必须把马克思列宁主义的普遍真理同中国社会主义建设的具体实际、并且同今后世界革命的具体

---

① 《建国以来重要文献选编》第15册，中央文献出版社1997年版，第114页。

实际，尽可能好一些地结合起来，从实践中一步一步地认识斗争的客观规律"。① 毛泽东是从党的根本领导组织制度和认识论角度对社会主义建设存在的问题、错误、缺点及其原因进行分析，也是从这两个方面提出了解决问题、改正错误的策略和方法。这就把对社会主义建设经验的总结提高到了根本制度和理论认识的层面，有利于引导党员干部在纷繁复杂的现象中抓住问题的本质和根本，也有利于从思想和认识层面总结经验，改正错误。

毛泽东讲话之后，周恩来、朱德、邓小平、陈云等中央领导分别从不同角度总结了经验教训、分析了问题和错误，也从自身角度作了批评和自我批评。例如，周恩来是从说真话、鼓真劲、做实事、收实效角度指出了问题，提出了改正问题的方法。邓小平主要是讲党的问题，充分肯定了党的五个优点，分析了党的优良传统受到削弱的原因，总结了坚持党的优良传统的重大意义，提出必须把党的优良传统恢复起来、加强起来、发扬起来，包括坚持民主集中制、建立经常工作、培养和选择干部、学习马克思列宁主义的理论和毛泽东同志的著作。

刘少奇提交的报告和与会同志的讲话、讨论是对中华人民共和国成立以来，尤其是 1958 年以来社会主义建设经验进行的总结。总体来看，这次会议一定意义上是庐山会议经验总结的延续，它在对缺点、错误以及经验教训方面的总结比庐山会议更进了一步。具体主要有以下三个方面：第一，实事求是地承认社会主义建设中的缺点和错误，对错误进行了具体的分析，比较客观地指出了缺点、错误与成绩所占的比例，与会者尤其是中央领导同志主动承担了责

---

① 《建国以来重要文献选编》第 15 册，中央文献出版社 1997 年版，第 126、128、130 页。

任，并作了自我批评；第二，全面分析了犯错误的原因，一个重要原因是缺乏社会主义建设经验，没有能够、也不可能把各方面所必需的具体政策都及时地制定出来，有些政策规定的不恰当或者不完全恰当，另一个重要原因是没有坚持民主集中制，没有坚持和弘扬党的优良传统，例如命令主义作风、遇事不和群众商量、调查研究不够等；第三，根据总结的经验教训指明了纠正错误、改正缺点的办法，也制定了推进社会主义建设和恢复、调整国民经济的政策和策略。总体来看，七千人大会总结的经验教训对于推动国民经济的调整和发展有积极作用，是探索社会主义道路的重要理论成果。

# 三、探索社会主义建设道路的理论成果

中国共产党带领人民全面大规模建设社会主义的过程，其实就是探索社会主义建设道路的过程。在这一过程中，中国共产党既注重调查研究社会主义建设中的问题和错误，又注重从经典教科书中把握社会主义建设的普遍规律和一般规定，还注重总结社会主义建设过程中的经验教训。正是在此基础上形成了探索社会主义建设道路的理论成果。这一理论成果是中国共产党把马克思主义关于社会主义建设的基本原理与中国社会主义建设的实际相结合的产物，它紧紧围绕探索符合中国实际的社会主义建设道路这一主题展开，形成了包括经济、政治、文化、教育、科技等在内的较为全面的理论内容，并且带有鲜明曲折探索的特征。

## （一）社会主义建设道路理论的主题

理论主题是一个理论体系的中心思想和核心内容，整个理论都围绕它进行展开和阐释。1956年开始全面建设社会主义后，党和国家主要理论和实践就是探索社会主义建设道路，以更好更快地建设社会主义。因此，可以把社会主义建设道路理论的主题概括为"什么是中国式的社会主义，如何建设中国式的社会主义"。这一主题始终贯穿全面建设社会主义的十年探索之中。

实际上，社会主义改造期间，中共中央领导同志就在思考中国社会主义建设的问题，但当时其精力主要放在社会主义改造上，对社会主义建设道路没有系统思考。苏共二十大后，毛泽东等中央领导同志认识到探索中国自己的社会主义建设道路的必要性和紧迫性。在充分调查研究的基础上，1956年4月，毛泽东发表《论十大关系》的讲话，全面总结和分析了我国社会主义建设中亟待处理的十大关系。在论述这十大关系时，毛泽东一方面注意借鉴苏联社会主义建设的经验教训，力图避免重犯苏联的错误；另一方面根据我国实际情况，力图从理论上梳理和阐释社会主义建设过程中存在的问题，并提出解决办法。这实际上是全面探索中国社会主义建设道路的开始。1956年9月，党的八大初步提出了全面建设社会主义的目标任务，"就是要依靠已经获得解放和已经组织起来的几亿劳动人民，团结国内外一切可能团结的力量，充分利用一切对我们有利的条件，尽可能迅速地把我国建设成为一个伟大的社会主义国家"①。围绕这个目标任务，党的八大对社会主义建设进行了整体安排和全面部署，以此形成了社会主义建设道路的总体框架。

这一总体框架包括目标任务、主要动力、领导力量、根本原则、保障条件等。首先，社会主义建设的首要任务是要把我国从一个落后的农业国家改变成为一个先进的工业化国家，同时还要把我

---

① 《建国以来重要文献选编》第9册，中央文献出版社1994年版，第40页。

国建设成为一个伟大的社会主义国家。这两个任务是社会主义建设任务目标的两个不同方面，工业化国家主要指的是生产力水平，包括生产方式、生产能力、科技水平等，伟大的社会主义国家主要指的是生产关系，即消灭私有的剥削制度，实现生产资料的全民所有制和集体所有制，实行按劳分配。其次，社会主义建设的主要动力是团结一切可以团结的力量。这既包括全党的团结，也包括加强各民族、各民主阶级、各民主党派、各人民团体的团结，还包括团结国际上一切可以团结的力量。通过巩固和扩大统一战线，发动和团结最广泛的力量进行社会主义建设。再次，社会主义建设的领导力量是中国共产党。社会主义政权是由无产阶级政党领导的，社会主义建设的领导力量是中国共产党。在社会主义建设过程中，党的领导作用不能削弱，只能加强，应当在思想上、政治上、方针政策上对一切工作起领导作用。最后，社会主义建设的根本原则就是要把马克思主义基本原理和中国实际结合起来。马克思主义不是教条，而是方法，是行动指南。我国社会主义建设的具体情况和条件与苏联有很大不同，因此要在坚持马克思主义核心原则的基础上，结合我国实际，探索自己的社会主义建设道路。此外，党的八大通过的决议还提出了社会主义经济建设、党的建设、坚持人民民主专政和民主集中制、文化教育卫生事业发展等方面的政策和措施。例如，坚持优先发展重工业，根据原料、资金的可能和市场的需要，积极发展轻工业，同时强调用更大的力量发展农业。总的来看，党的八大对社会主义道路的探索符合当时我国贫穷落后的基本国情，也坚持了社会主义建设的原则。但这些方针政策和指导性方法毕竟是宏观性的理论和理想状态下的设计，对社会主义道路的探索还需要进一步实践和细化。

　　根据党的八大对社会主义建设的安排和部署，我国工业、农业、交通运输业等快速发展，取得了巨大成就，但各方面也出现了一些问题。例如，由于基本建设投资过多，导致生产资料和人民生活所需的消费品供不应求。为此，陈云提出，社会主义建设规模的大小必须和国家的财力物力相适应，必须重视研究和处理国民经济的比例关系。又如，社会主义建设中是否消灭私营经济的问题，周恩来提出，"主流是社会主义，小的给些自由"，"大概工、农、商、学、兵除了兵以外，每一行都可以来一点自由，搞一点私营的。文化也可以搞一点私营的。这样才好百家争鸣嘛！在社会主义建设中，搞一点私营的，活一点有好处。"① 这些是针对社会主义建设过程中的问题提出的解决办法和指导性理论，是对社会主义建设道路的有益探索。实际上，社会主义建设过程中出现各类问题是正常的，尤其是在中国这样一个落后的农业国家进行社会主义建设，更容易出现苏联等社会主义国家没有出现过的问题，即使出现相同的问题，也不可能完全照搬苏联等社会主义国家的办法去解决。解决问题的关键在于，在坚持社会主义原则的基础上，提出中国自己的有效解决办法，形成中国自己的理论和方法，而这正是探索社会主义建设道路的真正意义所在。正如毛泽东所指出："一九五六年四月的《论十大关系》，开始提出我们自己的建设路线，原则和苏联相同，但方法有所不同，有我们自己的一套内容。"② 1957 年《关于正确处理人民内部矛盾的问题》提出人民内部矛盾的问题，1958 年提出国务院各部门规章制度的改革和地方分权的问题，等等。这些问题的出现、解决其实就是探索社会主义建设道路的过程，对这些政策、措施和办法进行总结、梳理和提炼，使之系统化和理论

① 《建国以来重要文献选编》第 10 册，中央文献出版社 1994 年版，第 164 页。
② 《毛泽东年谱（1949—1976）》第 3 卷，中央文献出版社 2013 年版，第 311 页。

化，便形成社会主义建设道路的理论。

1958 年 5 月召开的党的八大二次会议，制定了"鼓足干劲、力争上游、多快好省地建设社会主义"的总路线，接着又发动了"大跃进"和人民公社化运动。随后社会主义建设就以"三面红旗"为指导展开。围绕探索中国自己的社会主义建设道路，毛泽东还提出走一条不同于苏联的工业化道路。苏联工业化过程中，过于重视工业，"即百分之九十的重工业，百分之十的轻工业和农业，对于农业刮得太多"，导致"农民的积极性不高，市场就不繁荣"，中国工业化道路还是优先发展重工业，但是要走新的道路，要按适当的比例发展。① 以上总路线的制定和探索自己工业化道路的提出，都是围绕探索中国自己的社会主义建设道路进行的。在这一过程中，由于国际形势和国内情况的影响，可能会有失误，也可能会有脱离实际的政策措施，但这都是对社会主义建设道路的尝试和探索。正因为如此，社会主义建设道路理论主题可以概括为"什么是中国式的社会主义，如何建设中国式的社会主义"。

## （二）社会主义建设道路理论的内容

作为一个理论体系，社会主义建设道路理论的内容十分丰富。它既从理论上回应了什么是中国式的社会主义、如何建设中国式的社会主义的问题，又从社会主义建设的目标、动力、领导、原则、保障等方面谋划了社会主义建设的总体框架。从社会主义社会矛盾和社会主义经济建设、政治建设、文化建设等方面来看，主要包括几个方面的内容。

---

① 《毛泽东年谱（1949—1976）》第 3 卷，中央文献出版社 2013 年版，第 85—86 页。

### 1. 社会主义社会矛盾理论

社会主义建设时期，中国共产党在继承经典马克思主义社会矛盾观点的基础上，形成了社会主义社会矛盾理论。马克思、恩格斯揭示了生产力与生产关系、经济基础与上层建筑之间的矛盾关系，并指明社会基本矛盾是推动社会发展的基本动力。列宁指出，在社会主义社会中，社会矛盾还是存在的，但对抗性的矛盾将消失。斯大林分析了苏联进入社会主义后在道义上和政治上的一致性，因此认为生产力与生产关系完全适合，社会的基本矛盾也就消失了。由此，有人认为，社会主义社会已经不存在社会矛盾。那么社会主义社会到底还存不存在社会矛盾？如果存在，究竟有哪些社会矛盾？这些社会矛盾是什么性质的矛盾？社会的主要矛盾是什么？针对这些问题，中国共产党结合马克思主义基本原理，提出了自己的观点。中国共产党批判了那些"天真烂漫"的"仿佛认为在社会主义社会中是不会再有矛盾存在了"的观点，认为"否认矛盾存在，就是否认辩证法。各个社会的矛盾性质不同，解决矛盾的方式不同，但是社会的发展总是在不断的矛盾中进行的。社会主义社会的发展也是在生产力和生产关系的矛盾中进行着的"。[①] 也就是说，社会主义社会存在矛盾是毫无疑义的，而且基本矛盾仍然是生产力与生产关系的矛盾，这是社会发展进步的基本动力，也是马克思主义基本原理的本质规定。至于各个社会主义国家的社会主要矛盾和具体矛盾则需根据各个国家的情况来确定。中国共产党对我国进入社会主义后的社会矛盾进行了具体分析。首先，在社会主义建设时期，我国有两类社会矛盾，一类是敌我之间的矛盾，另一类是人民内部的矛盾；敌我之间的矛盾是对抗性的矛盾，人民内部的矛盾是人民根

---

① 《建国以来重要文献选编》第 8 册，中央文献出版社 1994 年版，第 231 页。

本利益一致基础上的非对抗性的矛盾。革命时期大规模的急风暴雨式的群众阶级斗争基本结束，要学会正确划分敌我和人民内部两类不同性质的矛盾，要学会正确处理两类矛盾。敌我之间的矛盾只能用专政办法解决，人民内部的矛盾则要用民主的办法、说服教育的办法解决。其次，在社会主义社会中，我国社会基本矛盾仍然是生产力与生产关系之间的矛盾、上层建筑与经济基础之间的矛盾。社会主义改造完成后，社会主义生产关系和社会主义上层建筑已经基本建立起来，但它还很不完善、很不全面，因此还会有与生产力、经济基础之间相矛盾的情况。值得注意的是，社会主义社会的基本矛盾和旧社会的基本矛盾具有根本不同的性质，它是非对抗性的矛盾，可以通过社会主义制度的完善加以解决。最后，社会主义改造完成后，我国的无产阶级同资产阶级之间的矛盾已经基本解决，社会主要矛盾已经是人民对于建立先进的工业国的要求同落后的农业国之间的矛盾，已经是人民对于经济文化迅速发展的需要同当前经济文化不能满足人民需要的状况之间的矛盾。总体来看，中国共产党在坚持马克思、恩格斯、列宁矛盾理论的基础上，结合中国实际情况，提出了解决中国社会主义社会矛盾的思想，它一方面纠正了斯大林关于社会主义社会矛盾的错误认识，另一方面发展了马克思主义矛盾理论，形成了中国化的社会主义社会矛盾理论。

2. 社会主义经济建设理论

全面建设社会主义开始后，中共中央根据社会主义经济发展规律和我国国情，提出了一系列符合我国经济发展的路线、方针、政策，初步形成了具有中国特色的经济建设理论。

第一，提出并一定程度上坚持了在综合平衡中稳步前进的经济建设方针。随着社会主义改造完成和"一五"计划顺利开展，全国人民建设社会主义的热情被激发出来。中共中央内部一定程度上出现了急躁冒进的倾向。为反对这种倾向，1956 年 6 月，刘少奇在和周恩来、朱德、陈云等讨论《关于一九五五年国家决算和一九五六年国家预算的报告（初稿）》时，提出了既反保守又反冒进，在综合平衡中稳步前进的经济建设方针。1956 年 9 月，党的八大对这一经济建设方针进行了深入分析，会议指出："党中央委员会所建议的第二个五年计划的发展速度是积极的，同时又是稳妥可靠的。发展速度必须是积极的，以免丧失时机，陷入保守主义的错误；又必须是稳妥可靠的，以免脱离经济发展的正确比例，使人民的负担过重，或者使不同的部门互相脱节，使计划不能完成，造成浪费，那就是冒险主义的错误。"① 党的八大结束后，我国经济建设按照这一整体方针有序开展。此后，社会主义建设过程中虽然出现了"大跃进"和人民公社化运动等急于求成的冒进方针，但中共中央发现问题后都进行了一定程度的纠正和调整。例如，1959 年庐山会议、1962 年七千人大会等都力图纠正社会主义建设过程中出现的"左"倾错误。在纠正和调整过程中，由于国外形势和国内矛盾等因素的影响，有些冒进和"左"的错误没有能够彻底有效地纠正和调整，但在综合平衡中稳步前进的经济建设方针无疑是正确和有效的。在探索社会主义实践过程中，这一方针也起到了"稳定器"和"指示器"的重要作用。

第二，关于正确处理重工业、轻工业和农业关系的理论。新中国是在"一穷二白"基础上建立起来的，工业化水平极低。因此，优先发展重工业是我国社会主义建设的重点。但是如何发展重工业，如何处理重工业、轻工业和农业之间的关系至关重要。苏联、东欧等社会主义国家走的是片面发展重工业、忽视轻工业和农业发

---

① 《建国以来重要文献选编》第 9 册，中央文献出版社 1994 年版，第 65 页。

展的道路，这不但导致居民生活日用品和粮食紧缺，人民生活受到影响，还导致工人、农民等劳动者创造的利益被过多用于社会主义积累和支持重工业发展。对于这一问题，毛泽东指出："我国的经济建设是以重工业为中心，这一点必须肯定。但是同时必须充分注意发展农业和轻工业。"① 也就是说，在集中精力发展重工业的同时注意发展轻工业和农业。毛泽东还认为发展重工业有两种办法："一种是少发展一些农业、轻工业，一种是多发展一些农业、轻工业"，从社会主义建设的长远来看，多发展一些农业、轻工业"会使重工业发展得多些和快些，而且由于保障了人民生活的需要，会使它发展的基础更加稳固"。② 因此，毛泽东多次强调要调整重工业、轻工业和农业的比例，要求更多地发展轻工业和农业。1956 年党的八大也指出："我国的工业化事业是以发展重工业的生产，即生产资料工业的生产为基础的"，"为了有计划地发展国民经济，我们在今后必须继续贯彻执行优先发展重工业的政策"③，同时轻视轻工业和农业的想法是错误的，要相应地发展轻工业和农业。在这一理论指导下，国家在集中力量发展重工业的同时，也兼顾了轻工业和农业的发展，从而形成了以工业为主导、以重工业为重点、以农业为基础的工农业发展思想。

第三，关于经济体制改革的理论。中华人民共和国成立后，我国逐渐建立了苏联式的高度集中的计划经济体制。高度集中的计划经济体制使权利高度集中于中央，导致中央对各项经济事务管得过多、统得过死，地方没有自主权和机动性，严重束缚了地方的积极

---

① 《毛泽东文集》第 7 卷，人民出版社 1999 年版，第 241 页。
② 《毛泽东文集》第 7 卷，人民出版社 1999 年版，第 25 页。
③ 《建国以来重要文献选编》第 9 册，中央文献出版社 1994 年版，第 66、66—67 页。

性。化解这一问题的办法，就是对经济体制进行改革，也就是在保持中央权威和集中统一领导下，扩大地方的自主权和独立性，给地方更多管理和处理经济事务的权力，以调动地方的积极性。我国经济体制的另一个弊端，就是过于强调国家和集体利益，注重生产中的积累。这不利于广大劳动人民生活水平的提高，也不能持续调动劳动者的积极性。因此，处理国家、生产单位和生产者个人之间的关系，处理积累和消费的关系成为经济体制改革的重要方面。要正确处理国家、生产单位和生产者个人之间的关系，要兼顾国家、单位和劳动者的利益，就要在生产发展、生产率提高和积累增加的基础上，适当提高劳动者的收入，调动劳动者的积极性。同时，不能把所有的生产事项都集中到中央或省、市，要适当把权力下放到生产单位，使生产单位在安排生产、积累和消费等方面更有灵活性和机动性，以调动生产单位和个人的积极性。

3. 社会主义政治建设理论

社会主义改造完成后，我国社会主义政治制度基本确立起来。为全面推动社会主义建设，以毛泽东为代表的中国共产党人提出了一系列加强和改进社会主义政治建设的理论。

第一，调动一切积极因素，团结一切可以团结的力量进行社会主义建设。我国社会主义建设不仅艰难曲折，而且需要的时间长、涉及的方面广。因此，需要凝聚广泛共识，动员各方力量。为此，毛泽东在《论十大关系》中提出，处理社会主义各方面关系和问题的基本方针，就是"把国内外一切积极因素调动起来，为社会主义事业服务"，所谓调动国内外一切积极因素，就是"在国内，工人和农民是基本力量。中间势力是可以争取的力量。反动势力虽是一种消极因素，但是我们仍然要作好工作，尽量争取化消极因素为积极因素。在国际上，一切可以团结的力量都要团结，不中立的可以争取为中立，反动的也可以分化和利用"。① 毛泽东的上述论述阐释了调动一切积极因素建设社会主义思想的具体内涵，指明了调动一切积极因素的具体路径。党的八大对这一思想进行了重申和进一步阐释，一定程度上是为社会主义建设进行的政治动员。

第二，坚持党的全面领导。社会主义道路是在中国共产党领导下开创的，社会主义建设必须在党的领导下全面推进。中国共产党人驳斥了那些否定党的领导、歪曲党的领导的言论，指明社会主义建设要继续坚持党的全面领导，并且进一步完善党的领导。坚持和完善党的领导，关键是党组织和党员在思想认识上要保持正确。为此，"党必须经常进行党内教育，不让资产阶级和小资产阶级的思想损害我们党在政治上的纯洁"。同时，"必须正确地认识客观实际，正确地辨明是非"。② 历史经验表明，要坚持党在思想认识上的正确性，关键是要反对主观主义、教条主义。因此，必须通过加强干部系统的马克思列宁主义学习，加强广大新党员的理论和实际统一的教育，通过加强党的理论工作来提高党的马克思列宁主义的水平。此外，坚持党的领导，还要对犯错误的同志采取正确的态度，严格区分党内的是非问题同混入党内的反革命分子、蜕化分子和其他坏分子的问题的界限。对于党内认识上有错误或者工作上犯错误的同志，要坚持"惩前毖后，治病救人"和"既要弄清思想，又要团结同志"的原则，"着重思想的教育，而不轻易采取纪律处分"。③ 1961 年 12 月，毛泽东在无锡召开座谈话时明确提出"党是领导一切的"。1962 年 1 月，毛泽东在七千人大会上进一步指出："工、

---

① 《毛泽东文集》第 7 卷，人民出版社 1999 年版，第 23—24 页。

② 《建国以来重要文献选编》第 9 册，中央文献出版社 1994 年版，第 106 页。

③ 《建国以来重要文献选编》第 9 册，中央文献出版社 1994 年版，第 113 页。

农、商、学、兵、政、党这七个方面，党是领导一切的。党要领导工业、农业、商业、文化教育、军队和政府。"① 以上关于坚持党的全面领导的论述，为社会主义建设过程中坚持和完善党的领导提供了重要理论支撑，初步形成了坚持党的全面领导的理论。

第三，坚持民主集中制。民主集中制是党的民主制度的具体形式和党的重要组织原则，也是党内生活需要坚持的重要原则。围绕社会主义建设，党的八大强调"必须在党的各级组织中无例外地贯彻执行党的集体领导原则和扩大党内民主"，具体来说，就是"一切重大问题的决定都要在适当的集体中经过充分的讨论，容许不同观点的无拘束的争论，以便……比较全面地反映客观事物发展过程中的各个侧面。每个领导者都必须善于耐心地听取和从容地考虑反对的意见，坚决地接受合理的反对意见或者反对意见中的合理部分；对于由正确动机、按正常程序提出任何反对意见的任何同志，必须继续和睦无间地共事，绝不要采取排斥的态度"。② 党的八大通过的党章进一步对民主集中制作了具体规定。例如，党章关于民主集中制的基本条件增加了以下规定："党的各级领导机关必须经常听取下级组织和党员群众的意见，研究他们的经验，及时地解决他们的问题"，"党的下级组织必须定期向上级组织报告工作。下级组织的工作中应当由上级组织决定的问题，必须及时向上级请求指示"。③ 党章的相关具体规定实现了党的民主集中制的制度化，有利于在现实政治实践中坚持和发扬民主集中制，使社会主义政治建设理论的概括具体化了。

---

① 《毛泽东文集》第 8 卷，人民出版社 1999 年版，第 305 页。

② 《建国以来重要文献选编》第 9 册，中央文献出版社 1994 年版，第 111 页。

③ 《建国以来重要文献选编》第 9 册，中央文献出版社 1994 年版，第 326 页。

### 4. 社会主义文化建设理论

社会主义建设开始后，以毛泽东为代表的中国共产党人就如何推动文化、教育、科技等方面的发展进行了艰辛探索。

首先，在文化发展、学术研究方面提出了"百花齐放、百家争鸣"的方针。社会主义建设离不开广大知识分子的积极参与，社会主义文化科技事业发展必须紧紧依靠知识分子。为解决党内在对待知识分子问题上出现的宗派主义错误，1956 年 1 月，中共中央召开了知识分子问题会议。1956 年 4 月，毛泽东在中共中央政治局扩大会议上正式提出了"百花齐放、百家争鸣"的方针。他说："艺术问题上的百花齐放，学术问题上的百家争鸣，我看应该成为我们的方针。"① 此后，毛泽东、刘少奇、陆定一等对"百花齐放、百家争鸣"的方针进行了阐释、说明和重申，使这一指导科学文化发展的重要方针得以具体化。例如，毛泽东指出，"百花齐放、百家争鸣"是在我国宪法范围之内，聚焦科学文化领域的学术、文化、艺术、技术等方面的问题；刘少奇在党的八大重申坚持"百花齐放、百家争鸣"的方针，并认为"科学上的真理是愈辩愈明的，艺术上的风格是必须兼容并包的。党对于学术性质和艺术性质的问题，不应当依靠行政命令来实现自己的领导，而要提倡自由讨论和自由竞赛来推动科学和艺术的发展"。② 在这一方针指导下，我国文化科技事业快速发展。

其次，在教育方面提出了德育、智育、体育等几方面全面发展的思想，指明了教育要为国家培养各项建设人才、要为无产阶级政治服务等一系列关于教育发展的思想。这些都是对社会主义教育发

---

① 《毛泽东文集》第 7 卷，人民出版社 1999 年版，第 54 页。

② 《建国以来重要文献选编》第 9 册，中央文献出版社 1994 年版，第 78 页。

展道路的有益探索，推动了社会主义教育事业的发展。

最后，在科技发展方面提出了"独立自主、自力更生"的思想，明确了科技在推进社会主义现代化中的关键作用，提出了"科技革命"的口号。

## （三）社会主义建设道路理论的特征

社会主义建设道路理论是在开始全面大规模建设社会主义时期开创的，此后社会主义建设历经曲折，社会主义建设道路理论也在总结经验教训中不断丰富和发展。由于探索社会主义建设道路的曲折性与复杂性，社会主义建设道路理论呈现出以下特点：开创性与曲折性共生，急躁冒进与稳步前进互纠，注重结合中国实际与苏联模式影响共存，以探索社会主义工业化道路为主同时注重与政治、文化、教育、科技等建设共进。

第一，开创性与曲折性共生。马克思、恩格斯所指明的社会主义是建立在资本主义发达生产力基础上的。苏联社会主义也是建立在俄国资本主义有所发展基础上的。近代以来中国屡遭侵略、饱受屈辱，生产力极其落后，工业化水平也很低。在这样一个经济文化极其落后的农业国家建设社会主义是前所未有的。也正因为如此，社会主义建设过程中形成的思想理论具有开创性。这种理论的开创性主要体现在两个方面：一是根据马克思主义基本原理结合中国实际开创的。例如，针对人民公社化运动中出现的问题，提出"三自一包"的政策，这一政策的创新性在于打破单一的计划和分配制度，破除"大锅饭"的弊端，有利于在坚持公有制前提下调动农民的生产积极性，繁荣农村经济，提高农民生活水平。二是在苏联模式基础上的革新和超越。例如，社会主义社会矛盾理论摆脱了斯大林关于社会主义矛盾观点的束缚，认为社会主义社会仍然存在着矛盾，社会主义改造完成后我国社会主要矛盾已经不是阶级矛盾，而是人民对于建立先进的工业国的要求同落后的农业国的现实之间的矛盾，是人民对于经济文化迅速发展的需要同当前经济文化不能满足人民需要状况之间的矛盾，并且指明了社会主义社会存在两类不同性质的矛盾，要求正确区分和处理这两类不同性质的矛盾。

社会主义建设道路是在探索中曲折前进的，这意味着会遇到很多以前没有遇到过的困难，也会出现很多以前没有出现过的复杂矛盾和问题，这些经济、政治等方面的困难、矛盾和问题单凭既往经验和已有理论无法解决，只能在实践中探索，在探索基础上总结经验教训。同时，探索社会主义建设道路的过程也难免出现失误和错误。探索社会主义建设道路的偏差和失误在理论特征上就体现为理论形成和发展的曲折性。社会主义建设道路理论的曲折性主要表现为两个方面：一是社会主义建设道路理论在与实践互动的过程中不断调整、改革和完善。例如，以农业为基础、以工业为主导、以重工业为重点发展国民经济的理论就经历了不断调整和完善的过程。二是社会主义建设道路理论持之以恒的坚持和有效贯彻方面存在曲折性。例如，民主集中制是党内生活的重要原则，党的八大对民主集中制进行了反复重申，还提出了在国家政治生活要造成一个又有集中又有民主，又有纪律又有自由，又有统一意志又有个人心情舒畅、生动活泼的政治局面。但此后在"大跃进"和人民公社化运动中，民主集中制没有得到坚持和贯彻。有些领导干部在生产指标制定和实行上，不和党内同志商量，也不和群众、基层干部和技术专家协商，这是违反党的民主集中制原则的。在1962年召开的七千人大会上，毛泽东、刘少奇、邓小平等就违反党的民主集中制问题进行了反思，并就如何恢复和坚持民主集中制进行了深入分析和阐释。这是对民主集中制理论的补充完善，也是坚持民主集中制的回归。

　　社会主义建设道路理论的开创性和曲折性是在探索社会主义建设道路过程中同时产生的。开创性中包含着曲折性，曲折性中蕴含着开创性。因为社会主义建设道路是前所未有的探索性活动，必然遭遇挫折和困难，这就会使社会主义建设道路理论呈现曲折性。同时，在不断克服困难和矛盾、调整政策、改革体制机制的过程中必然有科学的理论产生或发展完善。正因为如此，社会主义建设道路理论呈现出开创性与曲折性共生的特征。

　　第二，急躁冒进与稳步前进相互纠缠。在探索社会主义建设道路过程中始终存在两种倾向，一种是急躁冒进的倾向，这种倾向力图通过彻底变革生产关系来推动生产力快速发展，从而在短时间内建成社会主义，过渡到共产主义。另一种倾向是比较务实的稳步前进倾向，这种倾向在社会主义建设过程中持相对保守的态度，认为社会主义建设是一个极其漫长的过程，不能急于求成，要按适当计划比例稳步前进。正因为存在这两种倾向，所以党的八大制定了既反保守又反冒进，在综合平衡中积极而又稳妥可靠地推进国民经济发展的方针。此后，随着"大跃进"和人民公社化运动的发动，社会主义建设过程中急躁冒进的倾向越来越严重。实际上，在全面建设社会主义的历史进程中，急躁冒进倾向占据主导地位。所以郑州会议、成都会议、庐山会议、七千人大会都力图纠正急躁冒进导致的"左"的错误。正因为如此，社会主义建设道路理论也在急躁冒进与稳步前进的互相纠缠中不断发展。例如，社会主义建设过程中提出的"计划指标必须切合实际，建设规模必须同国力相适应"方针，就是为了纠正"左"倾冒进中出现的计划指标过高、建设规模过大的问题。

　　第三，中国实际与苏联模式相互制约。探索中国自己的社会主义道路是在借鉴苏联教训中提出来的。借鉴苏联教训最重要的就是不能照抄照搬苏联模式，最关键的还是要把马克思主义基本原理和中国自己的实际结合起来。毛泽东等中央领导同志在不同场合反复提出这一问题。事实上，中共中央在制定方针政策过程中也注重结合中国的实际，力图探索中国自己的社会主义道路。毛泽东在《论十大关系》中，提出正确处理重工业、轻工业和农业之间关系的问题，这在一定程度上就是为了避免走苏联片面发展重工业的道路。后来毛泽东还提出走中国自己的工业化道路，目的也是要结合中国的实际情况，探索一条不同于苏联的工业化道路。正因为如此，社会主义建设道路理论呈现出明显的中国特色追求和取向。值得注意的是，当时中国的经济、政治体制都是仿照苏联建立的，社会主义建设道路理论不可能完全不受苏联模式的影响。实际上，在探索社会主义建设道路过程中，高度集中的计划经济体制制约和影响着社会主义各项方针政策的制定和执行。同时，受苏联社会主义所有制和分配制度的制约和影响，我国社会主义建设过程中，一度注重追求单一的公有制和平均分配。由此也可以看出，社会主义建设道路理论一方面力图摆脱苏联影响，探索符合中国实际的社会主义道路；另一方面受高度集中的计划经济体制和社会主义公有制的影响，不可避免地要受苏联模式的制约。正因为如此，社会主义建设道路理论呈现出注重结合中国实际与苏联模式相互制约、相互影响的特征。

第四，全面性与复杂性同时存在。社会主义建设是全方位的立体建设，包括经济、政治、文化、教育、科技等多方面的内容。因此，探索社会主义建设道路形成的理论成果具有全面性。在政治方面，坚持和发展了人民代表大会制度，提出要扩大民主生活，加强对国家机关的监督，健全民主法治等思想；在经济方面，提出国家的主要任务已经由解放生产力变为保护和发展生产力等促进经济发展的科学理论；在文化教育等方面，提出"百花齐放、百家争鸣"的方针。社会主义建设道路理论的全面性是加速大规模建设社会主义的必然要求，因为要调动一切积极因素把我国建设成为先进的农业国家，必须要有适当的经济发展方针和党的正确领导，还要正确处理两类不同性质的矛盾，注重文化、教育、科技的发展。这些方面不是相互独立的，而是相互联系、相互影响的整体。例如，重工业的发展要考虑轻工业和农业的规模和产量，经济的稳步发展要求有稳定的社会环境、人民的热情参与以及各方面的配合。正因为如此，社会主义建设道路理论也呈现出复杂性的特征。这种复杂性主要体现为理论的宏大叙事与具体的实践操作以及理论之间的相互影响和制约。例如，调动一切积极因素建设社会主义的理论对于推动社会主义建设具有重要意义，但如何通过坚持和加强党的全面领导来调动党内的积极因素，如何通过正确处理国内矛盾来调动广大人民群众和知识分子的积极性，就需要相应的理论及其相应的方针、政策来支撑和落实。

## （四）社会主义建设道路理论的地位

社会主义建设道路理论是在探索中国社会主义道路过程中形成和发展的，它是中国共产党运用马克思主义立场、观点和方法，解决中国社会主义建设问题的理论结晶。这一理论不仅推动了中国社会主义建设道路的探索，还为中国特色社会主义理论的形成和发展做了准备，并拓展了科学社会主义理论的内涵。

### 1. 推动中国社会主义建设道路的探索

"没有革命的理论，就不会有革命的运动。"革命实践需要科学理论的指导，社会主义建设同样离不开科学理论。中华人民共和国成立后，以毛泽东为代表的中国共产党人就开始思考在中国这样一个经济、文化极其落后的农业国家建设社会主义的问题。1957 年全面建设社会主义开始后，逐步形成了一系列正确的社会主义建设道路理论。在这些正确理论的指导下，中国共产党带领全国人民探索适合中国国情的社会主义道路。其中虽然遭遇了挫折、犯了一些错误，但在正确理论的指导下，中国社会主义建设还是取得了很大成就。例如，经过十年建设，中国已经初步建成较为完整的工业体系，主要工业产品的产量和质量都有很大提高。实际上，在全面建设社会主义的十年之中，成绩是主要的，成就是很大的，错误只占一小部分。社会主义建设道路理论有力地指引和推动了中国社会主义建设道路的探索，推动了中国社会主义建设，使社会主义制度更加巩固和完善。

## 2. 为中国特色社会主义理论的创立奠定基础

在探索社会主义建设道路过程中，以毛泽东为代表的中国共产党人提出了许多建设社会主义的正确思想理论，也总结了一些有益经验。这些正确的思想理论和有益经验已经被社会主义建设实践所检验，为中国特色社会主义理论的创立奠定了基础。例如，关于社会主义社会基本矛盾、主要矛盾、两类矛盾的论断，关于充分发挥市场和商品作用的构想，关于社会主义发展阶段的划分。这些理论奠定了中国特色社会主义理论的基础。具体来看主要有两个方面：一是社会主义建设道路理论直接被中国特色社会主义理论继承和坚持。例如，关于民主集中制的理论至今仍然是党内生活的重要原则，其核心要义也得以继承和坚持。二是社会主义建设道路理论被中国特色社会主义理论丰富和发展。例如，毛泽东、刘少奇、周恩来等提出的关于允许部分私有经济和商品经济存在的思想，在改革开放中得到丰富和发展，并形成了社会主义市场经济理论。事实也证明，正是在探索社会主义建设道路过程中形成的正确理论，才使中国特色社会主义有了理论根据和理论基础，才使中国特色社会主义理论的形成和发展更加科学和完善。

### 3. 拓展科学社会主义理论的内涵

中国社会主义是建立在工业生产和商品经济都比较落后基础上的，这不同于马克思、恩格斯设想的在发达资本主义基础上建立共产主义社会，也不同于苏联在资本主义工业有一定发展基础上建立社会主义社会。正因为如此，中国探索社会主义建设道路所取得的理论成果具有独特性，不但丰富和拓展了科学社会主义理论，而且进一步证明马克思主义不是教条，而是方法，各国应该根据自己的国情探索自己的社会主义道路。

社会主义建设时期的马克思主义中国化，对社会主义建设系列问题进行了深入思考和探索，为社会主义建设实践提供了理论指南，也为中国特色社会主义理论的形成做了重要准备。

第五章

# 改革开放新时期的
# 马克思主义中国化

习近平总书记在纪念改革开放40周年大会上的讲话中指出："改革开放是我们党的一次伟大觉醒，正是这个伟大觉醒孕育了我们党从理论到实践的伟大创造。改革开放是中国人民和中华民族发展史上一次伟大革命，正是这个伟大革命推动了中国特色社会主义事业的伟大飞跃！"① 改革开放极大地改变了中国的面貌、中华民族的面貌、中国人民的面貌，也极大地促进了马克思主义中国化，形成了邓小平理论、"三个代表"重要思想、科学发展观和习近平

---

① 《十九大以来重要文献选编》上，中央文献出版社2019年版，第721页。

新时代中国特色社会主义思想，中国特色社会主义理论体系迎来了从创立、发展到完善的伟大飞跃。

# 一、马克思主义中国化主题的转换

马克思主义中国化是马克思主义基本原理同中国实践相结合的产物，也是马克思主义基本原理同时代特征相结合的过程。随着改革开放实践的展开与国际格局的重大变化，马克思主义中国化的主题也呈现新的特征，具体表现为时代主题由战争与革命转变为和平与发展。中国共产党在准确把握马克思主义基本原理与中国具体国情的基础上，重新定位中国所处历史阶段，提出了社会主义初级阶段理论，并立足世情国情的重大变化，确立了中国特色社会主义这一理论主题。

## （一）时代主题的变化

20 世纪的世界历史经历了从战争与革命时代到和平与发展时代的演变。20 世纪初，资本主义发展进入帝国主义阶段，帝国主义的一个重要特点就是争夺世界霸权，帝国主义国家之间的战争使世界基本矛盾空前激化，进而引发社会革命。基于这种理论分析，列宁在《帝国主义是资本主义的最高阶段》的序言中，得出"帝国主义是社会主义革命的前夜"的结论。[①] 这一结论包含两个重要观点：一是帝国主义就是战争，二是战争必然引发革命。自此，战争与革命成为国际关系的中心问题，成为时代主题或者基本特征。斯大林根据这一观点进一步提出，十月革命已经超出一国范围，世界革命时代已经到来，并断言当时已处于战争与革命的时代。历史证明，

---

① 《列宁专题文集（论资本主义）》，人民出版社 2009 年版，第 98 页。

列宁的判断是正确的，斯大林的分析也准确反映了时代的实际情况。毛泽东继承并发展了这一时代观，从战争与革命的时代观出发，制定了正确的方针政策，指导中国人民取得新民主主义革命的胜利。第二次世界大战结束后，世界历史进入美苏对峙的冷战时期。以毛泽东为代表的中国共产党人在基本沿用列宁判断的同时，对国际形势保持了清醒的认知，认为有助于和平的因素不断扩大，战争可以推迟甚至避免。

事实上，20 世纪 60 年代伴随着两大阵营的分化重组，时代主题开始了从战争与革命向和平与发展的转化，但是由于核战争的笼罩与局部战争不断，这一转变未被重视。直到 70 年代，和平与发展的时代主题开始凸显。以邓小平为代表的中国共产党人敏锐地抓住了这一时代脉搏，召开党的十一届三中全会，果断作出把党的工作重心转移到经济建设上来，实行改革开放的伟大决策。

邓小平之所以作出"和平与发展是时代主题"的判断，主要基于两点考虑：

一是世界大战可以避免。1977 年 12 月 28 日，邓小平在中央军委全体会议上指出，由于苏联的全球战略部署还没有准备好，美国也没有做好打世界大战的准备，"战争可能延缓爆发"[1]，"我们能够争取比较长一点时间不打仗"。[2] 1980 年 1 月 16 日，邓小平在中央召集的干部会议上对国际形势进行了分析，一方面认为 20 世纪 80 年代将是"非常动荡、充满危机的年代"，"很难预料会发生什么问题"；另一方面指出，"如果反霸权主义斗争搞得好，可以延缓战争

---

[1] 《邓小平文选》第 2 卷，人民出版社 1994 年版，第 77 页。
[2] 《邓小平文选》第 2 卷，人民出版社 1994 年版，第 77—78 页。

的爆发，争取更长一点时间的和平"。① 1982 年后，邓小平开始突破
"三个世界划分"的理论框架来分析世界格局，核心思想从"战争
不可避免但可以延缓"转变为"战争可以避免"。② 1984 年 11 月 1
日，邓小平在出席中央军委座谈会时，已认识到战争与革命的时代
特征已经过去，战争的危险已经降低，对世界格局的判断已突破战
争与革命的思维。1985 年 6 月 4 日，邓小平在中央军委扩大会议上
的讲话对国际局势的判断更为清晰。在邓小平看来，由于苏美两国
还在进行军备竞赛，世界战争的危险仍然存在，但是世界和平力量
的增长超过战争力量的增长，"在较长时间内不发生大规模的世界
战争是有可能的，维护世界和平是有希望的"③。这一判断为和平主
题的凝练提供了重要支撑。

　　二是发展的南北差距加大。20 世纪 80 年代，国际格局的重要
特点之一就是北方富裕，南方贫穷，富者越富，贫者越贫。1982 年
10 月 22 日，邓小平在会见印度社会科学理事会代表团时指出："世
界上的国家富的愈富，穷的愈穷，解决这个问题是国际舞台上的一
个重要课题。"④ 邓小平主张发达国家拿出钱来帮助发展中国家发
展，同时采取新途径加强南南之间的合作。南北差距加大的判断为
发展主题的确立提供了重要基础。

　　1984 年后，邓小平开始将"和平问题"与"发展问题"并提，
将其视为"世界两大问题"。他在会见巴西总统菲格雷多时指出，
现在世界上问题很多，有两个比较突出，一是和平问题，二是南北

　　① 《邓小平文选》第 2 卷，人民出版社 1994 年版，第 241 页。

　　② 金民卿：《马克思主义中国化研究文稿》，社会科学文献出版社 2018 年版，第
289 页。

　　③ 《邓小平文选》第 3 卷，人民出版社 1993 年版，第 127 页。

　　④ 《邓小平文选》第 3 卷，人民出版社 1993 年版，第 20 页。

问题。① 1985 年 3 月 4 日，邓小平在会见日本商工会议所访华团时重申："现在世界上真正大的问题，带全球性的战略问题，一个是和平问题，一个是经济问题或者说发展问题。和平问题是东西问题，发展问题是南北问题。概括起来，就是东西南北四个字。"② 在邓小平上述思想的基础上，党的十三大报告明确提出"和平和发展两大主题"。③

　　和平与发展时代主题的确立，既为马克思主义中国化提供了难得的机遇，也为马克思主义中国化提出了新的课题。首先，要结合时代主题对马克思主义进行当代解读，以彰显马克思主义的理论魅力。准确把握马克思主义基本原理，揭示其与时代主题、时代特征的契合之处，以发挥马克思主义的指导作用，是马克思主义中国化的题中应有之义。只有如此，才能展示马克思主义的当代价值。其次，要科学回答和解决时代提出的课题，为马克思主义注入时代内容。每一个时代都有其需要回答和解决的课题，马克思主义中国化的主题和任务实际上来源于时代提出的课题，来源于时代对于理论发展的诉求，对时代问题的回答和解决构成了马克思主义中国化的主线和脉络，由此使马克思主义中国化具有鲜明的时代特色。和平与发展的时代主题，为马克思主义中国化提出了新的课题，如何维护世界和平、如何实现共同发展、如何利用和平的国际环境加快中国发展，成为马克思主义中国化必须回答的问题，中国特色社会主义理论是对这些时代问题的思考和回答。

---

① 《邓小平文选》第 3 卷，人民出版社 1993 年版，第 56 页。
② 《邓小平文选》第 3 卷，人民出版社 1993 年版，第 105 页。
③ 《十三大以来重要文献选编》上，人民出版社 1991 年版，第 7 页。

## （二）社会主义初级阶段基本国情的认知

社会主义初级阶段是当代中国最大的国情，是中国共产党制定路线方针政策的基本出发点，也是中国特色社会主义理论形成的根本依据。

任何理论的产生都有其深厚的理论渊源。马克思在《哥达纲领批判》一文中首次对共产主义社会进行阶段划分，将共产主义社会分为低级和高级两个阶段，认为社会主义社会作为共产主义社会的第一阶段，虽然已经具备共产主义社会的基本特征，但表现得还不完善，还存在旧社会的痕迹，实现共产主义的最重要条件就是社会生产力的极大发展，这显然不是一个短时期的过程。列宁在深入思考马克思关于共产主义社会发展阶段思想的基础上，提出从社会主义过渡到共产主义需要经历"长久的阵痛"，这一"长久的阵痛"就是社会主义初级阶段理论的早期原型，既暗示了经济、文化落后的国家过渡到共产主义社会的艰巨性与复杂性，也为我国社会主义建设提供了方法论指导。毛泽东在继承共产主义社会"阶段论"的同时，结合中国实际进行了创造。毛泽东在《关于正确处理人民内部矛盾的问题》一文中提出："我国的社会主义制度还刚刚建立，还没有完全建成，还不完全巩固。"[1]"建立"和"建成"蕴含社会主义发展程度的不同，意味着毛泽东将社会主义划分为不同发展阶段的思想萌芽。20世纪50年代末、60年代初，毛泽东在读苏联《政治经济学教科书》的过程中提出："社会主义这个阶段，又可能分为两个阶段，第一个阶段是不发达的社会主义，第二个阶段是比

---

[1] 《毛泽东文集》第7卷，人民出版社1999年版，第214页。

较发达的社会主义。后一阶段可能比前一阶段需要更长的时间。"①
这一论断，为社会主义初级阶段理论的提出奠定了理论基础、提供
了思想资源。

"文化大革命"结束后，以邓小平为代表的中国共产党人开始
集中研究中国的国情，认为中国是一个地大人多、生产力落后的国
家。基于这样的认识，叶剑英在庆祝中华人民共和国成立 30 周年大
会上的讲话指出，我国"社会主义制度还处在幼年时期"，"它还不
成熟，不完善"。② 这是改革开放后中国共产党首次公开向世界承认
自己的"落后"，这种在发展阶段上公开的"后撤"，体现了中国共
产党人实事求是的态度。党的十一届六中全会通过的《关于建国以
来党的若干历史问题的决议》明确指出，"尽管我们的社会主义制
度还是处于初级的阶段，但是毫无疑问，我国已经建立了社会主义
制度，进入了社会主义社会"③，这是社会主义初级阶段理论的初期
形态。党的十二大报告强调，"我国的社会主义社会现在还处在初
级发展阶段，物质文明还不发达。"④ 至此，社会主义初级阶段理论
得以萌生。

党的十二大之后，社会主义初级阶段理论一度受到质疑，主流
报刊对这一概念的使用十分谨慎。为统一认识，消除顾虑，亟须对
社会主义初级阶段理论作出科学阐释。1986 年 9 月，党的十二届六
中全会通过的《中共中央关于社会主义精神文明建设指导方针的决
议》强调，"我国还处在社会主义的初级阶段"，并列举了社会主义
初级阶段的一些特征，如实行按劳分配、发展社会主义商品经济、

① 《毛泽东文集》第 8 卷，人民出版社 1999 年版，第 116 页。
② 《三中全会以来重要文献选编》上，人民出版社 1982 年版，第 220、221 页。
③ 《三中全会以来重要文献选编》下，人民出版社 1982 年版，第 838 页。
④ 《十二大以来重要文献选编》上，人民出版社 1986 年版，第 26 页。

公有制为主体的前提下发展多种经济成分、在共同富裕的目标下鼓励一部分人先富裕起来。① 在此基础上，党的十三大报告强调，"我国正处在社会主义的初级阶段"。这一论断包括两层含义："第一，我国社会已经是社会主义社会。我们必须坚持而不能离开社会主义。第二，我国的社会主义社会还处在初级阶段。我们必须从这个实际出发，而不能超越这个阶段。"② 依据党的十三大报告的阐释，我国社会主义初级阶段"不是泛指任何国家进入社会主义都会经历的起始阶段，而是特指我国在生产力落后、商品经济不发达条件下建设社会主义必然要经历的特定阶段"③。对于社会主义初级阶段的内涵，党的十三大报告从五个方面进行了界定："我国社会主义初级阶段，是逐步摆脱贫穷、摆脱落后的阶段；是由农业人口占多数的手工劳动为基础的农业国，逐步变为非农产业人口占多数的现代化的工业国的阶段；是由自然经济半自然经济占很大比重，变为商品经济高度发达的阶段；是通过改革和探索，建立和发展充满活力的社会主义经济、政治、文化体制的阶段；是全民奋起，艰苦创业，实现中华民族伟大复兴的阶段。"④ 党的十三大报告对社会主义初级阶段的系统阐释，标志社会主义初级阶段理论的形成。

认识社会主义初级阶段，必须把握其两个重要特征，即"不发达性"与"长期性"。"不发达性"是社会主义初级阶段的根本依据和核心特征，同时也是社会主义初级阶段历史方位保持不变的根源。"不发达"概念的提出既是基于基本国情的认识，也是从与发达国家对比中呈现出明显的滞后性。"不发达"不仅表现为生产力

---

① 《十二大以来重要文献选编》下，人民出版社 1988 年版，第 1180—1181 页。
② 《十三大以来重要文献选编》上，人民出版社 1991 年版，第 9 页。
③ 《十三大以来重要文献选编》上，人民出版社 1991 年版，第 12 页。
④ 《十三大以来重要文献选编》上，人民出版社 1991 年版，第 12—13 页。

与经济结构的落后，更重要的是表现为发展的不平衡与不充分。"长期性"是对社会主义初级阶段时间维度的判断。从党中央的文件来看，大体说法是至少一百年。党的十三大报告这样表述社会主义初级阶段的长期性："我国从五十年代生产资料私有制的社会主义改造基本完成，到社会主义现代化的基本实现，至少需要上百年时间，都属于社会主义初级阶段。"① 党的十四大报告进一步指出，我国社会主义初级阶段是一个"至少上百年的很长的历史阶段"②。这些是对社会主义初级阶段历史跨度的基本认识。

社会主义初级阶段理论的确立，为马克思主义中国化提供了坐标和准绳。党的十三大报告指出："正确认识我国社会现在所处的历史阶段，是建设有中国特色的社会主义的首要问题，是我们制定和执行正确的路线和政策的根本依据。"③ 中国特色社会主义理论的形成，是立足社会主义初级阶段的理论创造，是马克思主义基本原理与社会主义初级阶段实际相结合的产物。

## （三）中国特色社会主义主题的确立

所谓主题，就是一定历史时期所面临的中心任务和所要解决的中心问题，理论创新与实践探索必须围绕这一中心任务、紧扣这一中心问题。习近平总书记在党的十九大报告中指出："中国特色社会主义是改革开放以来党的全部理论和实践的主题"④。这就清楚地表明，改革开放以来所有理论创新与实践探索都是围绕中国特色社会主义而展开的，也是随着中国特色社会主义的不断深化而丰富和

---

① 《十三大以来重要文献选编》上，人民出版社 1991 年版，第 12 页。
② 《十四大以来重要文献选编》上，人民出版社 1996 年版，第 10 页。
③ 《十三大以来重要文献选编》上，人民出版社 1991 年版，第 9 页。
④ 《十九大以来重要文献选编》上，中央文献出版社 2019 年版，第 12 页。

发展的，可以说，"坚持和发展中国特色社会主义"是中国特色社会主义理论体系的主题。

在党的十二大开幕式上，邓小平第一次提出"有中国特色的社会主义"的概念。他说："把马克思主义的普遍真理同我国的具体实际结合起来，走自己的道路，建设有中国特色的社会主义，这就是我们总结长期历史经验得出的基本结论。"① 随着实践的发展、认识的深化、时代的变迁，中国特色社会主义的概念、内涵经历了一个演变、拓展与升华的过程。

1. "有中国特色的社会主义"概念的提出及其内涵拓展

党的十一届三中全会后启动的改革，最初设想是在坚持已有社会主义模式的前提下，结合中国实际、中国国情，走出一条有中国特点的社会主义建设道路。也就是说，社会主义的基本框架不动、基本模式不变，但又要有中国特点。邓小平在党的十二大开幕词中提出"建设有中国特色的社会主义"，是在维持社会主义已有框架、模式的前提下立论的，偏重的是"社会主义"，"有中国特色"只是对"社会主义"的一种修饰和限定。1983 年 7 月 1 日，《邓小平文选（一九七五——一九八二年）》出版。7 月 12 日，中共中央就学习《邓小平文选》向全党发出通知，强调学习《邓小平文选》能帮助我们"认识十二大提出的建设有中国特色的社会主义正确道路的主要内容和主要保证"②，表明这时偏重从发展道路的维度来理解"有中国特色的社会主义"。

党的十二大之后，邓小平在使用"有中国特色的社会主义"概念的同时，也频繁使用"具有中国特色的社会主义"的提法。如

---

① 《邓小平文选》第 3 卷，人民出版社 1993 年版，第 3 页。

② 《邓小平年谱（1975—1997）》下，中央文献出版社 2004 年版，第 920 页。

1984 年 5 月，邓小平会见巴西总统若昂·菲格雷多的谈话；1985 年5 月，邓小平会见葡萄牙总统拉马略·埃亚内斯的谈话；1985 年 9月，邓小平会见加纳国家元首、临时全国保卫委员会主席杰里·约翰·罗林斯的谈话；1987 年 4 月，邓小平会见出席香港特别行政区基本法起草委员会第四次全体会议全体委员的讲话；1988 年 5 月，邓小平会见捷克斯洛伐克共产党中央总书记米洛什·雅克什的谈话，都使用了"具有中国特色的社会主义"的提法。当然，这一提法与"有中国特色的社会主义"概念并无本质上的区别，只是更为清楚地表明，在苏联解体和东欧剧变发生前，我们对于社会主义改革探索的限度是"具有中国特色"，并不谋求对社会主义基本框架、基本模式的突破。

党的十三大报告沿用了"有中国特色的社会主义"概念，并在这一主体概念的基础上，衍生系列相关提法，如"有中国特色的社会主义道路""有中国特色的社会主义理论""有中国特色的社会主义的实践""有中国特色的社会主义的基本路线""有中国特色的社会主义民主政治""有中国特色的社会主义的宏伟事业""有中国特色的社会主义的伟大旗帜"等，均出现在党的十三大报告之中。如此，"有中国特色的社会主义"概念的内涵得以充实和拓展。当然，党的十三大报告并未就这些衍生提法展开具体论述，但对"有中国特色的社会主义理论"进行了初步说明。党的十三大报告指出："有中国特色的社会主义，是马克思主义基本原理同中国现代化建设相结合的产物，是扎根于当代中国的科学社会主义。它是全党同志和全国人民统一认识、增强团结的思想基础，是指引我们事业前进的伟大旗帜。"[1] 这里对"有中国特色的社会主义理论"的形成机

---

[1] 《十三大以来重要文献选编》上，人民出版社 1991 年版，第 55 页。

制、性质、功能进行了界定，并通过梳理党的十一届三中全会以来对社会主义再认识过程中形成的理论观点，从哲学、政治经济学、科学社会主义等方面，勾勒了"有中国特色的社会主义理论"的基本轮廓。

2. "邓小平同志建设有中国特色社会主义理论"概念的形成与替代

1989 年 11 月，党的十三届五中全会在同意邓小平辞去中央军委主席职务的同时，高度评价邓小平为党和国家建立的卓著功勋。全会指出：邓小平同志是中国各族人民公认的享有崇高威望的杰出领导人，在党所领导的革命和建设的各个历史时期都作出了重大贡献。邓小平同志根据马克思列宁主义同中国实际相结合的原则提出的一系列观点和理论，特别是建设有中国特色的社会主义的基本理论，是中国共产党和中国人民的宝贵精神财富。[①] 这里着重强调了邓小平在"有中国特色的社会主义理论"创立过程中的重要功绩，实际上在孕育一种新的提法。邓小平南方谈话发表后，1992 年 3 月，江泽民主持召开中共中央政治局全体会议，要求全党认真学习"邓小平关于建设有中国特色社会主义的一系列重要论述"，这是形成新提法的前奏。

党的十四大报告鉴于邓小平在"有中国特色社会主义理论"形成过程中的历史性、独创性贡献，提出了"邓小平同志建设有中国特色社会主义理论"概念。这一概念突出了邓小平在"有中国特色社会主义理论"形成过程中的地位，也表明了这一阶段对"有中国特色社会主义理论"认识的特征。为什么要在"有中国特色社会主义理论"之前加上"邓小平同志"？党的十四大报告对此作出了解

---

① 《邓小平年谱（1975—1997）》下，中央文献出版社 2004 年版，第 1296 页。

释和说明："邓小平同志是我国社会主义改革开放和现代化建设的总设计师。他尊重实践，尊重群众，时刻关注最广大人民的利益和愿望，善于概括群众的经验和创造，敏锐地把握时代发展的脉搏和契机，既继承前人又突破陈规，表现出了开辟社会主义建设新道路的巨大政治勇气和开拓马克思主义新境界的巨大理论勇气，对建设有中国特色社会主义理论的创立做出了历史性的重大贡献。"①

与此同时，党的十四大报告仍保留了"有中国特色社会主义理论""有中国特色社会主义道路""有中国特色社会主义事业""有中国特色社会主义的伟大旗帜"等提法，对"有中国特色社会主义理论"的主要内容从八个方面进行了总结和概括，彰显了邓小平的理论贡献，为提出"邓小平同志建设有中国特色社会主义理论"概念提供了重要支撑。党的十四大修改后的《中国共产党章程》总纲明确指出："建设有中国特色社会主义的理论，阐明了在中国建设社会主义、巩固和发展社会主义的基本问题，继承和发展了马克思主义，是引导我国社会主义事业不断前进的指针。"虽未明确将"有中国特色社会主义的理论"作为指导思想，但实质上已肯定了其指导意义、指导地位。

1997 年 2 月，邓小平逝世。江泽民在悼词中重申邓小平是建设有中国特色社会主义理论的创立者，继续使用了"邓小平建设有中国特色社会主义理论"的提法，并对这一理论进行了新的定位，强调它"是中国共产党的指导思想和中华民族的精神支柱"②，明确将"邓小平建设有中国特色社会主义理论"作为党的指导思想。

众所周知，党的十五大报告开始使用"邓小平理论"概念，并

---

① 《十四大以来重要文献选编》上，人民出版社 1996 年版，第 13—14 页。
② 《江泽民文选》第 1 卷，人民出版社 2006 年版，第 635 页。

将"邓小平理论"确立为党的指导思想写进党章。当然，党的十五大报告在提出"邓小平理论"概念的同时，依然保留了"有中国特色社会主义道路""有中国特色社会主义理论""有中国特色社会主义事业""有中国特色社会主义伟大实践"等衍生提法，并对建设有中国特色社会主义的经济、政治和文化进行了具体阐述，框定了中国特色社会主义事业"三位一体"的基本布局，进一步提出了"有中国特色社会主义共同理想"的概念。

3．"中国特色社会主义"概念的提出与升华

自党的十六大开始，原来"有中国特色的社会主义""有中国特色社会主义"概念中"有"字不再保留，首次使用了"中国特色社会主义"这一更为简洁有力的概念。这一概念彰显了社会主义的中国形态、独立意义，表明党的十一届三中全会以来中国共产党对社会主义的探索，不仅仅是满足于"有中国特色"，而是力求形成一种独立的社会主义形态或社会主义样式。由于主体概念发生改变，在党的十六大报告中，相应的衍生提法也发生变化，"中国特色社会主义道路""中国特色社会主义事业""中国特色社会主义共同理想"等提法随之出现。其实，早在1985年，意大利联合出版社出版《邓小平文选》时，其书名的副标题就是"中国特色的社会主义"。

随着实践发展和海外对中国模式关注的升温，中国共产党开始对中国特色社会主义进行总结和升华。党的十七大报告指出："改革开放以来我们取得一切成绩和进步的根本原因，归结起来就是：开辟了中国特色社会主义道路，形成了中国特色社会主义理论体系。高举中国特色社会主义伟大旗帜，最根本的就是要坚持这条道路和这个理论体系。"[①] 这里从"道路""理论体系"两个方面，明

---

① 《十七大以来重要文献选编》上，中央文献出版社2013年版，第8—9页。

确了中国特色社会主义的内涵，并进而界定了"旗帜"的内容。
"中国特色社会主义理论体系"的基本内容则由邓小平理论、"三个
代表"重要思想和科学发展观构成。

2011年7月，胡锦涛在庆祝中国共产党成立90周年大会上的
讲话，把开辟"中国特色社会主义道路"、形成"中国特色社会主
义理论体系"和确立"中国特色社会主义制度"概括为中国共产党
90年奋斗、创造、积累的根本成就。1987年4月，邓小平在会见出
席香港特别行政区基本法起草委员会第四次全体会议全体委员的讲
话中，曾使用过"有中国特色的社会主义制度"的提法。胡锦涛将
"中国特色社会主义制度"纳入中国特色社会主义这一主体概念之
下，使对中国特色社会主义的认识，由党的十七大报告的"道路"
"理论体系""二位一体"升华为"道路""理论体系""制度"
"三位一体"。自此，"中国特色社会主义"成为囊括"道路""理
论体系""制度"三个方面的主体概念，"中国特色社会主义旗帜"
所包含的内容就是这三个方面。这是对中国特色社会主义认识的基
本总结和升华。值得注意的是，党的十七大报告继续使用了"中国
特色社会主义事业""中国特色社会主义伟大实践""中国特色社会
主义共同理想"等提法。

党的十八大报告重申中国特色社会主义包含"中国特色社会主
义道路""中国特色社会主义理论体系""中国特色社会主义制度"
三个方面，并阐明了三者之间的关系：中国特色社会主义道路是实
现途径，中国特色社会主义理论体系是行动指南，中国特色社会主
义制度是根本保障，三者统一于中国特色社会主义伟大实践。与此
同时，党的十八大报告还从实践特色、理论特色、民族特色、时代
特色四个方面，回答了中国特色社会主义的"特色"所在，大大深
化了对中国特色社会主义内涵的认识。党的十九大报告对于中国特

色社会主义内涵的界定，由"三位一体"拓展为"四位一体"，在原有基础上增加了"中国特色社会主义文化"的内涵，强调"中国特色社会主义文化是激励全党全国各族人民奋勇前进的强大精神力量"①。

可见，中国特色社会主义概念的提出、内涵的拓展与升华经历了一个演变过程，这一过程既是理论探索、认识提升的过程，更是时代发展、实践发展的过程。中国特色社会主义概念形成和拓展的过程，也是中国特色社会主义理论体系主题确立的过程，中国特色社会主义主题的确立，实际上指明了改革开放新时期马克思主义中国化的方向。

## 二、中国特色社会主义话语建构的逻辑

改革开放是建设中国特色社会主义的必由之路，推进改革开放首先要建构改革开放话语，通过改革开放话语阐明改革开放的必要性与可能性，指明改革开放的方向、内容与路径，以消除改革开放分歧，达成改革开放共识，凝聚改革开放力量，实现改革开放目标。中国共产党人建构改革开放话语有其内在逻辑，具体可表述为：以批判为起点，以理论为支撑，以实践为基础，以历史为佐证，以国际为参照。改革开放话语建构是中国特色社会主义话语建构的投影，也是中国特色社会主义话语建构的核心。

---

① 《十九大以来重要文献选编》上，中央文献出版社 2019 年版，第 12 页。

## （一）以批判为起点

改革是破与立的统一，不破不立，要使破合法、有理，必须使破的对象遭遇合法性危机。党的十一届三中全会以来，中国共产党人在建构改革话语过程中，对传统的经济体制、政治体制、科技文化体制及其具体制度进行了客观评价和分析，揭示了传统体制的弊端，彰显了改革的必要性。邓小平说："旧的那一套经过几十年的实践证明是不成功的。过去我们搬用别国的模式，结果阻碍了生产力的发展，在思想上导致僵化，妨碍人民和基层积极性的发挥。"[①]这就从总体上否定了传统体制，说明了传统体制引发的问题，成为改革话语建构的起点。

在建构经济体制改革话语之初，中国共产党人对于传统计划经济体制存在的诸多问题进行了系统分析。1979 年 3 月，陈云在说明计划与市场的关系时指出："现在的计划太死，包括的东西太多，结果必然出现缺少市场自动调节的部分。计划又时常脱节，计划机构忙于日常调度。"[②] 1979 年 4 月，李先念在阐释经济体制改革问题时也说："在整个经济的管理体制上，总的看来是集中过多，计划搞得过死，财政上统收统支，物资上统购包销，外贸上统进统出，'吃大锅饭'的思想盛行，不讲经济效果。"[③]"计划太死""集中过多"击中传统计划经济体制弊端的要害，由此引出了改革的话题。1984 年 10 月，党的十二届三中全会在部署整个经济体制改革时，也是从系统分析传统计划经济体制的弊端入手说明改革的必要性。

---

① 《邓小平文选》第 3 卷，人民出版社 1993 年版，第 237 页。
② 《三中全会以来重要文献选编》上，人民出版社 1982 年版，第 69 页。
③ 《三中全会以来重要文献选编》上，人民出版社 1982 年版，第 140 页。

这次会议通过的《中共中央关于经济体制改革的决定》指出，中华人民共和国成立以来社会主义的优越性之所以没有得到应有的发挥，除了历史的、政治的、思想的原因之外，一个重要的原因，就是在经济体制上形成了一种同社会生产力发展要求不相适应的僵化的模式。"这种模式的主要弊端是：政企职责不分，条块分割，国家对企业统得过多过死，忽视商品生产、价值规律和市场的作用，分配中平均主义严重。这就造成了企业缺乏应有的自主权，企业吃国家'大锅饭'、职工吃企业'大锅饭'的局面，严重压抑了企业和广大职工群众的积极性、主动性、创造性，使本来应该生机盎然的社会主义经济在很大程度上失去了活力。"[1] 将传统计划经济体制的弊端及其后果充分暴露出来，改革的必要性也就不言自明。

在建构政治体制改革话语时，中国共产党人对于传统政治体制存在的弊端也进行了客观审视。1980 年 8 月，邓小平在中共中央政治局扩大会议上的讲话指出："从党和国家的领导制度、干部制度方面来说，主要的弊端就是官僚主义现象，权力过分集中的现象，家长制现象，干部领导职务终身制现象和形形色色的特权现象。"[2] 邓小平痛陈传统政治体制存在的"五种现象"，不是简单的情绪发泄，而是为了表达政治体制改革的诉求，"经济体制要改革，政治体制也要改革"[3]。党的十三大报告在论及政治体制改革必要性时，一方面肯定我国基本政治制度是好的，另一方面又承认"在具体的领导制度、组织形式和工作方式上，存在着一些重大缺陷，主要表现为权力过分集中，官僚主义严重，封建主义影响远未肃清"[4]。这

---

① 《十二大以来重要文献选编》中，人民出版社 1986 年版，第 561—562 页。

② 《邓小平文选》第 2 卷，人民出版社 1994 年版，第 327 页。

③ 《邓小平文选》第 3 卷，人民出版社 1993 年版，第 212 页。

④ 《十三大以来重要文献选编》上，人民出版社 1991 年版，第 35 页。

一论断直指政治体制弊端的要害，触及政治体制弊端存在的深层次原因，政治体制改革所要面对和解决的问题也就浮出水面。

在建构科技文化体制改革话语时，中国共产党人对于传统科技文化体制存在的弊端同样进行了分析。1985年3月，《中共中央关于科学技术体制改革的决定》指出："应当看到，长期以来逐步形成的科学技术体制存在着严重的弊病，不利于科学技术工作面向经济建设，不利于科学技术成果迅速转化为生产能力，束缚了科学技术人员的智慧和创造才能的发挥，使科学技术的发展难以适应客观形势的需要。"[1] 这些弊端是阻碍科技发展的原因，也是科技体制改革需要着重解决的问题。在部署文化体制改革时，中国共产党人也对传统文化体制存在的问题进行了反思。2005年12月，《中共中央、国务院关于深化文化体制改革的若干意见》指出："文化体制与人民群众日益增长的精神文化需求、全面建设小康社会的目标任务不相适应，与完善社会主义市场经济体制、进一步扩大对外开放的新形势不相适应，与依法治国、加快社会主义法制建设的环境不相适应，与高新技术在文化领域迅猛发展和广泛应用的趋势不相适应。"[2] "四个不相适应"触及了文化体制存在的主要问题，成为文化体制改革的重点。

没有批判，就没有主张改革的理由和空间，也就没有建构改革话语的可能性。正是在批判的基础上，中国共产党人找准了改革的突破口、提出了改革的具体主张和措施，使改革成为合理诉求和社会共识。可以说，中国改革话语的建构是以批判传统体制为起点的。

① 《十二大以来重要文献选编》中，人民出版社1986年版，第662页。
② 《十六大以来重要文献选编》下，中央文献出版社2008年版，第127页。

### （二）以理论为支撑

改革不仅基于"病理"依据，而且需要理论支撑。中国共产党人在建构改革话语时，注意从马克思主义经典理论中寻找依据，以证明改革符合马克思主义基本原理，或是对马克思主义基本原理的发展，而不是对马克思主义基本原理的背离。

以马克思主义基本原理支撑改革目的。改革目的是解放生产力、发展生产力，中国共产党人在论证这一改革旨趣时，引用了马克思主义基本原理。马克思、恩格斯在《共产党宣言》中指出，无产阶级取得政权后，"将利用自己的政治统治，一步一步地夺取资产阶级的全部资本，把一切生产工具集中到国家即组织成为统治阶级的无产阶级手里，并且尽可能快地增加生产力的总量"①。无产阶级建立政权后，应尽快以经济建设为中心，解放和发展生产力，这一基本理论为中国共产党人定位改革目的提供了理论依据。邓小平指出："马克思主义的基本原则就是要发展生产力"②，"我们所有的改革都是为了一个目的，就是扫除发展社会生产力的障碍"③。可见，将发展生产力作为改革目的的理论依据来源于马克思主义基本原理。

以马克思主义基本原理诠释对外开放的必要性。对外开放实际上也是一种改革，中国共产党人在论述对外开放的必要性时，引用了《共产党宣言》的相关理论。马克思、恩格斯在《共产党宣言》中指出："资产阶级，由于开拓了世界市场，使一切国家的生产和

---

① 《马克思恩格斯选集》第 1 卷，人民出版社 1995 年版，第 293 页。

② 《邓小平文选》第 3 卷，人民出版社 1993 年版，第 116 页。

③ 《邓小平文选》第 3 卷，人民出版社 1993 年版，第 134 页。

消费都成为世界性的了"，"过去那种地方的和民族的自给自足和闭关自守状态，被各民族的各方面的互相往来和各方面的相互依赖所代替了"。① 随着生产格局的改变、经济规模的扩大，各种文明之间的联系和交流将日益密切，这一论断为社会主义国家实行对外开放提供了理论依据。1982 年 1 月，胡耀邦在说明对外开放的必要性时指出："马克思、恩格斯早在一百多年前就指出，随着资本主义世界市场的形成，各民族之间经济上的互相往来和互相依赖，逐步取代了原来的闭关自守和自给自足状态。"② 党的十二届三中全会通过的《中共中央关于经济体制改革的决定》再次申明："马克思、恩格斯早在《共产党宣言》中就指出，由于资本主义的发展开拓了世界市场，过去那种地方的和民族的自给自足的闭关自守状态已经被各民族的各方面的互相往来所代替，一切国家的生产和消费都已成为世界性的了。"③ 如此看来，社会主义国家实行对外开放是不可阻挡的历史潮流，既是中国经济发展的内在需要，也是时代发展的客观要求。引用马克思主义基本原理作为中国实行对外开放的理论依据，使对外开放获得了强有力的理论支撑。

通过发展马克思主义基本原理诠释改革方向。推进中国改革既要坚持马克思主义基本原理，又不能拘泥于马克思主义个别结论。建立社会主义市场经济体制是中国经济体制改革的目标和方向，这是马克思主义创始人没有论及和预设的内容。为此，必须深化对马克思主义基本原理的研究，为选择社会主义市场经济体制提供有解释力的理论资源。江泽民在庆祝中国共产党成立 80 周年大会上的讲

---

① 《马克思恩格斯选集》第 1 卷，人民出版社 1995 年版，第 276 页。

② 《三中全会以来重要文献选编》下，人民出版社 1982 年版，第 1112 页。

③ 《十二大以来重要文献选编》中，人民出版社 1986 年版，第 580 页。

话指出："我们发展社会主义市场经济，与马克思主义创始人当时所面对和研究的情况有很大不同。我们应该结合新的实际，深化对社会主义社会劳动和劳动价值理论的研究和认识。"① 提出这一研究任务，其旨趣正在突破马克思主义原有观点，发展马克思主义基本原理，为社会主义市场经济体制改革目标的确立提供理论依据。

运用马克思主义具体原理或观点支撑具体改革措施。改革开放之初，对于要不要改革争论较少，对于如何改革则充满了争论。随着市场经济体制改革的推进，要不要改革、如何改革的分歧加剧，争论增多。要消解分歧、平息争论，最有效的办法是提供马克思主义的理论依据。社会主义国家要不要实行股份制？社会主义国家能不能实行股份制？实行股份制会不会改变社会主义国家性质？社会主义国家要建立什么样的股份制？这些问题在20世纪90年代被争论得颇为激烈。江泽民在说明如何看待股份制的性质时，直接运用了马克思主义的具体观点。他说："不能笼统地把股份制归结为私有或公有。马克思、恩格斯、列宁有三个理论观点值得我们重视：一是股份制是社会化大生产发展的需要；二是股份制是与私人资本相对立的，是对私人资本的扬弃，是一种社会资本；三是垄断资本的金融寡头可以通过金融手段，利用股份制控制比自身大几倍、几十倍的股份资本。"依据马克思主义的上述观点，江泽民得出了如下结论："第一，股份制是一种现代经济发展的企业组织形式或资本组织形式，资本主义可以用，社会主义同样可以用；第二，股份制形式有利于所有权和经营权的分离，有利于提高企业的或资本运作的效率和竞争水平；第三，股份公司的所有制性质，关键看控股权掌握在谁手中。在社会主义条件下，在公有制为主体的基础上，

---

① 《十五大以来重要文献选编》下，人民出版社2003年版，第1917页。

国家可以通过金融等手段以及公股掺入，控制股份公司。"① 因此，马克思主义关于股份制的具体观点，为选择股份制作为公有制的实现形式提供了理论依据。

可见，中国共产党人在建构改革话语过程中，力图证明改革与马克思主义基本原理、具体观点的一致性，通过意识形态的合法性支撑改革的合法性，并通过改革彰显马克思主义的生命力、解释力，避免因改革产生意识形态危机，导致马克思主义指导地位的动摇。

## （三）以实践为基础

改革认知来源于改革实践，实践成效是检验改革成败的重要尺度。中国共产党人在建构改革话语过程中，善于借鉴实践经验、利用实践智慧，并注意通过实践效果来论证改革的合理性，使改革话语建立在实践的基础之上。

一是对实践经验的借鉴。实践经验是经历曲折之后获得的认识，具有启迪和借鉴意义。在建构改革话语过程中，中国共产党人善于借助实践经验提出改革主张，论证改革举措的可行性。1987 年 5 月，邓小平在会见荷兰首相吕贝尔斯时说："因为我们现在的路线、方针、政策是在总结了成功时期的经验、失败时期的经验和遭受挫折时期的经验后制定的。历史上成功的经验是宝贵财富，错误的经验、失败的经验也是宝贵财富。"② 中国改革的启动，借鉴了中华人民共和国成立后经济社会发展的实践经验；中国改革的深化，升华了改革自身的实践经验。党的十一届三中全会后的改革是从农

---

① 《江泽民文选》第 1 卷，人民出版社 2006 年版，第 615—616 页。
② 《邓小平文选》第 3 卷，人民出版社 1993 年版，第 234—235 页。

村开始的，正是农村改革积累了一定经验，才着手实施以城市为重点的整个经济体制改革。党的十二届三中全会通过的《中共中央关于经济体制改革的决定》指出："农村改革的成功经验，农村经济发展对城市的要求，为以城市为重点的整个经济体制的改革提供了极为有利的条件。"① 因此，农村改革经验为 20 世纪 80 年代中期以后改革话语的建构提供了实践支撑。

　　二是对实践智慧的利用。人民群众是改革的实践者，中国共产党人在建构改革话语时，善于利用民间的实践智慧，最为典型的是家庭联产承包制的话语建构。家庭联产承包制是农民的创造和发明，试验之初，社会上出现了不同的声音，有赞有弹，但随着实践的发展，上升为指导全国农村改革的基本政策。1992 年邓小平发表南方谈话时还说："农村搞家庭联产承包，这个发明权是农民的。农村改革中的好多东西，都是基层创造出来，我们把它拿来加工提高作为全国的指导。"② 中国共产党人尊重人民群众的实践，以人民群众的实践智慧作为改革话语建构的母本和素材，可谓"取之于民"而又"用之于民"，赢得了人民群众对改革的认同和支持。

　　三是注意运用实践效果来论证改革的可行性。实践效果是评价改革的重要尺度，也是坚定改革信心、消除改革分歧的重要砝码。中国共产党人在建构改革话语过程中，注意观察、总结实践效果，以实践效果支撑改革主张。1980 年 5 月，邓小平在说明包产到户的可行性时指出："农村政策放宽以后，一些适宜搞包产到户的地方搞了包产到户，效果很好，变化很快。安徽肥西县绝大多数生产队搞了包产到户，增产幅度很大。'凤阳花鼓'中唱的那个凤阳县，

---

① 《十二大以来重要文献选编》中，人民出版社 1986 年版，第 559 页。
② 《邓小平文选》第 3 卷，人民出版社 1993 年版，第 382 页。

绝大多数生产队搞了大包干，也是一年翻身，改变面貌。有的同志担心，这样搞会不会影响集体经济。我看这种担心是不必要的。我们总的方向是发展集体经济。实行包产到户的地方，经济的主体现在也还是生产队。"① 这就以实践效果论证了农村改革的可行性，以实践效果回答了对农村改革的质疑。1981 年 6 月，邓小平在谈到农村改革时还说："这两年我们农业情况比较好，主要是因为政策见效。农村政策的核心是，尊重和扩大生产队、农民的生产自主权，建立责任制，这就把农民的积极性调动起来了。"② 农村改革调动了农民的积极性，促进了农业生产的发展，为改革话语建构提供了事实支撑。党的十二届三中全会通过的《中共中央关于经济体制改革的决定》在说明经济体制改革必要性时，也阐述了农村改革产生的实际效果："我国经济体制改革首先在农村取得了巨大成就。长期使我们焦虑的农业生产所以能够在短时期内蓬勃发展起来，显示了我国社会主义农业的强大活力，根本原因就在于大胆冲破'左'的思想束缚，改变不适应我国农业生产力发展的体制，全面推行了联产承包责任制，发挥了八亿农民的巨大的社会主义积极性。"③ 在这里，农村改革的效果成为支撑整个经济体制改革合理性的依据。在说明为何确立市场经济的改革目标时，中国共产党人也注意以实践效果来消除对市场经济的偏见和顾虑。江泽民在党的十四大报告中指出，改革开放十多年来，市场范围逐步扩大，计划直接管理的领域显著缩小，市场对经济活动调节的作用大大增强。"实践表明，市场作用发挥比较充分的地方，经济活力就比较强，发展态势也比

---

① 《邓小平年谱（1975—1997）》上，中央文献出版社 2004 年版，第 641 页。

② 《邓小平年谱（1975—1997）》下，中央文献出版社 2004 年版，第 747—748 页。

③ 《十二大以来重要文献选编》中，人民出版社 1986 年版，第 559 页。

较好。"① 可见，党中央在部署新的改革举措时，注意运用前一阶段改革的成果来证明改革的可行性，用事实说话较之雄辩更具说服力。

实践经验、实践智慧、实践效果为建构改革话语提供了重要资源，以实践为基础建构改革话语，既彰显了改革实践的价值和意义，也使改革话语建立在更为可靠的基础上，易于赢得全党全社会的认同和支持。

## （四）以历史为佐证

历史是最好的教科书，近代以来的中国历史，特别是中国共产党领导中国人民进行革命、建设的历史，对改革具有重要借鉴意义。结合历史来建构改革话语能增加改革话语的历史厚重感，强化改革话语的解释力，使改革话语富有历史底蕴和历史支撑。

以历史为证阐释从国情出发的改革原则。中国是世界上最大的发展中国家，有自己特殊的历史传统、发展基础、人口规模，改革要取得成功，必须从国情出发，依据国情确立改革目标、设计改革方略。邓小平在党的十二大开幕词中指出："中国的事情要按照中国的情况来办，要依靠中国人自己的力量来办。"② 这是中国改革应当遵循的基本原则，也是确保改革成功的关键所在。中国共产党人在诠释从国情出发的改革原则时，注意结合历史来说明。邓小平说："中国革命为什么能取得胜利？就是以毛泽东同志为首的中国共产党人，独立思考，把马列主义的普遍原理同中国的具体情况相

---

① 《十四大以来重要文献选编》上，人民出版社1996年版，第18页。
② 《邓小平文选》第3卷，人民出版社1993年版，第3页。

结合，找到了适合中国情况的革命道路、形式和方法。"① 中国革命曾经照搬外国经验，走从城市到农村的道路，没有成功；中华人民共和国成立初期，社会主义建设曾经照搬苏联模式，也带来了不少问题。因此，"改革开放必须从各国自己的条件出发。每个国家的基础不同，历史不同，所处的环境不同，左邻右舍不同，还有其他许多不同。别人的经验可以参考，但是不能照搬。过去我们中国照搬别人的，吃了很大苦头。"② 结合历史经验，从国情出发推进改革的基本原则也就不难理解，也易于为人民群众所接受。

以历史为基诠释社会主义的改革方向。近代中国的历史，是道路选择的历史，资本主义道路曾经实践过，但没有成功，社会主义道路是中国历史发展的选择。在建构改革话语时，中国共产党人回顾总结了这段历史，以此论证社会主义的改革方向。邓小平说："孙中山开始就想学习西方，所谓西方即资本主义。后来，孙中山觉得资本主义西方不行了，提出'以俄为师'，学习十月革命后的俄国，开始了国共合作，导致北伐战争的胜利。孙中山逝世以后，国民党的统治使中国继续处在半殖民地半封建社会的悲惨地位，在日本侵华期间大片国土沦为殖民地。在帝国主义、封建主义和后来发展起来的官僚资本主义压迫下，中国继续贫穷下去。这个历史告诉我们，中国走资本主义道路不行，中国除了走社会主义道路没有别的道路可走。一旦中国抛弃社会主义，就要回到半殖民地半封建社会，不要说实现'小康'，就连温饱也没有保证。"③ 应当说，中国的改革为什么要坚持社会主义道路，从历史的回溯中不难找到

---

① 《邓小平文选》第 3 卷，人民出版社 1993 年版，第 27 页。

② 《邓小平文选》第 3 卷，人民出版社 1993 年版，第 265 页。

③ 《邓小平文选》第 3 卷，人民出版社 1993 年版，第 205—206 页。

答案。

　　以历史为例说明渐进式的改革策略。中国的改革涉及观念变革与利益格局调整，牵涉面广、难度大，只能"摸着石头过河"，稳步推进。"大跃进"急于求成，结果使中国经济建设遭遇了重大挫折。欲速则不达，这是历史留给我们的教训。1980 年 12 月，陈云在中央工作会议上指出："我们要改革，但是步子要稳。因为我们的改革问题复杂，不能要求过急。改革固然要靠一定的理论研究、经济统计和经济预测，更重要的还是要从试点着手，随时总结经验，也就是要'摸着石头过河'。开始时步子要小，缓缓而行。"①这是总结中华人民共和国经济建设经验作出的理性选择。邓小平在谈及改革问题时也说："建国以来我们犯的几次错误，都是由于要求过急，目标过高，脱离了中国的实际，结果发展反倒慢了。"② 结合历史来说明渐进式改革策略，也就易于理解和接受。

　　以历史为证说明反"左"防右的改革立场。中国改革开放过程中，伴随"左"和右的干扰。"左"主要表现为留恋传统体制，对改革否定多、肯定少，将中国经济社会发展过程中不可避免出现的矛盾和问题归因于改革本身；右主要表现为以新自由主义作为中国改革的理论支撑，力图通过移植西方道路、理论与制度西化中国。在说明既要反"左"也要防右的改革立场时，中国共产党人运用了历史经验。邓小平说："中国共产党在不断纠正'左'的和右的错误之后，取得了人民革命在全国的胜利，建立了中华人民共和国"。③"右可以葬送社会主义，'左'也可以葬送社会主义。中国

---

① 《三中全会以来重要文献选编》上，人民出版社 1982 年版，第 604 页。
② 《邓小平文选》第 3 卷，人民出版社 1993 年版，第 202 页。
③ 《邓小平文选》第 3 卷，人民出版社 1993 年版，第 253 页。

要警惕右，但主要是防止'左'。"① 历史启示我们，只有排除"左"和右的干扰，才能取得改革的成功。

以历史为据诠释对外开放的必要性。对外开放是中国改革的内容之一，中国共产党人在说明对外开放的必要性时，多次运用近代中国闭关锁国导致落后的历史事实来佐证。邓小平说："现在的世界是开放的世界。中国在西方国家产业革命以后变得落后了，一个重要原因就是闭关自守。"② 1984年10月，邓小平在中央顾问委员会第三次全体会议上的讲话，对闭关锁国导致落后的历史进行了更为具体的阐释。他说："恐怕明朝明成祖时候，郑和下西洋还算是开放的。明成祖死后，明朝逐渐衰落。以后清朝康乾时代，不能说是开放。如果从明朝中叶算起，到鸦片战争，有三百多年的闭关自守，如果从康熙算起，也有近二百年。长期闭关自守，把中国搞得贫穷落后，愚昧无知。"③ 闭关锁国导致贫穷落后、愚昧无知，彰显了对外开放的必要性。中华人民共和国成立后，在对外开放问题上经历了曲折过程，邓小平对此也进行了总结："中华人民共和国建立以后，第一个五年计划时期是对外开放的，不过那时只能是对苏联东欧开放。以后关起门来，成就也有一些，总的说来没有多大发展。"④ 上溯明清、下及改革开放前的经验教训说明，不开放就难以发展，对外开放是中国经济社会发展的必然。有历史为证，对外开放的必要性也就显而易见。

现实由历史发展而来，尊重历史、善于从历史中汲取智慧，是一个民族、一个国家、一个政党成熟的表现。借助历史经验建构改

---

① 《邓小平文选》第3卷，人民出版社1993年版，第375页。
② 《邓小平文选》第3卷，人民出版社1993年版，第64页。
③ 《邓小平文选》第3卷，人民出版社1993年版，第90页。
④ 《邓小平文选》第3卷，人民出版社1993年版，第90页。

革话语，使改革话语获得历史的支持，有助于减少改革话语建构的阻力，也有利于改革话语的社会传播。

### （五）以国际为参照

中国改革既要立足国情，又不能排斥域外经验。作为后发外生型现代化国家，合理借鉴域外的发展经验，可以缩短中国改革探索的时间，避免改革偏差的发生。中国共产党人在建构改革话语时，借鉴和引证了域外经验，这些经验包括苏联社会主义建设和改革经验、西方发达资本主义国家发展经验、东亚国家和地区发展经验。

苏联社会主义建设和改革经验。苏联社会主义建设和改革有成功的经验，也有失败的教训，苏联的经验和教训对于中国改革富有启发性。邓小平指出："社会主义究竟是个什么样子，苏联搞了很多年，也并没有完全搞清楚。可能列宁的思路比较好，搞了个新经济政策，但是后来苏联的模式僵化了。"① 邓小平肯定新经济政策的思路与做法，如以农村为突破口、利用资本主义、允许多种经济成分并存、发展商业与商品交换、允许自由贸易搞活经济等，对于中国的改革颇具借鉴意义。胡耀邦在说明如何引进外国资金时也指出："苏联在半个世纪以前，在二十世纪的二三十年代，遵循列宁的方针，在极端困难的条件下，就搞过租让制。租让制企业，多的时候达到二百多个，利用外资达到几千万金卢布，胆子相当大！"② 租让制是列宁关于苏俄经济建设的重要设想，根据这一设想，苏俄可以把一部分自己暂时无力经营的企业出租给外国资本家，让其到俄国来经营，把国外的资金和先进生产技术带到俄国。在苏俄当时

---

① 《邓小平文选》第 3 卷，人民出版社 1993 年版，第 139 页。
② 《三中全会以来重要文献选编》下，人民出版社 1982 年版，第 1118—1119 页。

复杂的历史条件下，租让制并没有得到多大发展，但为中国设立经济特区、引进外资提供了思路。

西方发达资本主义国家发展经验。西方资本主义经历 300 多年发展积累了丰富经验和教训，对于中国的改革同样具有借鉴意义。邓小平说："社会主义同资本主义比较，它的优越性就在于能做到全国一盘棋，集中力量，保证重点。缺点在于市场运用得不好，经济搞得不活。"① 通过社会主义同资本主义的比较，实际上说明了社会主义选择市场经济的必要性。在选择政治体制改革路径时，中国共产党人善于通过比较说明改革的方向，以避免中国改革步入误区。邓小平说："资本主义社会讲的民主是资产阶级的民主，实际上是垄断资本的民主，无非是多党竞选、三权鼎立、两院制。我们的制度是人民代表大会制度，共产党领导下的人民民主制度，不能搞西方那一套。"② 明确我国民主制度与西方民主制度的差别，也就明晰了中国政治体制改革的目标和方向。

东亚国家和地区发展经验。20 世纪下半叶东亚的崛起，引起了国际社会的广泛关注。同属"儒家文化圈"的东亚国家和地区，其发展经验对于中国改革更具借鉴意义。1982 年 1 月，胡耀邦在说明对外开放的必要性时指出，当代世界的绝大多数国家，也许只有极个别的国家除外，都把对外经济关系问题放在极其重要的地位。许多国家和地区，例如日本、新加坡和中国香港，甚至把它放在生死攸关的地位。③ 这就借东亚及东南亚国家和地区的发展经验，从总体上说明了对外开放的必要性。在谈到利用外资的必要性、可能性

---

① 《邓小平文选》第 3 卷，人民出版社 1993 年版，第 16—17 页。

② 《邓小平文选》第 3 卷，人民出版社 1993 年版，第 240 页。

③ 《三中全会以来重要文献选编》下，人民出版社 1982 年版，第 1112 页。

时，邓小平例举了新加坡的经验。他说："我到新加坡去，了解他们利用外资的一些情况。外国人在新加坡设厂，新加坡得到几个好处，一个是外资企业利润的百分之三十五要用来交税，这一部分国家得了；一个是劳务收入，工人得了；还有一个是带动了它的服务行业，这都是收入。"① 新加坡引进外资的做法，对于中国的改革无疑具有启迪意义。在说明引进技术的必要性、可行性时，中国共产党人也参考了日本的经验。日本是世界上最善于采借的民族，在引进的基础上，实现突破和创新。邓小平明确表示："要学习日本的经验，引进技术，自己制造。"② 陈云也说："引进先进技术比引进先进设备重要得多，设备我们可以自己造嘛。日本也是引进先进技术，引进以后把它加以消化，再加进一点自己的东西出口。在这方面，日本做得最好。"③ 改革与发展的关系，是建构改革话语时不可回避的问题。在谈到发展速度时，邓小平指出："从国际经验来看，一些国家在发展过程中，都曾经有过高速发展时期，或若干高速发展阶段。日本、南朝鲜、东南亚一些国家和地区，就是如此。"④ 东亚经验说明，中国在一段时期保持较高发展速度是可能的。

　　参照国际经验建构中国改革话语，既使中国的改革话语具有国际视野、世界眼光，也有利于中国的改革话语获得国际社会的理解和支持，这是中国的改革赢得国际社会高度评价的重要原因。

　　改革话语的建构，实现了历史与现实、理论与实践、中国与外域多元素的交织、多维度的聚焦，为马克思主义中国化增添了新的理论形态。法国哲学家米歇尔·福柯提出："话语是权力，人通过

---

① 《邓小平文选》第 2 卷，人民出版社 1994 年版，第 199 页。
② 《邓小平年谱（1975—1997）》上，中央文献出版社 2004 年版，第 657 页。
③ 《陈云文集》第 3 卷，中央文献出版社 2005 年版，第 520 页。
④ 《邓小平文选》第 3 卷，人民出版社 1993 年版，第 377 页。

话语赋予自己权力。"话语不仅是一种思维符号和交际工具，而且是权力的一种表现形式。中国共产党人通过改革话语建构掌握了改革的主导权，引领了中国改革的方向，激发了人民群众参与改革的热情，使自上而下的改革获得自下而上的配合与支持，成为一场深刻的社会变革。

# 三、中国特色社会主义理论体系的内在构成

伴随改革开放的历史进程，中国共产党人先后创立了邓小平理论、"三个代表"重要思想、科学发展观、习近平新时代中国特色社会主义思想四大理论成果，党的十七大把邓小平理论、"三个代表"重要思想、科学发展观整合为一个整体，统称为中国特色社会主义理论体系，习近平新时代中国特色社会主义思想也是中国特色社会主义理论体系的重要组成部分。关于习近平新时代中国特色社会主义思想，下一章将做专题阐释，本章暂不论及。

## （一）中国特色社会主义理论体系的形态构成

中国特色社会主义理论体系围绕"坚持和发展中国特色社会主义"这一主题，对"什么是社会主义、怎样建设社会主义""建设什么样的党、怎样建设党""实现什么样的发展、怎样发展"等一系列重大问题进行了系统探索，形成了邓小平理论、"三个代表"重要思想、科学发展观等理论形态。

### 1. 邓小平理论

邓小平理论是在和平与发展成为时代主题的历史条件下，在我国改革开放和社会主义现代化建设的实践过程中，在总结我国社会

主义胜利和挫折的历史经验并借鉴其他社会主义国家兴衰成败历史经验的基础上，逐步形成和发展起来的。邓小平理论的形成和发展大体经历了三个阶段：从党的十一届三中全会前后到党的十二大召开，邓小平理论在拨乱反正和改革开放起步的过程中开始形成；党的十二大之后到党的十三大召开，邓小平理论在全面改革开放初步展开的过程中基本形成；党的十三大之后到邓小平南方谈话发表和党的十四大召开，邓小平理论在改革开放深入发展的过程中走向完善和成熟。①

邓小平理论围绕"坚持和发展中国特色社会主义"的主题，第一次比较系统地初步回答了中国社会主义的发展道路、发展阶段、根本任务、发展动力、外部条件、政治保证、战略步骤、党的领导和依靠力量以及祖国统一等一系列基本问题，涵盖经济、政治、科技、教育、文化、民族、军事、外交、统一战线、党的建设等方面。邓小平理论科学回答了什么是马克思主义、毛泽东思想，如何对待马克思主义、毛泽东思想，解决了新的历史条件下马克思主义中国化的基本前提问题。同时，邓小平理论坚持解放思想、实事求是，在新的实践基础上继承前人又突破陈规，开拓了马克思主义的新境界，成为马克思主义发展的新阶段；坚持科学社会主义理论和实践的基本成果，抓住"什么是社会主义、怎样建设社会主义"这个根本问题，把对社会主义的认识提高到新的科学水平，开创了世界社会主义运动的新范式；坚持用马克思主义的开阔眼界观察世界，对当今时代特征和总体国际形势，对世界上其他社会主义国家的成败、发展中国家谋求发展的得失、发达国家发展的态势和矛

---

① 顾海良主编：《马克思主义发展史》，中国人民大学出版社 2009 年版，第 558—559 页。

盾，进行了正确分析，作出了新的科学判断。[①] 在两种社会制度并存、竞争和对抗的条件下，邓小平理论初步解决了如何认识和处理社会主义与当代资本主义的关系问题，在民族对立、民族纠纷不断的当今世界，运用"一国两制"的方式解决历史遗留问题和民族矛盾，为人类社会提供了成功范例，成为人类思想史上的新成果。邓小平理论是对毛泽东思想的继承和发展，是当代中国的马克思主义，是全党全国人民集体智慧的结晶。邓小平对于这一理论的创立作出了杰出贡献。

### 2. "三个代表"重要思想

党的十三届四中全会以来，以江泽民为代表的中国共产党人高举邓小平理论伟大旗帜，准确把握时代特征，科学判断党所处的历史方位，围绕"坚持和发展中国特色社会主义"这个主题，集中全党全国人民智慧，逐步形成了"三个代表"重要思想。

"什么是社会主义、怎样建设社会主义"，历史留给邓小平思考这些问题的时间并不太多，邓小平的探索并没有完全解决这些问题；苏联解体、东欧剧变，世界社会主义受挫之后，许多问题需要重新思考和说明；中国社会转型引发了诸多社会问题，需要从理论上回答和解决。"三个代表"重要思想在中国特色社会主义的发展道路、发展阶段、发展战略、根本目的、根本任务、发展动力、依靠力量、国际战略等重大问题上，提出了一系列紧密联系、相互贯通的新思想、新观点、新论断，进一步回答了"什么是社会主义、怎样建设社会主义"的问题，深化了对社会主义建设规律的认识。

同时，国际上长期执政的大党、老党丧失政权引起中国共产党的忧虑和警惕；深刻变化的国际局势和国内环境对党的建设提出了

---

① 《十五大以来重要文献选编》上，人民出版社 2000 年版，第 10—12 页。

严峻考验和挑战；就系统性和深刻性而言，邓小平对执政党建设问题的探索不及对社会主义建设问题的探索。基于这一背景，"三个代表"重要思想突出强调中国共产党始终代表中国先进生产力的发展要求、代表中国先进文化的前进方向、代表中国最广大人民的根本利益，对党的历史方位进行科学判断、对党的性质重新定位、对党的建设重点准确把握、对党的建设内容深化拓展，提出了一系列原创性观点，科学回答了在长期执政的历史条件下"建设什么样的党、怎样建设党"这个重大问题，深化了对党的建设规律的认识。

"三个代表"重要思想既坚持了马克思主义，又发展了马克思主义；既包含江泽民个人智慧，也是集体智慧的产物；既立足于中国实际，又反映了时代发展要求和世界发展潮流。

### 3. 科学发展观

从党的十六大到党的十八大，以胡锦涛为代表的中国共产党人顺应国内外形势变化，抓住重要战略机遇期，在全面建设小康社会进程中推进实践创新、理论创新、制度创新，创立了科学发展观。科学发展观是马克思主义关于发展的世界观和方法论的集中体现，把中国共产党对中国特色社会主义规律的认识提高到新的水平。

科学发展观围绕什么是发展、为什么发展、为谁发展、发展什么、如何发展、靠什么发展等问题展开，提出了一系列新思想、新观点、新论断，构成了一个完整的理论体系。科学发展观的第一要义是发展，核心是以人为本，基本要求是全面协调可持续，根本方法是统筹兼顾。

科学发展观的基本内涵和精神实质，可从如下六个方面来把握：第一，科学发展观是一种新的战略思想。发展是当代中国的主题，是解决所有问题的关键，科学发展观是围绕发展建构起来的理论体系，对于今后相当长时期中国经济社会的发展具有指导意义，是建设中国特色社会主义必须坚持和贯彻的重大战略思想。第二，科学发展观是一种新的价值取向。科学发展观的核心是以人为本，蕴含为人民发展的精神实质，发展为了人民、发展依靠人民、发展成果由人民共享，在经济社会发展的基础上改善民生，最终实现人的全面发展，使当代中国经济社会发展的价值指向更加明确。第三，科学发展观是一种新的总体布局。科学发展观在经济建设、政治建设、文化建设"三位一体"总体布局的基础上，将社会建设、生态建设纳入总体布局之中，形成了"五位一体"的总体布局，增强了发展的全面性、协调性，使中国特色社会主义总体布局更趋完善和合理。第四，科学发展观是一种新的发展模式。科学发展观强调又好又快发展，通过发展方式的转变、经济结构的调整，通过自主创新和国家创新体系建设，实现数量与质量、速度与效益的统一，对当代中国的发展思路、发展模式的认识更加清楚、更加理性。第五，科学发展观是一种新的社会理想。科学发展观是和谐发展观，追求和谐是科学发展观的内在精神。发展是和谐的基础，真正做到以人为本、全面协调可持续发展、统筹兼顾，也将走向和谐。构建社会主义和谐社会，既是科学发展的要求，也是科学发展的必然结果。第六，科学发展观是一种新的执政理念。科学发展观蕴含执政为民、执政兴国、执政忧国、科学执政的理念，对党的执政能力、执政方式提出了新的要求，诸如围绕科学发展这一主题加强执政能力建设、适应科学发展要求加强执政能力建设、以科学发展的眼光谋划执政能力建设等，如此将有助于党的执政理念升华和执政能力提高。① 科学发展观经受了实践检验，也赢得了人民的广泛认同。

---

① 参见陈金龙：《科学发展观：马克思主义中国化的新境界》，《南方日报》2012 年 10 月 29 日。

## （二）中国特色社会主义理论体系的内在结构

中国特色社会主义理论体系是一个整体，其整体性可从纵向和横向两个方面来分析。

从纵向来看，也就是从理论体系形成的时间先后顺序来看，邓小平理论、"三个代表"重要思想、科学发展观三大理论成果既相对独立，又具有内在关联。邓小平理论是中国特色社会主义理论体系的奠基之作，首次对"什么是社会主义、怎样建设社会主义"进行了回答，社会主义初级阶段理论、社会主义本质理论等成为中国特色社会主义理论体系的依据和出发点。"三个代表"重要思想在中国特色社会主义理论体系中起着承上启下的作用，既继承了邓小平关于"什么是社会主义、怎样建设社会主义"的一系列奠基性回答，同时开启了执政党建设的新探索。科学发展观继承和发展了邓小平理论、"三个代表"重要思想，聚焦发展的一系列问题，拓展了中国特色社会主义理论体系的内容。三者相互衔接、相互贯通，既一脉相承，又与时俱进。邓小平理论、"三个代表"重要思想、科学发展观尽管形成于不同历史时期、面临不同历史境遇、探索和回答不同历史问题，体现了中国特色社会主义在不同历史时期的理论创新和发展，理论内容各具特色，但这种差异是一个理论体系整体内部的差异，对共产党执政规律、社会主义建设规律和人类社会发展规律的探索，具有继承性和统一性。"一是它们都坚持以马克思列宁主义、毛泽东思想为指导，在理论渊源上一脉相承；二是它们都坚持为建设和发展中国特色社会主义、实现中华民族伟大复兴而奋斗，在理论主题上一脉相承；三是它们都坚持解放思想、实事求是、与时俱进，在理论品质上一脉相承；四是它们都以社会主义初级阶段这一基本国情为立论基础，在理论基点上一脉相承；五是它们都坚持以人为本，把实现好、维护好、发展好最广大人民的根本利益作为全部理论的出发点和落脚点，在理论目标上一脉相承。"① 共同的理论渊源、理论主题、理论品质、理论基础、理论目标是建构中国特色社会主义理论体系的前提，体现了中国特色社会主义理论体系的整体性。只有在充分把握邓小平理论、"三个代表"重要思想、科学发展观内在关系的基础上，才能达到对中国特色社会主义理论体系的整体性认知；也只有以总体思维去看待中国特色社会主义理论体系，才能真正把握邓小平理论、"三个代表"重要思想、科学发展观的具体内容、精神实质与内在关联。

从横向来看，中国特色社会主义理论体系是由立论基础、基本原理、条件保障理论三个层面内容组成的统一整体。

## 1. 中国特色社会主义理论体系的立论基础

立论基础是理论体系建构的现实依据，也就是理论体系的逻辑出发点。中国特色社会主义理论体系的出发点分为哲学层面和现实层面。理论体系的哲学基础是实事求是的思想路线，现实基础是社会主义初级阶段的基本国情。

实事求是的思想路线。实事求是是中国特色社会主义理论体系的精神实质，是当代中国马克思主义的精髓。纵观改革开放以来中国特色社会主义理论体系的形成和发展过程，不难发现，实践中的每一次重大发展，理论上的每一次重要创新，都是坚持实事求是思想路线的结果。中国特色社会主义实践内容的丰富性与形式的多样性，决定了理论创新必须遵循随时随地以条件为转移的原则，也就是必须坚持实事求是的工作方法与工作态度，正是这一贯穿理论体

---

① 习近平：《关于中国特色社会主义理论体系的几点学习体会和认识》，《求是》2008 年第 7 期。

系始终的精神实质，使理论体系的不同形态成为一河之水、一脉之山、一源之流。

社会主义初级阶段理论。社会主义初级阶段的论断是理论体系的总依据，也是它的现实基础。社会主义初级阶段是一个具体存在的客观现实，包含了中国特色社会主义所有领域最基本、最原始关系的萌芽。中国特色社会主义理论体系的一系列概念、范畴、原理都是依据社会主义初级阶段这一基本国情而形成。因此，社会主义初级阶段是建构中国特色社会主义理论体系的现实基础。

## 2. 中国特色社会主义理论体系的基本原理

基于立论基础，围绕"坚持和发展中国特色社会主义"这一理论主题，形成了系列基本原理，构成中国特色社会主义理论体系的主体部分。如果没有基本原理，理论体系就只能是空中楼阁。中国特色社会主义理论体系的基本原理反映理论体系的本质与规律。

社会主义本质理论。社会主义本质不但从根本上回答了"什么是社会主义"，而且为社会主义的发展确立了目标与任务。邓小平早在1980年就提出"社会主义的本质"这一概念，1992年南方谈话明确指出："社会主义的本质，是解放生产力，发展生产力，消灭剥削，消除两极分化，最终达到共同富裕。"[①] 邓小平关于社会主义本质的科学界定，摆脱了长期以来拘泥于具体特征来描述或定义社会主义的局限，把对社会主义的认识提高到了新水平。

改革开放理论。改革开放是坚持和发展中国特色社会主义的总动力，也是坚持和发展中国特色社会主义的必由之路。党的十一届三中全会作出实行改革开放的伟大决策。习近平总书记在庆祝改革开放40周年大会上的讲话指出："我们党作出实行改革开放的历史

---

① 《邓小平文选》第3卷，人民出版社1993年版，第373页。

性决策，是基于对党和国家前途命运的深刻把握，是基于对社会主义革命和建设实践的深刻总结，是基于对时代潮流的深刻洞察，是基于对人民群众期盼和需要的深刻体悟。"① 改革既不是传统意义上一个阶级推翻另一个阶级的革命，也不是对传统体制细枝末节的修补，而是从根本上改变束缚生产力发展的旧体制，并相应变革经济体制、政治体制和其他各方面的体制。社会主义国家要在资本主义占主导地位的世界经济中获得发展，必须实行对外开放，融入世界经济，吸收借鉴人类历史的文明成果，包括资本主义的文明成果。我国改革开放采取的是"摸着石头过河"的行动路径，选择的是渐进式的实践策略，先易后难、逐步推进，以增量改革的方法实现由量变到质变。习近平总书记在庆祝改革开放 40 周年大会上的讲话，从九个方面总结了改革开放的经验：坚持党对一切工作的领导，不断加强和改善党的领导；坚持以人民为中心，不断实现人民对美好生活的向往；坚持马克思主义指导地位，不断推进实践基础上的理论创新；坚持走中国特色社会主义道路，不断坚持和发展中国特色社会主义；坚持完善和发展中国特色社会主义制度，不断发挥和增强我国制度优势；坚持以发展为第一要务，不断增强我国综合国力；坚持扩大开放，不断推动共建人类命运共同体；坚持全面从严治党，不断提高党的创造力、凝聚力、战斗力；坚持辩证唯物主义和历史唯物主义世界观和方法论，正确处理改革发展稳定关系。② 这一总结，涵盖了改革开放经验的各领域、各方面，是改革开放经验的集中体现和经典表达，也体现了改革开放理论的基本内容。

社会主义市场经济理论。社会主义市场经济理论是中国特色社

---

① 《十九大以来重要文献选编》上，中央文献出版社 2019 年版，第 721 页。

② 《十九大以来重要文献选编》上，中央文献出版社 2019 年版，第 729—736 页。

会主义理论体系的标志性理论。改革开放过程中，邓小平以巨大政治智慧和政治勇气突破了把社会主义和市场经济相对立的思想禁锢，创造性地把市场经济和社会主义结合在一起。邓小平在南方谈话中明确指出："计划多一点还是市场多一点，不是社会主义与资本主义的本质区别。计划经济不等于社会主义，资本主义也有计划；市场经济不等于资本主义，社会主义也有市场。计划和市场都是经济手段。"① 这里实际上指明了我国经济体制改革的方向。市场经济本身不具有制度属性，可以与不同社会制度相结合，社会主义制度同市场经济的结合，既是社会主义市场经济的特色，也是其最大优势。党的十四大报告明确提出，我国经济体制改革的目标是建立社会主义市场经济体制。此后，市场体系培育、国有企业特别是大中型企业经营机制转换、分配制度改革随之展开。社会主义市场经济体制是中国共产党对社会主义认识的新飞跃，是社会主义经济理论的重大创新。

社会主义民主政治理论。人民民主是社会主义的生命，改革开放以来，中国共产党致力于探索人民民主与社会主义的关系，党的十四大报告将建设有中国特色社会主义民主政治确定为政治体制改革的目标，把人民民主提高到社会主义本质要求和内在属性的高度来把握。发展社会主义民主政治，最根本的就是坚持党的领导、人民当家作主和依法治国的有机统一，这既是对共产党执政规律的总结，也是对社会主义民主政治建设规律的认识。发展社会主义民主政治需要制度支撑，人民代表大会制度是我国根本政治制度，中国共产党领导的多党合作和政治协商制度、民族区域自治制度、基层群众自治制度是我国的基本政治制度，是人民民主的具体体现，更

---

① 《邓小平文选》第 3 卷，人民出版社 1993 年版，第 373 页。

是发展社会主义民主政治的制度保障。

社会主义先进文化理论。中国共产党是先进文化的积极倡导者和实践推动者，在领导革命、建设、改革的过程中，始终代表先进文化的前进方向，致力于先进文化的发展。邓小平创造性地提出"两手抓""两手都要硬"，指出发展物质文明的同时，不可忽视精神文明建设，要提高全民族的思想道德素质和科学文化素质。"三个代表"重要思想明确规定，中国共产党始终代表先进文化的前进方向。党的十六大报告指出，当代中国发展社会主义先进文化，就是发展面向现代化、面向世界、面向未来的，民族的科学的大众的社会主义文化，以丰富人们的精神世界，增强人们的精神力量。党的十七大报告对建设社会主义核心价值体系进行了深入阐释，强调社会主义核心价值体系是社会主义意识形态的本质体现。发展中国特色社会主义先进文化，必须坚持以马克思主义为指导，以为人民服务、为社会主义服务为方向，贯彻百花齐放、百家争鸣的方针，既要继承中华优秀传统文化成果，又要借鉴世界先进文化，以提升国家文化软实力。

社会主义和谐社会理论。和谐社会是人类社会发展理想状态的一种描述，建设社会主义和谐社会，是中国共产党从中国特色社会主义事业总体布局和全面建设小康社会全局出发提出的重大战略任务，也是全国各族人民的共同愿望。党的十六大报告第一次将社会和谐作为全面建设小康社会的重要目标；党的十七大报告再次强调和谐社会的重要性，并将其与经济建设、政治建设、文化建设并列起来，共同纳入中国特色社会主义事业总体布局。我们所建设的和谐社会，是民主法治、公平正义、充满活力、安定有序、人与自然和谐相处的社会。构建社会主义和谐社会，必须在经济发展的基础上推进社会建设，着力保障和改善民生，推进社会体制改革，扩大公共服务，完善社会管理，努力使全体人民学有所教、劳有所得、病有所医、老有所养、住有所居。

社会主义生态文明建设理论。改革开放以来，我国经济在快速增长的同时，也出现了资源过度消耗和环境污染问题。中国共产党在尊重规律的基础上，审时度势，及时作出推进生态文明建设的战略决策。党的十六大报告将"生态环境得到改善，资源利用效率显著提高，促进人与自然的和谐，推动整个社会走上生产发展、生活富裕、生态良好的文明发展道路"①作为全面建设小康社会的一项重要目标。党的十八大报告则把"生态文明建设"纳入中国特色社会主义事业总体布局，要求把生态文明建设放在突出地位，融入经济建设、政治建设、文化建设、社会建设各方面和全过程，努力建设美丽中国，实现中华民族永续发展。党的十八大报告还提出，围绕建设美丽中国，深化生态文明体制改革，加快建立生态文明制度，健全国土空间开发、资源节约利用、生态环境保护的体制机制，推动形成人与自然和谐发展的新格局。生态文明建设是关系我国全面建成小康社会、实现社会主义现代化、实现中华民族伟大复兴的全局性事业，既是我国经济社会可持续发展的迫切需要，也是中国特色社会主义战略布局的重要组成部分。

社会主义市场经济建设、社会主义民主政治建设、社会主义文化建设、社会主义和谐社会构建、社会主义生态文明建设共同构成中国特色社会主义事业"五位一体"的总体布局，这五大领域紧密相连、相互影响，每一个领域的发展直接关系到其他领域的发展，如经济体制的改革必然要求政治、文化、社会、生态等方面相应进行改革，否则经济体制改革的成效就会大打折扣。

---

① 《十六大以来重要文献选编》上，中央文献出版社 2005 年版，第 15 页。

### 3. 中国特色社会主义理论体系的条件保障理论

坚持和发展中国特色社会主义，需要系列保障条件，如国家统一与和平的国际环境、国防和军队现代化、党的领导与党的建设。中国特色社会主义理论体系对于这些问题进行了深入阐释。

国家统一理论与外交战略。面对国内特殊国情与国际格局变化，中国共产党提出了具有中国特色的国家统一理论与外交战略。中国历史上，国家统一始终是主流，中华人民共和国成立后，由于历史问题，香港、澳门、台湾与大陆处于分离状态。改革开放后，根据国内外情况变化，中国共产党提出"一国两制"方针以实现国家统一。这一方针的基本内容是：坚持一个中国原则；社会主义和资本主义两种制度并存；香港、澳门、台湾高度自治；尽最大努力争取和平统一，但不承诺放弃使用武力；解决台湾问题，实现国家统一，寄希望于台湾人民。"一国两制"构想的提出是从解决台湾问题开始的，但首先运用于解决香港问题、澳门问题。香港和澳门的胜利回归，使"一国两制"由科学构想变为现实，为解决台湾问题指明了路径。伴随和平与发展时代主题的确立以及世界多极化格局的形成，中国共产党及时调整外交战略，提出始终不渝走和平发展道路，奉行互利共赢的开放战略，在和平共处五项原则的基础上同所有国家发展友好合作，在国际关系中弘扬平等互信、包容互鉴、合作共赢的精神。这些主张不但阐明了中国共产党倡导的世界秩序观，也为推动世界和平与发展指明了方向。

国防和军队建设理论。强国必须强军，没有国防和军队的现代化，就不会有国家的现代化。中国共产党历来重视国防建设，改革开放以来，围绕强军兴军形成了一系列重要论述。坚持党对人民军队的绝对领导，是党和国家的重要政治优势，是人民军队战无不胜的根本保证；全面加强、协调推进军队革命化、现代化、正规化建设，坚持政治建军、科技强军、依法治军，构建中国特色的现代军事力量体系；适应世界军事发展新趋势和我国发展新要求，推进军事理论、军事技术、军事组织、军事管理创新；坚持富国与强军相统一，加快形成军民融合深度发展格局，增强全民国防观念，完善国防动员体系。

党的领导与党的建设理论。办好中国的事情，关键在党。中国特色社会主义事业的领导核心是中国共产党，只有坚持中国共产党的领导，才能保证国家统一和社会稳定，才能制定正确的路线方针政策，才能推动中国特色社会主义事业向前发展。针对改革开放过程中党的建设面临的重大挑战，中国共产党以改革创新精神推进党的建设，具体表现为：明确党的性质是中国工人阶级的先锋队，同时是中国人民和中华民族的先锋队；将党的执政能力建设、先进性和纯洁性建设作为党的建设的主线；将学习型、服务型、创新型马克思主义政党建设作为党的建设目标；全面加强党的思想、组织、作风、反腐倡廉和制度建设。

总之，中国特色社会主义理论体系不是三大理论形态的简单叠加，而是一个严密的体系。中国特色社会主义理论体系的立论基础、基本原理、条件保障理论，使中国特色社会主义理论体系成为内容丰富、结构严谨的科学体系。

## 四、中国特色社会主义理论体系的历史地位

在经济、文化落后的国家建设社会主义是一个世界性难题，中国特色社会主义理论体系解决了这一难题，不但实现了马克思主义中国化的第二次历史性飞跃，而且丰富和发展了马克思主义理论。

## （一）中国特色社会主义理论体系的特点

中国特色社会主义理论体系在保持马克思主义科学性、人民性、实践性、开放性特点的同时，具有自身新的特征，如阶段性与整体性相统一、理论性与实践性相统一、继承性与开拓性相统一、民族性与国际性相统一。

阶段性与整体性相统一。邓小平理论、"三个代表"重要思想、科学发展观三大理论形态是随着改革开放的实践演进而逐步形成的，由于不同阶段面临的世情、国情、党情有所不同，需要解决的任务也不一致，使具体理论形态聚焦的重点也不一样。邓小平理论着重解决"什么是社会主义、怎样建设社会主义"的问题；"三个代表"重要思想在进一步回答"什么是社会主义、怎样建设社会主义"问题的同时，对"建设什么样的党、怎样建设党"进行了深入探索；科学发展观则围绕"实现什么样的发展、怎样发展"进行了系统思考。由于聚焦的问题不同，理论内容存在差异，因而带有明显的阶段性特征。如前所述，三大理论形态具有共同的理论渊源、理论主题、理论品质、理论基础、理论目标。同时，三大理论形态具有共同的世界观和方法论、共同的哲学基础、共同的最高目标、共同的领导核心和依靠力量，使中国特色社会主义理论体系成为一个结构严密的整体。在把握中国特色社会主义理论体系时，既要注意不同理论形态的阶段性特征，更要从整体上把握理论体系的内在逻辑。

理论性与实践性相统一。中国特色社会主义理论体系是对中国特色社会主义实践经验的总结升华，是基于社会主义本质与社会主义发展规律的科学理论，对于社会主义建设事业具有普遍指导意义。理论一经形成，就具有普遍的适用性和持续的稳定性，不会因为实践的不断变化而被轻易改变或者背弃。强烈的实践取向是中国特色社会主义理论体系另一个方面的特点。邓小平理论是通过回答"什么是社会主义、怎样建设社会主义"这一问题而产生的。在邓小平看来，"什么是社会主义"的问题并非单纯抽象的理论命题，对这个问题的回答也不能停留于书本的检索或居于书斋纯粹的思辨，而关键在于现实实践活动的创造性。同样，"三个代表"重要思想对于"建设什么样的党、怎样建设党"这一问题的回答，也不是简单的共产党执政理论或党建思想，而是针对国际国内形势变化对党的建设提出的挑战而进行的实践指引。经济发展中出现的系列社会问题，催生了科学发展观。因此，中国特色社会主义理论体系是为解决实践问题而产生的、为推动实践发展而进行的理论创新。

继承性与开拓性相统一。中国特色社会主义理论体系既是对马克思主义、毛泽东思想的继承，又是不断开拓创新的理论体系。对马克思主义的继承，表现为运用马克思主义的立场、观点、方法观察世界和改造世界，分析中国的国情，制定符合中国国情的路线方针政策；表现为对生产力与生产关系、经济基础与上层建筑原理的遵循；表现为对社会主义、共产主义奋斗目标的坚守。中国特色社会主义理论体系的形成，总结了毛泽东探索社会主义建设道路的理论成果。比如，实事求是的思想路线，关于社会主义社会基本矛盾、社会主义发展阶段划分、社会主义经济建设各种关系处理的论述，都体现在中国特色社会主义理论体系之中。同时，中国特色社会主义理论体系以系列原创性理论，实现了对马克思主义、毛泽东思想的突破和超越。社会主义初级阶段理论、社会主义市场经济理论、社会主义核心价值体系理论都是具有原创性的理论，丰富和发展了马克思主义、毛泽东思想。

民族性与国际性相统一。中国特色社会主义理论体系具有明显的中国特色，充满浓厚的民族韵味，同时又具有广阔的国际视野，是民族性与国际性的统一。民族性突出表征为立足基本国情和以人民根本利益为指向。立足基本国情是中国特色社会主义理论得以产生发展的前提和基础，正是立足中国基本国情，使中国特色社会主义理论体系带有明显的中国风格、中国气派。中国特色社会主义理论体系是反映最广大人民共同愿望的理论体系，是着力满足最广大人民利益诉求的理论体系。人民民主专政的国家性质决定了理论的创造者是人民，理论的实践者是人民，理论的最终受益者也是人民。邓小平提出："各项工作都要有助于建设有中国特色的社会主义，都要以是否有助于人民的富裕幸福，是否有助于国家的兴旺发达，作为衡量做得对或不对的标准。"[①] 从中国国情出发和以人民利益为价值取向是中国特色社会主义理论体系具有鲜明民族特色的集中体现。与此同时，中国特色社会主义理论体系密切关注国际局势的发展变化，以宽广视野对国际社会的经验进行借鉴。邓小平理论是在准确判断和平与发展时代主题的基础上形成的，借鉴了国际社会的一些做法和经验；"三个代表"重要思想对党的建设的谋划和思考，充分借鉴了国际社会一些长期执政的大党、老党丧失政权的经验教训，回应了国际局势变化对于党的建设、中国特色社会主义建设带来的挑战；科学发展观是在总结国际社会发展经验、借鉴可持续发展理论的基础上形成的，适应了国际社会发展的潮流和趋势，体现了解答中国发展问题的国际视野。

## （二）中国特色社会主义理论体系的理论意义

作为马克思主义中国化的成果，中国特色社会主义理论体系具

---

① 《邓小平文选》第 3 卷，人民出版社 1993 年版，第 23 页。

有重大理论意义，具体表现为对马克思主义的继承与发展、马克思主义中国化的第二次历史性飞跃、赋予科学社会主义新的理论内涵。

首先，中国特色社会主义理论体系是对马克思主义的继承与发展。马克思主义是中国共产党的指导思想，邓小平反复强调，搞改革开放，老祖宗不能丢。对马克思主义基本原理的继承和发展是中国特色社会主义理论体系形成和发展的前提和基础。在中国特色社会主义理论体系形成发展的过程中，中国共产党人通过对马克思主义原有理论的深化、马克思主义新领域的开拓，实现了对马克思主义的继承与发展。例如，邓小平提出的社会主义本质理论，解答了人们关于什么是真正的社会主义这一问题；社会主义初级阶段理论是对中国国情的把握，丰富了马克思主义关于社会主义社会发展阶段的理论；科学发展观提出，第一要义是发展，核心是以人为本，基本要求是全面协调可持续，根本方法是统筹兼顾，丰富了马克思主义关于发展的学说。中国特色社会主义理论体系同马克思主义一脉相承，在坚持马克思主义基本原理的基础上，提出了一系列新思想、新观点、新论断，以回应和解答时代提出的新问题。

其次，中国特色社会主义理论体系实现了马克思主义中国化的第二次历史性飞跃。以毛泽东为代表的中国共产党人把马克思主义基本原理同中国具体实际、时代特征相结合，产生了马克思主义中国化的第一个理论成果——毛泽东思想。改革开放以来，面对世情、国情、党情发生的新变化以及提出的新挑战，中国共产党人自觉将马克思主义基本原理同中国国情、时代特征相结合，在解决时代提出的"什么是社会主义、怎样建设社会主义""建设什么样的党、怎样建设党""实现什么样的发展、怎样发展"等重大问题的过程中，实现了马克思主义中国化的第二次历史性飞跃，形成了中国特色社会主义理论体系。中国特色社会主义理论体系用一系列紧密联系、相互贯通的新思想、新观点、新论断,深化和丰富了中国共产党关于社会主义建设规律、共产党执政规律、人类社会发展规律的认识和把握,开辟了马克思主义中国化的新境界。

再次,中国特色社会主义理论体系赋予科学社会主义新的理论内涵。20 世纪八九十年代,世界局势风云变幻,东欧剧变、苏联解体,世界社会主义事业遭受重大挫折,随之社会主义理论及其信仰面临巨大冲击,"历史终结论"一时甚嚣尘上。在此紧要关头,中国特色社会主义理论体系证明了科学社会主义的科学性和真理性,为全世界社会主义者提供了实践指引,也增强了全世界社会主义者对于社会主义的信心。科学社会主义理论是马克思主义的组成部分之一,中国特色社会主义理论体系是科学社会主义理论在当代中国的具体运用和创造性发展,它坚持了科学社会主义的基本原则,如辩证唯物主义和历史唯物主义的世界观和方法论、共产主义的最高理想、人民群众的主体地位、公有制和按劳分配作为经济制度的基础,等等。同时,中国特色社会主义理论体系又结合中国实际提出了诸多新的论断,如和平发展理论、和谐社会理论、"一国两制"理论等,以"中国特色"的方式表现科学社会主义的生机与活力。中国特色社会主义理论体系赋予世界科学社会主义新的理论内涵,为全世界社会主义者提供宝贵的思想资源与理论智慧。

## (三)中国特色社会主义理论体系的实践意义

中国特色社会主义理论体系指导了中国特色社会主义的实践发展,为全球经济社会发展提供了中国经验与中国智慧,成为实现中华民族伟大复兴的科学指南。

首先,中国特色社会主义理论体系对中国特色社会主义实践发展发挥了指导作用，并将产生长远的影响效应。理论要想变为现实，发挥对实践的指导作用，就必须依靠党的路线方针政策的贯彻执行，依靠人民群众运用理论改造客观世界的实践。中国特色社会主义理论体系因应实践需求，形成了关于经济建设、政治建设、文化建设、社会建设、生态文明建设和党的建设等方面的系统理论，这些理论通过人民群众的主体作用转化为实践，并且在转化过程中经受了实践检验，实践证明中国特色社会主义理论体系的科学性和真理性。中国特色社会主义理论体系所包含的基本要求与基本经验，对于今后中国特色社会主义的实践探索都具有重要指导意义。

其次，中国特色社会主义理论体系为全球经济社会发展提供了中国经验与中国智慧。随着中国崛起和国际影响力的提升，世界对于中国的关注越来越多，尤其是改革开放以来中国特色社会主义道路的开辟与中国特色社会主义理论体系的创新，受到世界众多有识之士的青睐。中国特色社会主义理论体系创造性地指导了中国实践，中国的发展改变了世界格局，为全球经济发展尤其是发展中国家的转型提供了经验与启示。社会主义初级阶段理论是中国特色社会主义的总依据，不少发展中国家都从中国的初级阶段理论中获得启示，如越南、埃塞俄比亚、坦桑尼亚等。这些发展中国家原来多数忽视国情，急忙实现国有化和集体化，结果连最基本的生存、生活资料都难以保障。我国提出社会主义初级阶段理论之后，这些国家开始立足于自己的实际发展本国经济，取得了长足进展。中国特色社会主义市场经济把社会主义的优越性与市场配置资源的优越性结合起来，形成了世界市场经济的一种新模式，为众多资本主义国家克服市场经济的弊端提供了借鉴与启示。我国社会主义市场经济最主要的特点是既发挥市场在资源配置中的作用，又发挥政府的宏观调控作用，较之资本主义背景下党派利益与市场主体密切相关的市场经济，我国社会主义市场经济能够公平对待所有市场经济主体，使他们获得平等发展的机会，是一种更为先进的市场经济模式。美国知名作家彼得·巴恩斯曾说，较之美国，中国有两大优势，一是中国加入自由市场的时间短，尽可吸取美国的经验教训；二是中国政府尚未像美国那样被强大的私有企业所垄断。① 这就意味着中国可能为其经济发展另辟蹊径，在运用市场经济要义的同时，避免资本主义的弊端。世界上不同国家有不同的历史积淀、文化传统，中国特色社会主义理论体系的多数观点不一定具有普遍价值和意义，但这些观点背后的思维方式和方法论，如"循序渐进""摸着石头过河"等具有普遍价值，为世界不少国家所借鉴，为解决世界性发展难题贡献了智慧与力量。

再次，中国特色社会主义理论体系是实现中华民族伟大复兴的科学指南。实现中华民族的伟大复兴是艰巨复杂的重大工程，不但面临国内经济体制深刻变革、社会结构不断调整、利益格局重新组合、思想观念日新月异提出的挑战，还要应对国际霸权主义的一再挑衅、西方势力和平演变战略的渗透、逆全球化与逆多极化的干扰破坏。要解决时代不断提出的新课题、应对发展带来的新困难、实现中华民族伟大复兴的中国梦，需要科学理论的指导。中国特色社会主义理论体系不但解决了改革开放提出的诸多难题，而且为社会主义现代化提供了科学的世界观和方法论指导，为实现中华民族伟大复兴提供了科学的理论指导。

---

① ［美］彼得·巴恩斯：《资本主义3.0》，吴士宏译，南海出版公司2007年版，第8页。

第六章

# 中国特色社会主义新时代的马克思主义中国化

时代是用来表达时空范围的概念，是时期的集合，相对于时期而言，延续的时间更长、涵盖的空间更大。时代既可用来指称世界历史发展的阶段，也可用来表达民族国家历史发展的进程。中国特色社会主义进入新时代，这是党的十九大报告作出的一个重大判断，赢得了国内外的广泛关注，也赢得了全党全社会的普遍认同，对于马克思主义中国化产生了深远影响。

# 一、新时代马克思主义中国化的新机遇

时代是思想之母，实践是理论之源，中国特色社会主义进入新时代为马克思主义中国化提供了新动力、确立了新坐标、创造了新条件，成为马克思主义中国化的新机遇。

## （一）新时代为马克思主义中国化提供新动力

理论因时代而生，任何理论的产生及其发展，都植根于深刻的时代背景，思想家、理论家选择某一问题展开研究或放弃某方面的理论探讨，往往不是因为个人兴趣或爱好的改变，而是由于时代主题、时代特征的变化，是因应时代诉求的理性选择。马克思、恩格斯在《德意志意识形态》一书中指出："一切划时代的体系的真正的内容都是由于产生这些体系的那个时期的需要而形成起来的。"①时代诉求与时代需要，促进了马克思主义的诞生，时代发展与时代变革，引发了马克思主义的变革与演进。新时代呼唤新理论，新时代的理论诉求是马克思主义中国化的动力之源。

新时代意味着新特点。中国特色社会主义进入新时代，表明中国社会发生了深层次、根本性的变革，具有许多新的特点。比如，经过改革开放40多年的发展，我国的经济实力、科技实力、国防实力、综合国力显著提升，国际地位空前提升，各方面的面貌发生了根本性变化，中华民族迎来了从站起来、富起来到强起来的历史性飞跃；中国的崛起和中国特色社会主义的成功，使世界社会主义运

---

① 《马克思恩格斯全集》第3卷，人民出版社1960年版，第544页。

动走出了低谷、摆脱了困境，激发了科学社会主义的生机和活力，彰显了社会主义的比较优势和竞争优势；作为世界上最大的发展中国家，中国特色社会主义道路的拓展、理论的建构、制度的完善、文化的发展和现代化水平的提高，"拓展了发展中国家走向现代化的途径，给世界上那些既希望加快发展又希望保持自身独立性的国家和民族提供了全新选择，为解决人类问题贡献了中国智慧和中国方案"①。这些变革既是中国特色社会主义进入新时代的依据和支撑，也是新时代中国特色社会主义的显著特征和标志。正是这些变革，使新时代中国特色社会主义与党的十八大之前相比，在发展成就、发展程度、发展境遇与发展前景上有了显著不同。尽管习近平总书记在党的十九大报告中才作出中国特色社会主义进入新时代的重大判断，但新时代从党的十八之后已经开启。从新时代特点出发，创新和发展当代中国马克思主义，使当代中国马克思主义适应时代特点、顺应时代趋势，是马克思主义中国化面临的重要任务。

新时代肩负新使命、催生新实践。一代人有一代人的责任和使命，每一代人的责任和使命是时代赋予的，而不是个人自由选择的结果，新时代赋予中国共产党人的责任和使命是多方面的。依据习近平总书记在党的十九大报告中的界定，新时代是夺取中国特色社会主义伟大胜利的时代，是决胜全面建成小康社会、进而全面建设社会主义现代化强国的时代，是逐步实现全体人民共同富裕的时代，是实现中华民族伟大复兴中国梦的时代，是我国不断为人类作出更大贡献的时代。② 这一概括既是新时代内涵的表达，也是新时代中国共产党人责任和使命的宣示。完成这一责任和使命，需要进

---

① 《十九大以来重要文献选编》上，中央文献出版社 2019 年版，第 8 页。
② 《十九大以来重要文献选编》上，中央文献出版社 2019 年版，第 8 页。

行新的实践，离不开新的理论指导。事实上，这些使命的完成都面临不少问题和困难，解决问题、克服困难的过程是理论创新、实践探索的过程，也是推进马克思主义中国化的过程，是推动马克思主义中国化的内在动力。习近平新时代中国特色社会主义思想就是新时代的产物，是中国共产党人在担负责任和使命，坚持和发展中国特色社会主义过程中理论创新、实践探索的结果，开辟了马克思主义中国化的新境界，也生动诠释了中国共产党人的时代责任和历史使命与马克思主义中国化的内在联系。

新时代意味着作用空间的拓展。中国特色社会主义进入新时代，既是立足国内、基于国情作出的重大判断，也是基于中国特色社会主义所引发的国际关注、带来的国际影响而形成的重大判断。改革开放以来中国的崛起和中国特色社会主义的成功，引起了国际社会的广泛关注和认同。英国学者马丁·雅克在《当中国统治世界：中国的崛起和西方世界的衰落》一书中指出："认为中国对世界的影响主要体现在经济方面，实在有些过时，中国的政治和文化可能也会产生无比深远的影响。中国未来给世界带来的影响，将可与 20 世纪的美国媲美，甚至有可能会超越美国。"[1] 改革开放以来特别是党的十八大以来，中国国际影响力、感召力、塑造力的提升已是不争的事实，正在从国际社会的边缘走近世界舞台的中央。在此背景下，国际社会期待中国声音的放大，期待中国为人类文明发展贡献更多的智慧和方案。国际社会的期待、国际社会对中国的认可，对于中国共产党人的理论创新、实践创新能力提出了更高的要求，如何传播中国声音、讲好中国故事，如何在解决中国问题的同

---

① ［英］马丁·雅克著：《当中国统治世界：中国的崛起和西方世界的衰落》，张莉、刘曲译，中信出版社 2010 年版，第 13 页。

时，促进国际社会发展，引领人类共同进步，考验中国共产党人的能力和智慧，成为推动马克思主义中国化的外部力量。

新时代是实现马克思主义时代化的支撑。实践性是马克思主义的理论品格，马克思在《关于费尔巴哈的提纲》一文中指出："哲学家们只是用不同的方式解释世界，而问题在于改变世界。"① 马克思主义要超越"解释世界"的功用，发挥"改变世界"的作用，必须贴近新时代，反映新时代的实践要求，获得新时代的理论品格。只有这样，才能实现马克思主义的时代化，发挥马克思主义作用现实、指导实践的作用。贴近新时代、走进新时代，是马克思主义由理论形态转变为实践形态的途径，也是实现马克思主义中国化的必然选择。同时，马克思主义要保持旺盛的生命力，使自身不断得到发展，必须与新时代同步，关切新时代的发展变化，从新时代吸取养分和智慧，以体现马克思主义的当代解释力。时代发展将推动马克思主义的发展，彰显马克思主义的当代价值和理论魅力。

马克思主义中国化是一个动态的过程，其演进的动力来源于时代的变化和时代对理论的诉求。中国特色社会主义进入新时代，为马克思主义中国化带来了新动力。

## （二）新时代为马克思主义中国化确立新坐标

马克思主义具有丰富的理论内涵，马克思主义中国化面临多方面的历史任务，时代不同，马克思主义中国化的主题、重点、具体任务也不完全一样。新时代为马克思主义中国化确立了新坐标，为马克思主义中国化主题的选择、重点的确立、具体任务的厘定提供了依据和参照。

---

① 《马克思恩格斯文集》第1卷，人民出版社2009年版，第506页。

时代课题决定马克思主义中国化的主题。每一个时代的形成，都有其特定的时代任务和时代课题，马克思主义中国化是中国共产党人自觉、自主的行动过程，但马克思主义中国化主题的确立并非中国共产党人自由选择的结果，而是对接时代课题、因应时代课题的结果。1940 年 1 月，毛泽东在《新民主主义论》一文中提出："现在的世界，是处在革命和战争的新时代，是资本主义决然死灭和社会主义决然兴盛的时代。"[①] 战争与革命时代，面临的主要任务是如何进行革命、如何赢得革命的胜利，马克思主义中国化必然围绕革命这一时代课题而展开，建构新民主主义革命理论自然成为民主革命时期马克思主义中国化的首要任务。中国特色社会主义进入新时代，向中国共产党人提出了新的时代课题，也就是"坚持和发展什么样的中国特色社会主义、怎样坚持和发展中国特色社会主义"[②]。这一新的时代课题，成为新时代马克思主义中国化的主题。党的十八大以来，正是围绕这一时代课题，对坚持和发展中国特色社会主义的总目标、总任务、总体布局、战略布局和发展方向、发展方式、发展动力、战略步骤、外部条件、政治保证等基本问题进行理论创新，并对各方面的具体实践作出理论分析和政策指导，形成了习近平新时代中国特色社会主义思想。"八个明确""十四个坚持"作为习近平新时代中国特色社会主义思想的主要内容、基本方略，是对新时代课题的系统回答和科学阐释。

新时代我国社会的主要矛盾为马克思主义中国化重点的选择提供了指引。社会主要矛盾决定中心任务与社会实践的展开，社会主要矛盾的运动与变化推动社会向前发展，是确立马克思主义中国化

---

① 《毛泽东选集》第 2 卷，人民出版社 1991 年版，第 680 页。

② 《十九大以来重要文献选编》上，中央文献出版社 2019 年版，第 13 页。

重点的主要依据和参照。1956 年 9 月，党的八大关于政治报告的决议第一次阐述社会主义社会的主要矛盾。决议指出，随着社会主义改造已经取得决定性胜利和社会主义的社会制度在我国已经基本上建立起来，"我们国内的主要矛盾，已经是人民对于建立先进的工业国的要求同落后的农业国的现实之间的矛盾，已经是人民对于经济文化迅速发展的需要同当前经济文化不能满足人民需要的状况之间的矛盾。这一矛盾的实质，在我国社会主义制度已经建立的情况下，也就是先进的社会主义制度同落后的社会生产力之间的矛盾"①。尽管党的八大关于社会主要矛盾的论断在表述上不尽完善，毛泽东对此也不甚满意②，但它突出了在社会主义制度已经基本建立的历史条件下实现国家工业化和发展社会生产力的根本任务，抓住了中国社会主要矛盾的重大转变，符合中国的基本国情。这一主要矛盾的确立，为 20 世纪 50 年代中后期、60 年代前期马克思主义中国化重点的选择提供了指引，这一时期中国共产党人关于中国工业化道路、农业和农村发展、正确处理人民内部矛盾等问题的理论探索，就是基于我国社会主要矛盾的选择。1981 年 6 月，党的十一届六中全会通过的《关于建国以来党的若干历史问题的决议》，在

---

① 《中共中央文件选集（1949 年 10 月—1966 年 5 月）》第 24 册，人民出版社 2013 年版，第 248 页。

② 1957 年 4 月，毛泽东在杭州南屏游泳池召开会议，听取江苏、浙江、安徽、福建、上海四省一市关于思想动态的汇报，毛泽东插话说："八大决议关于先进生产关系与落后生产力之间的矛盾的说法，是犯了个错误，理论上是不正确的。"（《毛泽东年谱（1949—1976）》第 3 卷，中央文献出版社 2013 年版，第 129 页。）同年 10 月 7 日，毛泽东在中南海颐年堂主持召开中共八届三中全会各组组长会议时又说："八大决议说，目前的主要矛盾是先进的社会制度与落后的生产力之间的矛盾。这个矛盾将来还会有，因此这句话从长远讲也对，但现在看则不适当。"（《毛泽东年谱（1949—1976）》第 3 卷，中央文献出版社 2013 年版，第 218 页。）可见，毛泽东在党的八大召开之后不久，就开始质疑我国社会主要矛盾的表述。

党的八大相关表述的基础上，对我国社会主要矛盾的论断进行了调整。决议指出："在社会主义改造基本完成以后，我国所要解决的主要矛盾，是人民日益增长的物质文化需要同落后的社会生产之间的矛盾。"[①] 这一论断将社会主要矛盾聚焦于需要与生产之间的矛盾，体现了社会主义初级阶段的国情，也有效引导了新时期马克思主义中国化的历史进程。20世纪80、90年代关于解放和发展生产力、改革开放、"三步走"战略、社会主义本质等问题的理论创新，就是基于解决社会主要矛盾的诉求。经过改革开放以来中国经济社会的快速发展，人民群众的需求趋向多样化、高级化，除了物质、文化生活需求外，民主、法制、公平、正义、安全、环境等方面的需求上升，社会生产力发展水平也有了较大幅度提升，与20世纪80年代初的"落后"状况已有了较大不同。正因为如此，习近平总书记在党的十九大报告中指出："我国社会主要矛盾是人民日益增长的美好生活需要和不平衡不充分的发展之间的矛盾"。[②] 它表明，中国经济社会发展不平衡不充分的问题日渐凸显，已经成为妨碍人民日益增长的美好生活需要的主要因素，是我国社会主要矛盾的主要方面。正因为如此，新时代要在保持经济中高速增长的基础上，通过深化供给侧结构性改革、协调区域城乡发展，着力解决好发展不平衡不充分的问题。主要矛盾的转化，将带来经济、政治、文化、社会、生态等领域一系列革命性转变，如何通过这些革命性转变以解决新时代我国社会的主要矛盾，既需要从理论上作出回答，也需要从实践上进行探索。如随着社会主要矛盾的转化，中国经济发展战略、发展方式要着眼于解决发展不平衡不充分的问题，均衡

---

① 《三中全会以来重要文献选编》下，人民出版社1982年版，第839页。

② 《十九大以来重要文献选编》上，中央文献出版社2019年版，第14页。

区域发展，提升发展质量，以满足人民多样化、高级化的生活需求，是中国经济发展面临的主要任务。社会主要矛盾的转化，为新时代马克思主义中国化重点的选择提供了参照，新时代坚持和发展中国特色社会主义的主要内容、基本方略，就是围绕社会主要矛盾的解决而提出的，具有明显的针对性，是解决新时代我国社会主要矛盾的实践路径。

新时代的历史使命为马克思主义中国化规定了具体任务。新时代的内涵和社会主要矛盾，规定了新时代的历史使命。要完成新时代的历史使命，面临不少问题和障碍，如何化解、如何克服，需要从理论上进行回答。问题是时代的声音，马克思主义中国化必须针对问题、解决问题，以完成历史使命面临的实际问题为中心，着眼于对实际问题的理论思考，着眼于新时代中国特色社会主义实践问题的合理解决。比如，要基本实现社会主义现代化，建成富强民主文明和谐美丽的社会主义现代化强国，还有不少问题需要从理论上进行探讨。现代化是社会的全面进步和提升，是文明形态由传统向现代的转变，实现社会主义现代化具体包括哪些领域和方面，评价标准是什么，途径和方法是什么，需要具体界定；人的现代化是社会主义现代化不可缺少的内容，人的现代化如何衡量，人的全面发展如何实现，需要进一步思考和回答，这些都是新时代马克思主义中国化需要解决的问题。又如，实现中华民族伟大复兴，具体目标是什么，实践的路径是什么，需要进一步作出阐释，以呈现中华民族伟大复兴的基本图景，也是新时代马克思主义中国化需要回答的问题。

新时代为马克思主义中国化的理论选择提供了依据和参照。学术界认为："整体性是马克思主义的基本特征，马克思主义的科学性存在于它的整体性中。"① 然而，马克思主义中国化不是马克思主义整体的中国化，而是马克思主义具体原理、具体观点的中国化。由于时代条件的变化，马克思主义的部分具体原理、具体观点也会变得不合时宜。如何从马克思主义整体中抽取具体原理、具体观点以指导中国实践？时代特点、时代诉求是选择马克思主义的重要依据和参照。体现时代特点、契合时代诉求的马克思主义具体原理、具体观点，才能指导新时代中国特色社会主义的实践，成为当代中国马克思主义的理论来源。如果不顾时代课题、时代特点的变化生搬硬套，不仅会使中国特色社会主义实践遭遇困境，也将损害马克思主义的科学性和真理性。

中国特色社会主义进入新时代，为马克思主义中国化确立了新坐标，这是马克思主义中国化的方向指引，是新时代给马克思主义中国化带来的新机遇。

## （三）新时代为马克思主义中国化创造新条件

马克思主义中国化需要多方面的条件支撑，中国特色社会主义进入新时代，新的实践经验积累、人民主体作用的发挥、"四个自信"的提升、观察中国问题的宽广视野、当代中国马克思主义的国际传播，为马克思主义中国化创造了有利条件。

新时代中国特色社会主义实践经验的积累，为马克思主义中国化提供了丰富的思想资源。马克思主义中国化的重要任务之一，就是总结、提炼中国的实践经验，实现中国实践经验的马克思主义化，实践经验是马克思主义中国化的活水源头，离开中国实践经验

---

① 陈先达等:《马克思主义基础理论若干重大问题研究》，经济科学出版社 2009 年版，第 9 页。

的积累，难有马克思主义中国化的形成和发展。随着新时代的到来，中国特色社会主义实践的空间、领域、方式将得到发展，由此使中国特色社会主义的实践经验日渐丰富起来，这是马克思主义中国化的思想源泉，是当代中国马克思主义成长的肥田沃土。习近平新时代中国特色社会主义思想的形成，就是党的十八大以来中国特色社会主义实践经验的总结和升华。正是新时代坚持和发展中国特色社会主义的丰富实践，催生了习近平新时代中国特色社会主义思想。

中国特色社会主义的实践，说到底是人民群众的实践，人民群众是中国特色社会主义的实践主体，也是推动马克思主义中国化的主体力量。新时代推进马克思主义中国化，需要集中人民智慧、凝聚人民力量，以创新中国特色社会主义的实践。习近平总书记在党的十九大报告中指出："人民是历史的创造者，是决定党和国家前途命运的根本力量。"[1] 这里说明了人民在党和国家事业中的地位，也表明了人民的智慧和力量对于推进马克思主义中国化的意义。正因为如此，习近平总书记在党的十九大报告中，将"坚持以人民为中心"纳入新时代中国特色社会主义基本方略，强调"坚持人民主体地位"，"把人民对美好生活的向往作为奋斗目标，依靠人民创造历史伟业"。[2] 如此，将进一步激发人民群众的积极性、主动性和创造性，使其投身中国特色社会主义的实践，使实践经验、实践智慧日渐丰富起来。

新时代中国特色社会主义道路自信、理论自信、制度自信、文化自信的提升，为马克思主义中国化提供心理支撑。中国特色社会

---

① 《十九大以来重要文献选编》上，中央文献出版社 2019 年版，第 15 页。

② 《十九大以来重要文献选编》上，中央文献出版社 2019 年版，第 15 页。

主义进入新时代，既肯定了中国特色社会主义已经取得的成就、发生的变革，也展示了新时代中国特色社会主义的未来发展前景，这是提升"四个自信"的重要基础。"四个自信"的提升，能坚定推进马克思主义中国化的信念，保持推进马克思主义中国化的定力，并进一步从理论上对中国特色社会主义道路、理论、制度、文化的内涵、优势、特色作出阐释，说明自信的理由。改革开放以来，中国学术界在引进西方学术思想的同时，自觉或不自觉形成了一种对西方学术思想的盲目崇拜，西方学术话语在一些学科或领域成为主流话语，占据了主要学术空间。"四个自信"的提升有利于消解中国学术界对西方学术思想的盲目崇拜，摆脱对西方概念、话语的路径依赖，形成中国的标志性概念和独特话语，用中国概念、中国话语总结中国经验、表达中国主张、讲述中国故事，推进新时代的马克思主义中国化。中国特色哲学社会科学体系的建构，既是马克思主义中国化的基础，也是马克思主义中国化的有机组成部分，"四个自信"的提升能为中国特色哲学社会科学体系的建构提供强有力支撑。因此，新时代"四个自信"的提升将从多个方面作用于马克思主义中国化，推动新时代马克思主义中国化的进程。

新时代能站在全球审视中国问题，为马克思主义中国化提供宽广的视野。随着经济全球化程度的加深和中国站位的提高，新时代中国共产党人能以宽广的眼界观察世界，谋划中国特色社会主义的未来发展，将中国问题置于全球背景下来思考，既立足国情保持发展的独立性、自主性，又充分借鉴国际社会的有益经验，避免发展中国家经历的发展困境。同时，随着视野的拓展，中国共产党人在考虑中国特色社会主义发展的同时，也在思考全球治理、人类社会发展等国际性问题，人类命运共同体、共商共建共享的全球治理观、"一带一路"倡议的提出，就是面向国际社会的中国主张、中国智慧，体现了中国作为负责任大国的担当与胸怀。2017 年 1 月，习近平主席在联合国日内瓦总部发表演讲时指出："中国促进共同发展的决心不会改变"，"中国发展得益于国际社会，中国也为全球发展作出了贡献。中国将继续奉行互利共赢的开放战略，将自身发展机遇同世界各国分享，欢迎各国搭乘中国发展的'顺风车'"。① 新时代中国共产党人视野的开阔、国际责任的承担，也有利于推动马克思主义中国化。

中国特色社会主义进入新时代，国际社会对中国的关注度越来越高。自 2008 年世界经济危机爆发以来，国际社会期待中国引领世界摆脱危机、走出困境，中国的一举一动引起了国际社会的广泛关注。新时代中国特色社会主义是人类历史进程中的伟大实践，不仅能为人类探索更好的社会制度提供中国智慧，而且能为广大发展中国家走向现代化提供有益借鉴。比如，"四个全面"战略布局、五大发展理念虽是立足中国特色社会主义新时代而提出的战略布局、发展思路，但反映了人类文明发展的内在诉求，对于发展中国家的国家治理、经济社会发展和全球治理具有借鉴和启迪意义。如此，将有利于马克思主义中国化的理论成果在国际社会传播，通过国际传播进一步彰显当代马克思主义中国化的世界意义。

新时代为马克思主义中国化带来了新机遇，如何把握新机遇、抓住新机遇，充分利用新机遇推进马克思主义中国化，推动 21 世纪马克思主义中国化的发展，是新时代中国共产党人义不容辞的责任。②

---

①　习近平：《共同构建人类命运共同体》，《人民日报》2017 年 1 月 20 日。

②　参见陈金龙：《新时代与马克思主义中国化的新机遇》，《马克思主义与现实》2017 年第 6 期。

# 二、习近平新时代中国特色社会主义
# 思想形成的理论渊源

理论不能凭空产生，理论的形成需要思想源泉和文化土壤，只有继承前人思想和人类优秀文化成果，科学的理论才有可能形成和发展，习近平新时代中国特色社会主义思想的形成自然也不例外。马克思主义基本原理、毛泽东思想的精髓、中国特色社会主义理论体系的主体内容、中华优秀传统文化的合理成分，是习近平新时代中国特色社会主义思想形成的理论渊源。

## （一）马克思主义基本原理

马克思主义是中国共产党的指导思想，是习近平新时代中国特色社会主义思想的理论遵循和基本理论来源。习近平总书记十分重视对马克思主义基本原理的学习，十八届中共中央政治局第十一次、第二十次、第二十八次、第四十三次集体学习，分别以历史唯物主义基本原理和方法论、辩证唯物主义基本原理和方法论、马克思主义政治经济学基本原理和方法论、当代世界马克思主义思潮及其影响为主题。如此密集将马克思主义纳入中央政治局集体学习的主题，表明习近平总书记对马克思主义哲学、马克思主义政治经济学的推崇，对当代世界马克思主义思潮的关注和重视。2016年5月17日，习近平总书记在哲学社会科学工作座谈会上的讲话，对马克思主义的核心内容、本质特征、当代价值进行了科学概括，说明了马克思主义具有生命力的缘由，彰显了马克思主义的理论魅力。在主持十八届中共中央政治局第四十三次集体学习时，习近平总书记再次强调："在人类思想史上，就科学性、真理性、影响力、传播面而言，没有一种思想理论能达到马克思主义的高度，也没有一种学说能像马克思主义那样对世界产生了如此巨大的影响。这体现了马克思主义的巨大真理威力和强大生命力，表明马克思主义对人类认识世界、改造世界、推动社会进步仍然具有不可替代的作用。"[1] 这一认识和定位，是推进马克思主义中国化的前提，也是习近平新时代中国特色社会主义思想以马克思主义作为理论遵循的基础。习近平总书记在纪念马克思诞辰 200 周年大会上的讲话，进一步强调马克思主义是科学的理论、人民的理论、实践的理论、不断发展的开放的理论，"在人类思想史上，没有一种思想理论像马克思主义那样对人类产生了如此广泛而深刻的影响"[2]。马克思主义理论品质、历史地位的揭示，充分展示了马克思主义的当代价值和意义。

习近平新时代中国特色社会主义思想蕴含历史唯物主义、辩证唯物主义的精华，坚持了马克思主义的群众观点与人民立场，坚守了共产主义社会理想的追求，发掘和拓展了马克思主义世界历史理论。

历史唯物主义观点的遵循和发展。历史唯物主义的核心是群众观点，强调人民群众是历史的创造者。在习近平总书记的心目中，人民群众具有至高无上的地位。他指出："人民是历史的创造者，群众是真正的英雄。人民群众是我们力量的源泉。"[3] 基于这一认识，习近平总书记多次申明，人民对美好生活的向往，就是我们的奋斗目标；人民立场是中国共产党的根本政治立场；必须把人民放

① 《习近平谈治国理政》第 2 卷，外文出版社 2017 年版，第 65 页。
② 《十九大以来重要文献选编》上，中央文献出版社 2019 年版，第 425 页。
③ 《习近平谈治国理政》第 1 卷，外文出版社 2018 年版，第 5 页。

在心中最高位置。党的十九大报告将"坚持以人民为中心"作为新时代坚持和发展中国特色社会主义的基本方略之一，遵循和发展了马克思主义的群众观点。历史唯物主义强调经济基础决定上层建筑，经济基础的性质决定上层建筑的性质，经济基础的变化必然引起上层建筑的变革。习近平总书记在论述全面深化改革的重点时，引用马克思在《〈政治经济学批判〉序言》中关于经济基础与上层建筑关系的著名论断作为理论支撑，认为"经济体制改革对其他方面改革具有重要影响和传导作用，重大经济体制改革的进度决定着其他方面很多体制改革的进度，具有牵一发而动全身的作用"①。这是对历史唯物主义观点的发挥，彰显了历史唯物主义的当代意义。

唯物辩证法的遵循和运用。唯物辩证法认为，物质世界是普遍联系和不断运动变化的统一整体；辩证规律是物质世界自己运动的规律；主观辩证法是客观辩证法在人类思维中的反映。习近平总书记既强调唯物辩证法的学习，更重视唯物辩证法的运用，阐释了坚持唯物辩证法的具体要求。他指出："唯物辩证法认为，事物是普遍联系的，事物及事物各要素相互影响、相互制约，整个世界是相互联系的整体，也是相互作用的系统。坚持唯物辩证法，就要从客观事物的内在联系去把握事物，去认识问题、处理问题。"② 习近平总书记善于运用唯物辩证法来认识和处理中国经济社会发展面临的实践问题。在诠释新发展理念的贯彻落实时，习近平总书记指出："新发展理念的提出，是对辩证法的运用；新发展理念的实施，离不开辩证法的指导。"③ 习近平总书记要求坚持系统的观点、"两点

---

① 《习近平谈治国理政》第 1 卷，外文出版社 2018 年版，第 94 页。
② 《习近平谈治国理政》第 2 卷，外文出版社 2017 年版，第 204 页。
③ 《习近平谈治国理政》第 2 卷，外文出版社 2017 年版，第 221 页。

论"和"重点论"的统一，遵循对立统一规律、质量互变规律、否定之否定规律，善于把握发展的普遍性和特殊性、渐进性和飞跃性、前进性和曲折性，坚持继承和创新相统一。① 这是对马克思主义辩证法的遵循和运用。

共产主义社会理想的遵循和坚守。按照马克思、恩格斯的设想，人的自由全面发展是人类发展的最高理想，也是共产主义社会的本质特征。习近平总书记指出："按照马克思、恩格斯的构想，共产主义社会将彻底消除阶级之间、城乡之间、脑力劳动和体力劳动之间的对立和差别，实行各尽所能、按需分配，真正实现社会共享、实现每个人自由而全面的发展。"② 这里表达了对共产主义社会理想的认同与追求。也正因为如此，习近平总书记十分强调共产主义理想信念教育。他说："革命理想高于天。中国共产党之所以叫共产党，就是因为从成立之日起我们党就把共产主义确立为远大理想。"③ 党的十八大以来对共产主义社会理想的重申，表明了习近平总书记对马克思主义基本原理的遵循和坚守。

马克思主义世界历史理论的发掘和拓展。在马克思看来，资本主义的诞生不仅是社会生产方式的变革，而且推动了历史向世界历史的转变。以往由于时代和认知的局限，对于马克思主义世界历史理论关注不够；随着全球化时代的到来，马克思主义世界历史理论的当代价值凸显出来。在诠释开放发展理念时，习近平总书记指出，早在19世纪，马克思、恩格斯在《德意志意识形态》《共产党宣言》《1857—1858年经济学手稿》《资本论》等著作中，"就详细

① 《习近平谈治国理政》第2卷，外文出版社2017年版，第221页。
② 《习近平谈治国理政》第2卷，外文出版社2017年版，第214页。
③ 《习近平谈治国理政》第2卷，外文出版社2017年版，第34页。

论述了世界贸易、世界市场、世界历史等问题。《共产党宣言》指出：'资产阶级，由于开拓了世界市场，使一切国家的生产和消费都成为世界性的了。'马克思、恩格斯的这些洞见和论述，深刻揭示了经济全球化的本质、逻辑、过程，奠定了我们今天认识经济全球化的理论基础"①。习近平总书记不仅肯定了马克思、恩格斯关于全球化的思想，而且基于世界历史视野，提出了构建人类命运共同体的主张。2017 年 1 月 18 日，习近平主席在联合国日内瓦总部演讲时明确指出，人类正处在大发展大变革大调整时期，为赢得和平与发展，"中国方案是：构建人类命运共同体，实现共赢共享"②。这一主张的提出，获得了国际社会的认可，并写进了联合国的相关决议。

因此，习近平新时代中国特色社会主义思想既遵循了马克思主义基本原理，又结合中国特色社会主义具体实践、时代特征发展了马克思主义基本原理。

## （二）毛泽东思想的精髓

毛泽东思想是中国革命和建设经验的总结，是中国共产党集体智慧的结晶。在纪念毛泽东诞辰 120 周年座谈会上，习近平总书记对毛泽东的历史地位和毛泽东思想的当代价值进行了充分肯定，认为"毛泽东同志属于中国，也属于世界。他不仅赢得了全党全国各族人民爱戴和敬仰，而且赢得了世界上一切向往进步的人们敬佩"，"毛泽东思想以独创性理论丰富和发展了马克思列宁主义"③。基于

---

① 《习近平谈治国理政》第 2 卷，外文出版社 2017 年版，第 210—211 页。

② 《习近平谈治国理政》第 2 卷，外文出版社 2017 年版，第 539 页。

③ 《十八大以来重要文献选编》上，中央文献出版社 2014 年版，第 692 页。

这一认识，习近平新时代中国特色社会主义继承和发展了毛泽东思想的精髓。

毛泽东思想活的灵魂的继承和发展。实事求是、群众路线、独立自主，是贯穿毛泽东思想的立场、观点、方法，是毛泽东思想活的灵魂。习近平总书记对实事求是、群众路线、独立自主的基本内涵与实践要求进行了系统阐释，要求坚持和运用好毛泽东思想活的灵魂。他指出，实事求是"是马克思主义的根本观点，是中国共产党人认识世界、改造世界的根本要求，是我们党的基本思想方法、工作方法、领导方法"；坚持实事求是，就要深入实际了解事物的本来面貌、清醒认识和正确把握国情、坚持真理和修正错误、不断推进实践基础上的理论创新。群众路线"是我们党的生命线和根本工作路线"，坚持群众路线，就要坚持人民主体地位、坚持全心全意为人民服务的根本宗旨、保持党同人民群众的联系、真正让人民来评判我们的工作。独立自主"是中国共产党、中华人民共和国立党立国的重要原则"，坚持独立自主，就要坚持中国的事情必须由中国人民自己作主张、自己来处理，坚定不移走中国特色社会主义道路，坚持独立自主的和平外交政策。① 习近平总书记对毛泽东思想活的灵魂的基本内涵与实践要求的阐释，彰显了毛泽东思想的当代价值。习近平新时代中国特色社会主义思想也融入了毛泽东思想活的灵魂，对新时代的科学判断、对人民主体地位的强调、对我国社会主要矛盾的新表达、群众路线教育实践活动的开展、中国特色大国外交的实践，体现了对实事求是、群众路线、独立自主的继承和创新。

社会主义经济建设思想的继承和创新。中华人民共和国成立前

---

① 《习近平谈治国理政》第 1 卷，外文出版社 2018 年版，第 25—30 页。

后，毛泽东对社会主义经济建设进行了探索和思考，提出了一系列有价值的观点。在诠释协调发展理念时，习近平总书记充分借鉴了毛泽东的相关思想。他指出，"新中国成立前后，毛泽东同志就提出了统筹兼顾、'弹钢琴'等思想方法和工作方法"，并引用毛泽东在《党委会的工作方法》一文中对"弹钢琴"方法的具体解释，引导全党学会协调经济建设中的各种关系。对《论十大关系》和《关于正确处理人民内部矛盾的问题》，习近平总书记给予了高度评价，认为"《论十大关系》是毛泽东同志运用普遍联系观点阐述社会主义建设规律的典范。在《关于正确处理人民内部矛盾的问题》一文中，毛泽东同志进一步提出了'统筹兼顾、适当安排'的方针"。① 应当说，习近平总书记提出协调发展理念，总结了毛泽东探索社会主义建设道路的经验。发展经济的根本目的在于保障和改善民生。1934年，毛泽东在《关心群众生活，注意工作方法》一文中指出："一切群众的实际生活问题，都是我们应当注意的问题。"② 习近平总书记借用毛泽东的这一论断，说明中国特色社会主义建设实践要集中力量解决基础性、兜底性的民生问题，以满足人民日益增长的生活需求。

社会主义政治建设思想的继承和阐发。当代中国的人民代表大会制度、多党合作和政治协商制度、民族区域自治制度，是以毛泽东为代表的中国共产党领导集体建构起来的。1940年，毛泽东在《新民主主义论》一文中指出："没有适当形式的政权机关，就不能代表国家。中国现在可以采取全国人民代表大会、省人民代表大会、县人民代表大会、区人民代表大会直到乡人民代表大会的系

---

① 《习近平谈治国理政》第2卷，外文出版社2017年版，第205页。
② 《毛泽东选集》第1卷，人民出版社1991年版，第137页。

统，并由各级代表大会选举政府。"① 习近平总书记引用这一论述，既说明了人民代表大会制度的由来，也彰显了毛泽东对创建人民代表大会制度的贡献。在庆祝全国人民代表大会成立 60 周年大会上的讲话，习近平总书记肯定人民代表大会制度"是中国人民在人类政治制度史上的伟大创造"，"是坚持党的领导、人民当家作主、依法治国有机统一的根本制度安排"。② 关于政治协商制度，1956 年 12 月，毛泽东同工商界人士谈话时说："我们政府的性格，你们也都摸熟了，是跟人民商量办事的"，"可以叫它是个商量政府"。③ 习近平总书记引用毛泽东的这一论述，强调"在治国理政时在人民内部各方面进行广泛商量"，以彰显社会主义民主政治的特有形式和独特优势。④ 对于新时代如何坚持和完善人民代表大会制度、如何推进协商民主广泛多层制度化发展，习近平总书记提出了系列主张和要求。

社会主义文化建设思想的传承和发挥。中国特色社会主义文化建设需要处理古今中外关系，也就是传统与现代、中国与外国的关系。1944 年，毛泽东在同英国记者斯坦因谈话时指出："我们的态度是批判地接受我们自己的历史遗产和外国的思想。我们既反对盲目接受任何思想也反对盲目抵制任何思想。我们中国人必须用我们自己的头脑进行思考，并决定什么东西能在我们自己的土壤里生长起来。"⑤ 依据毛泽东的这一思想，习近平总书记要求立足中国实际，借鉴传统和外域文化的合理因素，提出具有主体性、原创性的

---

① 《毛泽东选集》第 2 卷，人民出版社 1991 年版，第 677 页。
② 《十八大以来重要文献选编》中，中央文献出版社 2016 年版，第 53、54 页。
③ 《毛泽东文集》第 7 卷，人民出版社 1999 年版，第 178 页。
④ 《十八大以来重要文献选编》中，中央文献出版社 2016 年版，第 73 页。
⑤ 《毛泽东文集》第 3 卷，人民出版社 1996 年版，第 192 页。

观点，构建中国特色哲学社会科学的学科体系、学术体系、话语体系。文化的发展，有一个方向问题。习近平总书记引用毛泽东在延安文艺座谈会上所言"为什么人的问题，是一个根本的问题，原则的问题"，说明社会主义文艺发展的方向，强调社会主义文艺从本质上讲，就是人民的文艺，"文艺要反映好人民心声，就要坚持为人民服务、为社会主义服务这个根本方向"①。习近平总书记还运用毛泽东确立的百花齐放、百家争鸣方针，民族化科学化大众化的文化发展取向，来指导中国特色社会主义文化发展的实践。

党的建设理论的继承和超越。处于农村环境、党员以农民为主体的政党如何建设，毛泽东提出了一套行之有效的方法。他在《论联合政府》的报告中指出，"掌握思想教育，是团结全党进行伟大政治斗争的中心环节"②，强调了思想建设在党的建设中的地位。习近平总书记借用毛泽东的这一观点，说明思想教育、思想建设的重要意义。学习马克思主义理论既是思想教育、思想建设的重要环节，又是提高执政本领的重要途径。毛泽东曾说："如果我们党有一百个至二百个系统地而不是零碎地、实际地而不是空洞地学会了马克思列宁主义的同志，就会大大地提高我们党的战斗力量"③。习近平总书记借用毛泽东的论断，要求领导干部认真学习马克思主义理论，以掌握工作制胜的看家本领。在党的七大预备会议上，毛泽东曾说："要知道，一个队伍经常是不大整齐的，所以就要常常喊看齐，向左看齐，向右看齐，向中看齐。我们要向中央基准看齐，向大会基准看齐。看齐是原则，有偏差是实际生活，有了偏差，就

---

① 《习近平谈治国理政》第2卷，外文出版社2017年版，第314页。
② 《毛泽东选集》第3卷，人民出版社1991年版，第1094页。
③ 《毛泽东选集》第2卷，人民出版社1991年版，第533页。

喊看齐。"① 习近平总书记引用毛泽东的这一名言，强调全党要有看齐意识，以维护党中央权威。批评和自我批评是党的优良传统和作风，是中国共产党实现自我革命不可缺少的方法。习近平总书记在推进全面从严治党的过程中强调："批评和自我批评是我们党强身治病、保持肌体健康的锐利武器，也是加强和规范党内政治生活的重要手段。领导干部要带头，班子要作表率，在党内营造批评和自我批评的良好风气。"②

因此，毛泽东思想的精髓是习近平新时代中国特色社会主义的思想重要理论源泉，二者之间既有一脉相承之处，也有后者超越前者之处，从一个侧面展现了马克思主义中国化演进的历史轨迹。

## （三）中国特色社会主义理论体系的主体内容

构成中国特色社会主义理论体系的邓小平理论、"三个代表"重要思想、科学发展观，为习近平新时代中国特色社会主义思想的形成提供了坚实的理论支撑。中国特色社会主义理论体系的主体内容，如社会主义初级阶段理论、社会主义本质理论、社会主义市场经济理论、社会主义初级阶段基本路线，融入了习近平新时代中国特色社会主义思想之中，并得到了创新和发展。

社会主义初级阶段理论的坚守。党的十三大对于我国所处的历史方位和基本国情作出了准确判断，认定我国处于社会主义初级阶段，这是中国特色社会主义理论体系建构的逻辑起点。尽管新时代我国社会主要矛盾发生了变化，但社会主义初级阶段的基本国情没有变。习近平总书记指出："社会主义初级阶段是当代中国的最大

---

① 《毛泽东文集》第 3 卷，人民出版社 1996 年版，第 297—298 页。

② 《习近平谈治国理政》第 2 卷，外文出版社 2017 年版，第 182—183 页。

国情、最大实际。我们在任何情况下都要牢牢把握这个最大国情，推进任何方面的改革发展都要牢牢立足这个最大实际。"① 党的十九大报告强调："我国社会主要矛盾的变化，没有改变我们对我国社会主义所处历史阶段的判断，我国仍处于并将长期处于社会主义初级阶段的基本国情没有变"②。习近平新时代中国特色社会主义思想正是立足社会主义初级阶段，来思考回答坚持和发展中国特色社会主义的系列问题。

社会主义本质理论的坚持。邓小平在 1992 年南方谈话中，对社会主义本质进行了明确界定。他说："社会主义的本质，是解放生产力，发展生产力，消灭剥削，消除两极分化，最终达到共同富裕。"③ 依据社会主义本质内涵，习近平总书记指出，全面建成小康社会，实现社会主义现代化，实现中华民族伟大复兴，"最根本最紧迫的任务还是进一步解放和发展社会生产力"④。解放和发展生产力是实现共同富裕的基础，实现共同富裕是解放和发展生产力的目的。习近平总书记在论述共享发展理念时说，邓小平同志多次强调共同富裕，江泽民同志强调"实现共同富裕是社会主义的根本原则和本质特征，绝不能动摇"，胡锦涛同志也要求"使全体人民共享改革发展成果，使全体人民朝着共同富裕的方向稳步前进"⑤。这说明，习近平总书记对中国共产党人实现共同富裕的追求，有着刻骨铭心的记忆。党的十九大报告在部署现代化经济体系建设时，重申

① 《习近平谈治国理政》第 1 卷，外文出版社 2018 年版，第 10 页。
② 《十九大以来重要文献选编》上，中央文献出版社 2019 年版，第 9 页。
③ 《邓小平文选》第 3 卷，人民出版社 1993 年版，第 373 页。
④ 《习近平谈治国理政》第 1 卷，外文出版社 2018 年版，第 92 页。
⑤ 《习近平谈治国理政》第 2 卷，外文出版社 2017 年版，第 215 页。

"解放和发展社会生产力,是社会主义的本质要求"①;在界定新时代的内涵时,强调新时代是"逐步实现全体人民共同富裕的时代"。②

社会主义市场经济理论的深化。社会主义市场经济是我国经济体制改革的方向,邓小平、江泽民、胡锦涛对于如何建立社会主义市场经济体制进行了探索和实践,其理论成果成为中国特色社会主义理论体系的主体内容之一。党的十八届三中全会通过的《中共中央关于全面深化改革若干重大问题的决定》,要求"紧紧围绕使市场在资源配置中起决定性作用深化经济体制改革"③,确立了市场在资源配置中的决定性地位。事实上,经济体制改革的核心是处理好政府和市场的关系,既要使市场在资源配置中起决定性作用,又要更好发挥政府作用。对此,习近平总书记指出:"市场配置资源是最有效率的形式。市场决定资源配置是市场经济的一般规律,市场经济本质上就是市场决定资源配置的经济。"与此同时,习近平总书记又强调:"市场在资源配置中起决定性作用,并不是起全部作用","发展社会主义市场经济,既要发挥市场作用,也要发挥政府作用,但市场作用和政府作用的职能是不同的"。④ 这就矫正了单纯强调和过度推崇市场决定性作用所带来的偏颇,深化和发展了对社会主义市场经济的认识。

社会主义初级阶段基本路线的拓展。党的十三大确立了党在社会主义初级阶段的基本路线,成为习近平新时代中国特色社会主义思想的重要理论支撑。习近平总书记指出:"党在社会主义初级阶

---

① 《十九大以来重要文献选编》上,中央文献出版社 2019 年版,第 25 页。
② 《十九大以来重要文献选编》上,中央文献出版社 2019 年版,第 8 页。
③ 《十八大以来重要文献选编》上,中央文献出版社 2014 年版,第 512 页。
④ 《十八大以来重要文献选编》上,中央文献出版社 2014 年版,第 499、500 页。

段的基本路线是党和国家的生命线。我们在实践中要始终坚持'一个中心、两个基本点'不动摇，既不偏离'一个中心'，也不偏废'两个基本点'"。① 这是习近平总书记对基本路线核心内容的坚持。对于基本路线确立的奋斗目标，习近平总书记指出："按照现代化建设'三步走'的战略部署，建设富强民主文明和谐的社会主义现代化国家，是我们党和国家在整个社会主义初级阶段的奋斗目标。"② 这一奋斗目标在党的十九大报告中有了新的部署，"在基本实现现代化的基础上，再奋斗十五年，把我国建成富强民主文明和谐美丽的社会主义现代化强国"③，成为本世纪中叶的发展目标。如此，党在社会主义初级阶段基本路线的内涵得到拓展。

总之，习近平新时代中国特色社会主义思想既是中国特色社会主义理论体系的重要组成部分，又大大丰富和拓展了中国特色社会主义理论体系的主体内容和具体内容。

## （四）中华优秀传统文化的合理成分

文化的发展具有继承性、连续性，习近平新时代中国特色社会主义思想充分借鉴汲取了中华优秀传统文化的合理成分。对于中华优秀传统文化，习近平总书记作出了这样的基本判断："抛弃传统、丢掉根本，就等于割断了自己的精神命脉。博大精深的中华优秀传统文化是我们在世界文化激荡中站稳脚跟的根基。中华文化源远流长，积淀着中华民族最深层的精神追求，代表着中华民族独特的精神标识，为中华民族生生不息、发展壮大提供了丰厚滋养。"④ 基于

---

① 《习近平谈治国理政》第 1 卷，外文出版社 2018 年版，第 11 页。
② 《习近平谈治国理政》第 1 卷，外文出版社 2018 年版，第 12 页。
③ 《十九大以来重要文献选编》上，中央文献出版社 2019 年版，第 20 页。
④ 《习近平谈治国理政》第 1 卷，外文出版社 2018 年版，第 164 页。

这一认识，习近平总书记大量引用中华优秀传统文化的合理成分来表达新时代中国特色社会主义思想的具体观点，中华优秀传统文化的创造性转化、创新性发展，在习近平新时代中国特色社会主义思想的形成过程中得到了充分体现。

借鉴传统治国之道诠释国家治理方略。有国家就有国家治理，中国传统的国家治理积累了不少有价值的思想资源，习近平总书记汲取了其中可资借鉴的因素，来阐释治国理政的理念和思路。比如，他引用《国语》中的"令之不行，政之不立"，说明党中央要有权威、国家制定的方针政策要贯彻执行；引用北宋王安石的"立善法于天下，则天下治；立善法于一国，则一国治"，说明善法对于国家治理的重要性；借鉴古代中国德治传统，主张依法治国和以德治国相结合，要求"强化道德对法治的支撑作用"，"重视发挥道德的教化作用"。①习近平总书记还引用汉代王符的"大鹏之动，非一羽之轻也；骐骥之速，非一足之力也"，说明办好中国的事情，要依靠全体人民的力量；引用《管子·牧民》中的"政之所兴在顺民心，政之所废在逆民心"，强调一个政党、一个政权，其前途命运最终取决于人心向背。这些传统治国之道当代意义的阐释，一定程度上实现了中华优秀传统文化的创造性转化。

汲取传统行为之道诠释工作方法。如何行为处事，中华优秀传统文化留下了丰富的智慧。习近平总书记在诠释工作方法时，借鉴了其中的部分内容。比如，他引用明代庄元臣的"入山问樵，入水问渔"，说明具体问题具体分析，一切以时间、地点、条件为转移；引用《周易·系辞下》中的"穷则变，变则通，通则久"，说明面对经济发展新常态，观念上要适应、认识上要到位、方法上要对

---

① 《习近平谈治国理政》第2卷，外文出版社2017年版，第134页。

路、工作上要得力；引用《盐铁论·忧边》中的"明者因时而变，知者随事而制"，说明谋划和推动"十三五"时期我国经济社会发展，要将适应、把握、引领新常态作为贯穿发展全局和全过程的大逻辑；引用西晋陈寿的"明者防祸于未萌，智者图患于未来"，说明工作中要未雨绸缪、防微杜渐，做好应对任何形式的矛盾风险挑战的准备。结合实际工作对传统行为之道进行诠释，彰显了中华优秀传统文化的当代价值。

援用传统修身之道诠释修养方法。中华优秀传统文化重视修身，以修身作为治国平天下的起点。习近平总书记在阐释青年学生、领导干部的修身问题时，援用了传统修身之道。2014年5月4日，他在北京大学师生座谈会上的讲话，告诫青年要修德，加强道德修养，注重道德实践，认为道德对于个人、社会而言都具有基础性意义，做人做事第一位是崇德修身。他说："中国古代历来讲格物致知、诚意正心、修身齐家、治国平天下。从某种角度看，格物致知、诚意正心、修身是个人层面的要求，齐家是社会层面的要求，治国平天下是国家层面的要求。"[1] 习近平总书记还引用《礼记·大学》中的"所谓治国必先齐其家者，其家不可教而能教人者，无之"，要求各级领导干部带头抓好家风，教育好子女。传统修身之道，通过习近平总书记的引用和诠释，实现了创新性转化。

借助传统自然之道阐释人与自然关系。中华优秀传统文化倡导天人合一，要求顺应自然、善待自然，留下了丰富的思想资源。习近平总书记引用《论语》中的"子钓而不纲，弋不射宿"和《吕氏春秋》中的"竭泽而渔，岂不获得？而明年无鱼；焚薮而田，岂不获得？而明年无兽"，说明对自然要取之以时、取之有度；引用

---

① 《习近平谈治国理政》第1卷，外文出版社2018年版，第169页。

《荀子·天论》中的"万物各得其和以生，各得其养以成"，说明要尊重自然，实现人与自然和谐共生。习近平总书记绿色发展理念的形成，也借鉴了中华优秀传统文化的合理因素。

利用中华优秀传统文化阐释全面从严治党。中国共产党成长于中国文化的土壤，中华优秀传统文化对于党的建设具有借鉴意义。习近平总书记引用明代王守仁的"志不立，天下无可成之事"，说明理想信念对于政党兴衰的重要性；引用《吕氏春秋》中的"欲知平直，则必准绳；欲知方圆，则必规矩"，说明政治规矩和政治纪律对于规范党内政治生活的意义；引用唐代王勃的"浇风易渐，淳化难归"，说明净化政治生态同修复自然生态一样，需要综合施策；引用唐代杜甫的"新松恨不高千尺，恶竹应须斩万竿"，说明党的建设必须除恶务尽，以净化政治生态；引用《商君书·修权》中的"蠹众而木折，隙大而墙坏"，说明反腐倡廉必须常抓不懈。这说明，中华优秀传统文化可以转化为全面从严治党的思想资源。

引证中华优秀传统文化阐释大国外交方针。中华民族崇尚和平，以和为贵，中华优秀传统文化蕴含有助于当今国际关系处理的思想智慧。习近平总书记指出，中华文明历来崇尚"以和邦国""和而不同""以和为贵"，以此表明中国维护世界和平的决心不会改变。他引用西晋陈寿的"和羹之美，在于合异"，说明人类文明多样性是世界的基本特征，倡导人类文明交流互鉴，以建设一个开放包容的世界；引用《孟子·滕文公上》中的"物之不齐，物之情也"，说明各国国情不同，政治制度也应是独特的，世界上不存在适用于一切国家的政治制度模式；引用《荀子·大略》中的"善学者尽其理，善行者究其难"，说明人类命运共同体的目标，需要经历一代又一代人的努力才能实现。

总之，马克思主义基本原理、毛泽东思想的精髓、中国特色社会主义理论体系的主体内容、中华优秀传统文化的合理成分，共同构成习近平新时代中国特色社会主义思想的理论渊源。当然，习近平总书记对于马克思主义、马克思主义中国化和中华优秀传统文化，不是简单沿袭或照搬，而是结合新时代的诉求实现了继承与发展、传承与创新的有机统一。①

## 三、习近平新时代中国特色社会主义思想形成的实践基础

理论来源于实践，任何理论的形成都有其实践基础，并随着实践的发展而发展。习近平总书记指出："实践发展永无止境，我们认识真理、进行理论创新就永无止境。"② 党的十八大以来中国特色社会主义的实践，改革开放以来中国特色社会主义的实践，中华人民共和国成立以来社会主义建设的实践，习近平总书记个人的实践经历和经验积累，是习近平新时代中国特色社会主义思想形成的实践基础。

### （一）党的十八大以来中国特色社会主义实践经验的升华

党的十八大之后，中国特色社会主义进入新时代，实践的领域得到拓展，实践的层次得到提升，实践的视野更为开阔，为习近平新时代中国特色社会主义思想的形成提供了有利条件。习近平总书

---

① 参见陈金龙：《习近平新时代中国特色社会主义思想的理论渊源》，《求索》2018年第 2 期。

② 《习近平谈治国理政》第 2 卷，外文出版社 2017 年版，第 34 页。

记在党的十九大报告中指出："五年来，我们党以巨大的政治勇气和强烈的责任担当，提出一系列新理念新思想新战略，出台一系列重大方针政策，推出一系列重大举措，推进一系列重大工作，解决了许多长期想解决而没有解决的难题，办成了许多过去想办而没有办成的大事，推动党和国家事业发生历史性变革。"① 党的十八大以来，中国特色社会主义实践取得了全方位、开创性成就，引发了深层次、根本性变革，是习近平新时代中国特色社会主义思想形成最直接的实践基础。

"五位一体"总体布局和"四个全面"战略布局实践经验的升华。党的十八大将生态文明建设纳入中国特色社会主义事业总体布局之中，形成了"五位一体"总体布局。党的十八大以来，经济建设、政治建设、文化建设、社会建设、生态文明建设整体推进，取得了明显成效，积累了丰富的实践经验，也证实了"五位一体"总体布局的科学性。正因为如此，"五位一体"总体布局被直接纳入习近平新时代中国特色社会主义思想之中。同时，党的十八大以来，全面建成小康社会、全面深化改革、全面依法治国、全面从严治党的实践，是以习近平同志为核心的党中央治国理政的战略重点，实践证实了"四个全面"战略布局的合理性。"四个全面"的实践经验升华为习近平新时代中国特色社会主义思想的核心内容，无论"八个明确"，还是"十四个坚持"，都包含"四个全面"的内容。

贯彻新发展理念实践经验的升华。发展是解决我国一切问题的基础和关键，党的十八届五中全会提出的创新、协调、绿色、开放、共享理念，分别针对发展动力、发展不平衡、人与自然关系、

---

① 《十九大以来重要文献选编》上，中央文献出版社 2019 年版，第 6 页。

发展内外联动、社会公平正义问题，实践证明是符合我国发展阶段性特征的科学发展理念，已成为全党全社会的共识，"坚持新发展理念"成为基本方略的内容之一。同时，为实现共享发展，党的十八大以来，以习近平同志为核心的党中央十分关注民生问题，以满足人民日益增长的美好生活需要，并提出精准扶贫、精准脱贫，实施脱贫攻坚工程，提高脱贫攻坚成效。党的十八大以来的五年，贫困人口减少6800多万人，易地扶贫搬迁830万人，贫困发生率由10.2%下降到3.1%。居民收入年均增长7.4%，超过经济增速，形成世界上人口最多的中等收入群体。正是基于这些实践经验，"坚持在发展中保障和改善民生"升华为基本方略。

人民军队建设和维护国家安全实践经验的升华。人民军队的建设和改革，是党的十八大以来的工作重点。无论军队反腐败、国防和军队现代化建设，还是军队改革和军民融合，都取得了显著成就，形成了军委管总、战区主战、军种主建新格局。基于人民军队建设的实践经验，新时代的强军目标成为"八个明确"的内容之一，"坚持党对人民军队的绝对领导"被纳入基本方略。党的十八大以来，针对国家安全面临的严峻形势，以习近平同志为核心的党中央高度重视国家安全工作，成立国家安全委员会，提出总体国家安全观，明确国家安全战略方针和总体部署，推动国家安全工作取得显著成效。由此，"坚持总体国家安全观"上升为基本方略。

中国特色大国外交实践经验的升华。党的十八大以来，随着中国国际地位的提升，我国的外交空间得到拓展，形成了全方位、多层次、立体化的外交布局，中国从世界舞台的边缘逐步走向世界舞台的中心，国际影响力、引领力、感召力增强。习近平总书记说："党的十八大以来，党中央在保持外交大政方针延续性和稳定性的基础上，积极运筹外交全局，突出周边在我国发展大局和外交全局中的重要作用，开展了一系列重大外交活动。"①"一带一路"倡议、"人类命运共同体"概念得到国际社会的认可，亚洲基础设施投资银行的成立与运作，G20 杭州峰会、"一带一路"国际合作高峰论坛、中国共产党与世界政党高层对话会的召开，金砖国家领导人厦门会晤的举行，提出尊重世界文明多样性，"以文明交流超越文明隔阂、以文明互鉴超越文明冲突、以文明共存超越文明优越"的主张，这些中国特色大国外交的实践，为习近平新时代中国特色社会主义思想的形成提供了经验积累与实践支撑。"坚持推动构建人类命运共同体"这一基本方略，就是中国特色大国外交实践经验的总结。

党的十八大以来党和国家事业发展各方面实践经验的积累，为习近平新时代中国特色社会主义思想的形成提供了丰富的实践资源。正是基于党的十八大以来实践经验的总结和升华，才有习近平新时代中国特色社会主义思想的形成。

## （二）改革开放以来中国特色社会主义实践经验的总结

习近平新时代中国特色社会主义思想的形成，既着眼于升华党的十八大以来中国特色社会主义的实践经验，也重视对改革开放以来中国特色社会主义实践经验的总结。"八个明确""十四个坚持"的形成，正是总结改革开放以来中国特色社会主义实践经验的结果。

改革开放以来发展道路的经验总结。我国改革开放的成功，关键在于开辟了中国特色社会主义道路。2013 年，习近平总书记在谈到中国道路时说："这条道路来之不易，它是在改革开放 30 多年的

---

① 《习近平谈治国理政》第 1 卷，外文出版社 2018 年版，第 296 页。

伟大实践中走出来的"①。具体来说，习近平总书记在阐释中国特色社会主义政治发展道路时，总结了改革开放以来政治发展的经验。他说，改革开放30多年来，中国经济实力、综合国力、人民生活水平不断跨上新台阶，不断战胜前进道路上各种世所罕见的艰难险阻，保持各民族共同团结奋斗、共同繁荣发展，中国社会长期保持和谐稳定，"这些事实充分证明，中国社会主义民主政治具有强大生命力，中国特色社会主义政治发展道路是符合中国国情、保证人民当家作主的正确道路"②。基于中国特色社会主义政治发展实践经验的总结，"坚持人民当家作主"成为基本方略。"坚持全面依法治国"也是基本方略之一。在谈到中国特色社会主义法治道路时，习近平总书记指出："改革开放以来，我们深刻总结我国社会主义法治建设的成功经验和深刻教训，把依法治国确定为党领导人民治理国家的基本方略，把依法执政确定为党治国理政的基本方式，走出了一条中国特色社会主义法治道路。"③ 这里实际上说明了改革开放以来依法治国的实践经验，为确立"坚持全面依法治国"基本方略提供了支撑。在谈到生态文明建设时，习近平总书记指出，改革开放以来，我国经济发展取得了历史性成就，"同时必须看到，我们也积累了大量生态环境问题，成为明显的短板，成为人民群众反映强烈的突出问题。比如，各类环境污染呈高发态势，成为民生之患、民心之痛"④。因此，"坚持人与自然和谐共生"这一基本方略，总结了改革开放以来发展的经验与教训。

改革开放以来发展动力的经验总结。中国的崛起得益于改革开

---

① 《习近平谈治国理政》第1卷，外文出版社2018年版，第39页。
② 《习近平谈治国理政》第2卷，外文出版社2017年版，第288页。
③ 《习近平谈治国理政》第2卷，外文出版社2017年版，第133—134页。
④ 《习近平谈治国理政》第2卷，外文出版社2017年版，第209页。

放，改革开放是推动当代中国发展的动力所在。没有改革开放，就没有当代中国的高速发展。2013 年 11 月，习近平总书记在论及推进改革的信心和勇气时说："35 年来，我们党靠什么来振奋民心、统一思想、凝聚力量？靠什么来激发全体人民的创造精神和创造活力？靠什么来实现我国经济社会快速发展、在与资本主义竞争中赢得比较优势？靠的就是改革开放。"[①] 习近平总书记对改革开放的肯定，正是基于改革开放取得的实践成效。在论及创新发展理念时，习近平总书记也总结了改革开放以来创新发展实践的经验。他指出："坚持创新发展，是我们分析近代以来世界发展历程特别是总结我国改革开放成功实践得出的结论"[②]。开放促进了改革，激发了改革活力。习近平总书记指出："改革开放以来，我们大踏步发展的一个重要特点就是对国际市场的充分有效利用。"[③] 习近平新时代中国特色社会主义思想对改革开放的坚守，是对改革开放以来中国发展实践经验的总结。

改革开放以来发展目标设定的经验总结。改革开放以来我国实现现代化的重要经验，是对现代化的目标、步骤进行分解，如邓小平确立的"三步走"战略目标，勾勒了我国现代化的基本进程，并通过这些具体目标的实现，提升了我国现代化的程度和水平。党的十八大以来，以习近平同志为核心的党中央提出"两个一百年"的奋斗目标，党的十九大报告将第二个百年奋斗目标的实现分解为"两个阶段"，即在全面建成小康社会的基础上，到 2035 年基本实现社会主义现代化，到本世纪中叶建成社会主义现代化强国，这一

① 《习近平谈治国理政》第 1 卷，外文出版社 2018 年版，第 86 页。

② 《习近平谈治国理政》第 2 卷，外文出版社 2017 年版，第 201 页。

③ 《习近平谈治国理政》第 2 卷，外文出版社 2017 年版，第 247 页。

发展步骤的谋划和安排，充分吸收了改革开放以来对现代化过程实行目标管理、以目标引领现代化进程的实践经验。

改革开放方法的经验总结。全面深化改革需要方法的指导，习近平总书记在指导全面深化改革的实践时，充分总结了改革开放以来的实践方法。2012 年 12 月，习近平总书记在主持十八届中共中央政治局第二次集体学习时指出："历史、现实、未来是相通的。历史是过去的现实，现实是未来的历史。要把党的十八大确立的改革开放重大部署落实好，就要认真回顾和深入总结改革开放的历程"，"认真总结和运用改革开放的成功经验"。他将这些经验概括为五个方面：改革开放是一场深刻革命，必须坚持正确方向；改革开放是前无古人的崭新事业，必须坚持正确的方法论；改革开放是一个系统工程，必须坚持全面改革；稳定是改革发展的前提，必须坚持改革发展稳定的统一；改革开放是亿万人民自己的事业，必须坚持尊重人民首创精神，坚持在党的领导下推进。[①] 因此，"坚持全面深化改革"这一基本方略所包含的改革开放方法论，是改革开放以来实践经验的总结。

党的建设的经验总结。中国特色社会主义最本质的特征是中国共产党领导，中国特色社会主义制度的最大优势是中国共产党领导，习近平新时代中国特色社会主义思想的这一重要判断，是总结改革开放以来党的建设经验得出的结论。他说："回过头来看，党的十一届三中全会以来，由于我们党重新确立了解放思想、实事求是的思想路线，始终高度重视抓作风建设，始终高度重视保持党同人民群众的血肉联系，全党精神面貌和作风状况焕然一新，为改革

---

① 《习近平谈治国理政》第 1 卷，外文出版社 2018 年版，第 67—68 页。

开放和社会主义现代化建设顺利推进提供了重要保障。"① 基于这一实践经验的总结，"坚持党对一切工作的领导""坚持全面从严治党"成为基本方略。

应当说，改革开放 40 多年的实践经验，是习近平新时代中国特色社会主义思想形成的肥田沃土，习近平新时代中国特色社会主义思想的形成，也彰显了改革开放实践经验的理论价值。

## （三）中华人民共和国成立以来社会主义建设经验的借鉴

现实由历史发展而来，习近平总书记在思考和回答"新时代坚持和发展什么样的中国特色社会主义、怎样坚持和发展中国特色社会主义"这一问题时，借鉴了中华人民共和国成立以来社会主义建设的经验。他在纪念毛泽东同志诞辰 120 周年座谈会上指出："改革开放前的社会主义实践探索，是党和人民在历史新时期把握现实、创造未来的出发阵地，没有它提供的正反两方面的历史经验，没有它积累的思想成果、物质成果、制度成果，改革开放也难以顺利推进。"② 中华人民共和国成立以来社会主义建设的实践，既为改革开放奠定了各方面基础，也为制定改革开放政策、突破改革开放难题提供了借鉴，成为习近平新时代中国特色社会主义思想形成的实践参照。

社会主义建设经验的借鉴。中华人民共和国成立后，以毛泽东为核心的党中央领导集体对社会主义建设道路进行了艰辛探索，其思想成果和实践经验为习近平新时代中国特色社会主义思想的形成

---

① 《习近平谈治国理政》第 1 卷，外文出版社 2018 年版，第 366 页。

② 习近平：《在纪念毛泽东同志诞辰 120 周年座谈会上的讲话》，《人民日报》2013 年 12 月 27 日。

提供了有益借鉴。在论及协调发展理念时，习近平总书记就充分借鉴了中华人民共和国成立后探索协调发展的实践经验。他指出："我们党在带领人民建设社会主义的长期实践中，形成了许多关于协调发展的理念和战略。新中国成立前后，毛泽东同志就提出了统筹兼顾、'弹钢琴'等思想方法和工作方法。"① 毛泽东《论十大关系》《关于正确处理人民内部矛盾的问题》等著作中包含的统筹兼顾思想，社会主义建设过程中对沿海和内地、工业和农业、经济建设和国防建设、中央和地方等关系处理的实践经验，成为协调发展理念形成的历史借鉴。中华人民共和国成立初期，毛泽东就开始谋求实现共同富裕。他说："现在我们实行这么一种制度，这么一种计划，是可以一年一年走向更富更强的，一年一年可以看到更富更强些。而这个富，是共同的富，这个强，是共同的强，大家都有份"②。习近平总书记在阐释共享发展理念时，引用了毛泽东的这一论述，来说明共同富裕的思想源头。

党的建设的经验总结。中华人民共和国成立后，中国共产党十分重视自身建设，在沿用战争年代行之有效做法的同时，进行了制度创新。中华人民共和国成立以来党的建设的实践经验，为新时代全面从严治党提供了启迪。习近平总书记在阐释党内监督问题时指出："党的八大规定任何党员和党的组织都必须受到自上而下的和自下而上的监督。"③ 他还说，"党的历史、新中国发展的历史都告诉我们：要治理好我们这个大党、治理好我们这个大国，保证党的团结和集中统一至关重要，维护党中央权威至关重要。"④ 因此，习

① 《习近平谈治国理政》第2卷，外文出版社2017年版，第205页。
② 《毛泽东文集》第6卷，人民出版社1999年版，第495页。
③ 《习近平谈治国理政》第2卷，外文出版社2017年版，第185页。
④ 《习近平谈治国理政》第2卷，外文出版社2017年版，第188页。

近平总书记关于党内监督、维护党中央权威思想的形成，汲取了中华人民共和国成立以来党的建设的实践经验。

维护世界和平的经验总结。中华人民共和国成立后，为维护世界和平进行了积极努力，和平共处五项原则得到国际社会的认可。习近平总书记在阐释新时代的外交方略时，借鉴了这方面的经验。他说："我们的和平发展道路来之不易，是新中国成立以来特别是改革开放以来，我们党经过艰辛探索和不断实践逐步形成的。我们党始终高举和平的旗帜，从来没有动摇过。在长期实践中，我们提出和坚持了和平共处五项原则，确立和奉行了独立自主的和平外交政策，向世界作出了永远不称霸、永远不搞扩张的庄严承诺，强调中国始终是维护世界和平的坚定力量。这些我们必须始终不渝坚持下去，永远不能动摇。"① 习近平总书记对中华人民共和国外交方针的坚持，表明了他对中华人民共和国外交实践经验的重视。在谈到周边外交时，习近平总书记同样借鉴了中华人民共和国成立后处理周边外交的经验。他说，新中国成立后，中国共产党历任领导集体"都高度重视周边外交，提出了一系列重要战略思想和方针政策，开创和发展了我国总体有利的周边环境，为我们继续做好周边外交工作打下了坚实基础"②。党的十八大以来处理周边外交的方针政策，蕴含中华人民共和国成立以来周边外交的实践智慧。

因此，习近平总书记在总结实践经验时，具有历史眼光，既关注当下的实践经验，也关注既往的实践经验，中华人民共和国成立以来的实践经验为习近平新时代中国特色社会主义思想的形成提供了重要参考。

---

① 《习近平谈治国理政》第 1 卷，外文出版社 2018 年版，第 248 页。
② 《习近平谈治国理政》第 1 卷，外文出版社 2018 年版，第 296 页。

## （四）习近平总书记长期的实践经历与经验积累

习近平总书记在基层工作的实践经历与经验积累，对于习近平新时代中国特色社会主义思想的形成具有奠基作用。习近平总书记在河北、福建、浙江工作期间抓改革、发展、民生、党的建设的实践经历，为习近平新时代中国特色社会主义思想的形成提供了经验积累。

改革的实践经历与经验积累。习近平见证和亲历了中国改革开放的全过程，改革什么、如何改革，是习近平一直在思考、探索的问题。1984年6月，习近平在谈及改革方法时说："改革既要积极、主动，又要稳妥、慎重"；"改革的步子要大、要稳。各部门、各行业要同步改革，互相促进。试点进行是个好办法，由一点到多点，由单项到综合，由局部到全局"。① 习近平在浙江工作期间，又多次谈到改革方法论。他说，改革要有"敢为天下先"的精神，解放思想，大胆地闯，大胆地试；改革要做好试点工作，在"大胆设想"的同时，还要"小心求证"；改革要讲究策略，注意方法，力求水到渠成；改革要坚持点上试验，面上推广，先易后难，先浅后深，因地制宜，不搞"一刀切"，不求"齐步走"。② 这些关于改革策略、方法的观点，习近平总书记在党的十八大以来指导全面深化改革的实践中得到了系统化、科学化。

发展的实践经历与经验积累。如何发展、如何协调发展过程中的各种关系，也是习近平在基层工作时一直思考和实践的问题。在正定工作期间，习近平就强调合理开发、节制使用资源，"以求自

---

① 习近平：《知之深　爱之切》，河北人民出版社2015年版，第170页。
② 习近平：《之江新语》，浙江人民出版社2007年版，第17页。

然界和人类社会的平衡"，"人类不能只是开发资源，而首先要考虑保护和培植资源"。① 在福建工作期间，习近平强调处理经济发展速度与经济效益的关系，"应该在追求更高效益的基础上来促进发展速度与经济效益的统一"，"把经济效益放在首位"。② 在浙江工作期间，习近平开始抓生态省建设，追求人与自然的和谐共处，强调既要 GDP，又要绿色 GDP；既要绿水青山，又要金山银山；GDP 快速增长是政绩，生态保护和建设也是政绩。在抓"平安浙江"建设时，强调处理改革发展稳定的关系，认为不能因为强调"平安"就放松改革与发展。这些实践经历与经验积累，为新发展理念的形成提供了实践素材。

解决民生问题的实践经历与经验积累。习近平的七年知青岁月，确立了他的群众观点，培养了他的群众感情。他在福建工作期间，就思考探索农民脱贫致富的方法，提出扶贫中要注意增强乡村两级集体经济实力。在浙江工作期间，习近平提出把帮扶困难群众摆到更突出的位置，"建立面对困难群体的长效帮扶机制"③。在他看来，"群众利益无小事"，"我们是党的干部，是人民的公仆，一定要把群众的安危冷暖挂在心上，以'天下大事必做于细'的态度，真心诚意地为人民群众办实事、做好事、解难事。"④ 这些实践感受，为习近平保障和改善民生重要论述的形成奠定了基础。

党的建设的实践经历与经验积累。习近平在基层工作时十分重视党的建设。他在正定工作期间，就强调"严肃党纪，必须把政治

---

① 习近平：《知之深　爱之切》，河北人民出版社 2015 年版，第 138 页。
② 习近平：《摆脱贫困》，福建人民出版社 1992 年版，第 92 页。
③ 习近平：《之江新语》，浙江人民出版社 2007 年版，第 4 页。
④ 习近平：《之江新语》，浙江人民出版社 2007 年版，第 26 页。

纪律的检查放在首位"，并明确了检查的重点。① 在浙江工作期间，习近平对于干部队伍建设提出了具体要求和做法，如"一把手"要有世界眼光和战略思维；"能否做到狠抓落实，是否善于狠抓落实，这是衡量领导干部作风、能力、水平的重要标志"②；解决矛盾和问题，就要深入基层、深入群众、拜群众为师，深入调查研究；领导干部是作风建设的主体，要有良好的精神状态，批评和自我批评要动真格。这些实践经历和经验积累，成为习近平全面从严治党重要论述的源泉。

习近平的基层实践经历与经验积累，成为习近平新时代中国特色社会主义思想形成的实践土壤。党的十八大以来，习近平总书记将原来思考、探索的问题系统化、科学化，实现理论上的升华，成为习近平新时代中国特色社会主义思想的有机组成部分。

习近平总书记在党的十九大报告中指出，新时代中国特色社会主义思想"是党和人民实践经验和集体智慧的结晶"③。习近平新时代中国特色社会主义思想凝聚了党的十八大以来、改革开放以来中国特色社会主义的实践经验，凝聚了中华人民共和国成立以来社会主义建设的实践经验，也凝聚了改革开放过程中习近平在基层工作的实践经历和经验积累。当然，如果将考察的时段放长远一些，习近平新时代中国特色社会主义思想的形成，借鉴了中国共产党成立以来的实践经验，借鉴了中华民族近代以来170多年的实践经验，也借鉴了国际社会的实践经验，这些相对间接的实践经验，对于习

---

① 习近平：《知之深 爱之切》，河北人民出版社 2015 年版，第 31 页。

② 习近平：《之江新语》，浙江人民出版社 2007 年版，第 32 页。

③ 《十九大以来重要文献选编》上，中央文献出版社 2019 年版，第 14 页。

近平新时代中国特色社会主义思想形成的作用，同样不能忽略。①

# 四、习近平新时代中国特色社会主义 思想的体系与地位

习近平新时代中国特色社会主义思想的理论主题、体系结构、基本特征和历史地位，展现了新时代马克思主义中国化的主题、内容、特点和地位。

## （一）习近平新时代中国特色社会主义思想的理论主题

习近平总书记在党的十九大报告中指出："中国特色社会主义是改革开放以来党的全部理论与实践的主题"②。这一判断就时间而言，是指改革开放以来；就空间来说，包括全部理论与实践。这意味着改革开放以来的实践，是坚持和发展中国特色社会主义的实践，改革开放历史要站在坚持和发展中国特色社会主义的高度来书写。同时，改革开放以来形成的中国特色社会主义理论体系，其主题也是坚持和发展中国特色社会主义。

中国特色社会主义进入新时代，向中国共产党人提出了新的时代课题，也就是"新时代坚持和发展什么样的中国特色社会主义、怎样坚持和发展中国特色社会主义"③。这一新的时代课题，成为习近平新时代中国特色社会主义思想的主题。党的十八大以来，正是

---

① 参见陈金龙：《习近平新时代中国特色社会主义思想形成的实践基础》，《广东社会科学》2018 年第 3 期。

② 《十九大以来重要文献选编》上，中央文献出版社 2019 年版，第 12 页。

③ 《十九大以来重要文献选编》上，中央文献出版社 2019 年版，第 13 页。

围绕这一时代课题，对坚持和发展中国特色社会主义的总目标、总任务、总体布局、战略布局和发展方向、发展方式、发展动力、战略步骤、外部条件、政治保证等基本问题进行理论创新，并对各方面的具体实践作出理论分析和政策指导，形成了习近平新时代中国特色社会主义思想。

## （二）习近平新时代中国特色社会主义思想的体系结构

党的十九大报告对习近平新时代中国特色社会主义思想的理论体系进行了基本勾勒，包括核心内容和基本方略两个方面。

习近平新时代中国特色社会主义思想的核心内容。习近平总书记在党的十九大报告中，以"八个明确"概括了新时代中国特色社会主义思想的核心内容。具体包括：明确坚持和发展中国特色社会主义，总任务是实现社会主义现代化和中华民族伟大复兴，在全面建成小康社会的基础上，分两步走在本世纪中叶建成富强民主文明和谐美丽的社会主义现代化强国；明确新时代我国社会主要矛盾是人民日益增长的美好生活需要和不平衡不充分的发展之间的矛盾，必须坚持以人民为中心的发展思想，不断促进人的全面发展、全体人民共同富裕；明确中国特色社会主义事业总体布局是"五位一体"、战略布局是"四个全面"，强调坚定道路自信、理论自信、制度自信、文化自信；明确全面深化改革总目标是完善和发展中国特色社会主义制度、推进国家治理体系和治理能力现代化；明确全面推进依法治国总目标是建设中国特色社会主义法治体系、建设社会主义法治国家；明确党在新时代的强军目标是建设一支听党指挥、能打胜仗、作风优良的人民军队，把人民军队建设成为世界一流军队；明确中国特色大国外交要推动构建新型国际关系，推动构建人类命运共同体；明确中国特色社会主义最本质的特征是中国共产党领导，中国特色社会主义制度的最大优势是中国共产党领导，党是最高政治领导力量，提出新时代党的建设总要求，突出政治建设在党的建设中的重要地位。①"八个明确"具有宏观性、战略性，回答和解决的是坚持和发展中国特色社会主义的总体性、全局性、战略性问题，是习近平新时代中国特色社会主义思想的主体，构成习近平新时代中国特色社会主义思想的核心内容。

新时代坚持和发展中国特色社会主义思想的基本方略。党的十九大报告将"十四个坚持"作为新时代坚持和发展中国特色社会主义的基本方略，是新时代坚持和发展中国特色社会主义的行动纲领和实践路径、实践要求。基本方略大致可以分为三个层次：一是涵盖坚持和发展中国特色社会主义各领域、各方面的总体实践要求，包括坚持党对一切工作的领导、坚持以人民为中心、坚持全面深化改革。二是涵盖中国特色社会主义"五位一体"总体布局的具体实践要求，包括坚持新发展理念、坚持人民当家作主、坚持全面依法治国、坚持社会主义核心价值体系、坚持在发展中保障和改善民生、坚持人与自然和谐共生。三是涵盖坚持和发展中国特色社会主义保障条件的实践要求，包括坚持总体国家安全观、坚持党对人民军队的绝对领导、坚持"一国两制"和推进祖国统一、坚持推动构建人类命运共同体、坚持全面从严治党。

改革开放以来，中国共产党相继提出了基本理论、基本路线、基本纲领、基本经验、基本要求，构成了中国特色社会主义的"五个基本"。其中，基本理论和基本路线是管长远的。相对而言，不同时期形成的基本纲领、基本经验、基本要求，有些内容已经随着实践和理论发展而发展。党的十九大报告提出的新时代坚持和发展

---

① 《十九大以来重要文献选编》上，中央文献出版社 2019 年版，第 13—14 页。

中国特色社会主义的基本方略，涵盖了此前提出的党的基本纲领、基本经验、基本要求的基本内容。如此，党的十九大报告强调全面贯彻基本理论、基本路线、基本方略，把"五个基本"简化为"三个基本"。基本方略既是贯彻落实习近平新时代中国特色社会主义思想的内在要求，也是习近平新时代中国特色社会主义思想的有机组成部分。

习近平新时代中国特色社会主义思想已初步形成一个完整的理论体系，其理论主题体现了对邓小平理论主题的继承和发展，其核心内容、基本方略体现了理论与实践、认识与方法、战略与战术的统一。

## （三）习近平新时代中国特色社会主义思想的基本特征

习近平新时代中国特色社会主义思想是继承与创新的统一，既继承了马克思主义、中国化马克思主义和中华优秀传统文化的精华，又立足新时代大胆进行理论创新，发展了21世纪中国马克思主义。习近平新时代中国特色社会主义思想具有强烈的问题意识、深厚的人民情怀、睿智的辩证精神、开阔的国际视野，彰显了当代中国马克思主义、21世纪马克思主义的主要特征。

强烈的问题意识。问题是时代的声音，党的十八大以来，习近平总书记治国理政的重要特点是敢于直面矛盾、化解矛盾，善于针对问题、解决问题，从不回避矛盾和问题。习近平总书记在中共中央召开的党外人士座谈会上指出，全面深化改革，"要有强烈的问题意识，以重大问题为导向，抓住重大问题、关键问题进一步研究思考，找出答案，着力推动解决我国发展面临的一系列突出矛盾和问题"①。改革就是要解决我国经济社会发展面临的突出问题。习近平新时代中国特色社会主义思想针对坚持和发展中国特色社会主义面临的实际问题进行了系统思考和回答，具有强烈的问题意识。比如，"四个全面"战略布局，是针对全面建成小康社会面临的障碍、全面深化改革需要解决的关键问题、全面依法治国的实践要求、全面从严治党的现实挑战而提出来的，具有明确的问题导向。又如，关于我国社会主要矛盾的表述，是针对我国发展不平衡不充分的问题而提出来的，体现了敢于面对问题的勇气与解决问题的担当。问题意识与问题导向，强化了习近平新时代中国特色社会主义思想对坚持和发展新时代中国特色社会主义实践的指导意义。

深厚的人民情怀。人民在习近平总书记的心目中具有崇高地位，认定"人民是历史的创造者，群众是真正的英雄。人民群众是我们力量的源泉"②，"人民对美好生活的向往，就是我们的奋斗目标"③。同时，习近平总书记一再强调："人民是党执政的最大底气，也是党执政最深厚的根基。"④ 党的十八大以来治国理政的实践，就是从人民反映最强烈的问题开始，无论是全面建成小康社会、全面深化改革，还是全面依法治国、全面从严治党，都是顺应人民群众诉求作出的理性选择。比如，在论及全面深化改革的出发点和着眼点时，习近平总书记强调："全面深化改革必须以促进社会公平正义、增进人民福祉为出发点和落脚点。这是坚持我们党全心全意为人民服务根本宗旨的必然要求。全面深化改革必须着眼创造更加公平正义的社会环境，不断克服各种有违公平正义的现象，使改革发

---

① 《习近平关于全面深化改革论述摘编》，中央文献出版社 2014 年版，第 38 页。

② 《习近平谈治国理政》第 1 卷，外文出版社 2018 年版，第 5 页。

③ 《习近平谈治国理政》第 1 卷，外文出版社 2018 年版，第 4 页。

④ 《习近平谈治国理政》第 3 卷，外文出版社 2020 年版，第 137 页。

展成果更多更公平惠及全体人民。"① 公平正义是人民对改革的期待，通过全面深化改革促进权利公平、机会公平、规则公平，让发展成果惠及全体人民。人民利益满足的程度，是评价改革成败的重要尺度。又如，我国社会主要矛盾着眼于人民日益增长的美好生活需要，彰显了以人民为中心的发展理念，表明了对人民利益、人民需要的高度关切。

睿智的辩证精神。习近平总书记重视辩证唯物主义的运用，强调"必须不断接受马克思主义哲学智慧的滋养，更加自觉地坚持和运用辩证唯物主义世界观和方法论，增强辩证思维、战略思维能力，努力提高解决我国改革发展基本问题的本领"②。习近平新时代中国特色社会主义思想充满了辩证法的智慧，对"四个全面"、"四个自信"、"五位一体"总体布局、五大发展理念等内在关系的揭示，蕴含着丰富的辩证法思想。比如，在论及改革方法时，习近平总书记既强调顶层设计，又主张"摸着石头过河"；既要求整体推进，又主张重点突破；既倡导胆子要大，又强调步子要稳；既关注改革方案实施的速度，又关注改革方案实施的质量。对于政府与市场的关系，习近平总书记在主持中共中央政治局第十五次集体学习时指出："在市场作用和政府作用的问题上，要讲辩证法、两点论，'看不见的手'和'看得见的手'都要用好，努力形成市场作用和政府作用有机统一、相互补充、相互协调、相互促进的格局，推动经济社会持续健康发展。"③ 这些关于全面深化改革的思想，都富有辩证精神。又如，在党的十九大报告中，习近平总书记指出："伟

---

① 《十八大以来重要文献选编》上，中央文献出版社 2014 年版，第 552 页。
② 《坚持运用辩证唯物主义世界观方法论　提高解决我国改革发展基本问题本领》，《人民日报》2015 年 1 月 25 日。
③ 《习近平谈治国理政》第 1 卷，外文出版社 2018 年版，第 116 页。

大斗争，伟大工程，伟大事业，伟大梦想，紧密联系、相互贯通、相互作用，其中起决定性作用的是党的建设新的伟大工程。"① 对"四个伟大"内在关系的揭示，也充满辩证精神和辩证色彩。

开阔的国际视野。习近平总书记在思考坚持和发展中国特色社会主义问题时，既能立足社会主义初级阶段的基本国情、发展中国家的国际地位，又具有开阔的视野，能以宽广的眼界谋划中国特色社会主义的未来发展，将中国问题置于全球背景下来思考，力求在解决中国问题的同时，为发展中国家现代化道路的选择提供借鉴，为人类问题的解决提供智慧。比如，"四个全面"战略布局是立足国情、针对中国经济社会发展的阶段性特征而提出的，具有鲜明中国特色，但它顺应了时代发展潮流和全球化的新趋势，具有国际视野和世界眼光。"四个全面"战略布局对于发展中国家的国家治理具有参考价值，对于全球治理和国际问题的解决具有借鉴意义，也是对人类文明发展道路的新探索、新贡献。2017 年 1 月，习近平主席在联合国日内瓦总部演讲时指出："当今世界充满不确定性，人们对未来既寄予期待又感到困惑。世界怎么了、我们怎么办？这是整个世界都在思考的问题，也是我一直在思考的问题。"② 中国特色大国外交致力于推动构建新型国际关系，推动构建人类命运共同体，就是习近平新时代中国特色社会主义思想对世界问题的思考和回答。

习近平新时代中国特色社会主义思想的特征，彰显了其科学性、人民性和实践性，这是赢得人民群众认可、国际社会认同的内在品质。

---

① 《中国共产党第十九次全国代表大会文件汇编》，人民出版社 2017 年版，第 14 页。
② 习近平：《共同构建人类命运共同体》，《人民日报》2017 年 1 月 20 日。

## （四）习近平新时代中国特色社会主义思想的历史地位

习近平新时代中国特色社会主义思想的历史地位，应置于马克思主义中国化的历史进程、中华民族伟大复兴的历史进程、世界社会主义运动的历史发展、人类思想发展的历史进程中来评价。

开辟了马克思主义中国化的新境界。习近平新时代中国特色社会主义思想，立足于新时代中国特色社会主义的实践进行理论创新，深化了对共产党执政规律、社会主义建设规律、人类社会发展规律的认识，既运用了马克思主义基本原理，又发展了马克思主义基本原理。如以人民为中心的思想，是对马克思主义关于人民群众是历史创造者原理的运用和发展；国家治理体系和治理能力现代化思想，是对马克思主义国家理论的运用和发展；将政治建设作为党的建设的统领，是对马克思主义党的建设理论的运用和发展。习近平新时代中国特色社会主义思想开辟了马克思主义中国化的新境界，是马克思主义中国化的最新成果，成为中国特色社会主义理论体系的有机组成部分。

实现中华民族伟大复兴的行动指南。实现中华民族伟大复兴是近代以来中华民族最伟大的梦想，需要科学的理论指导。只有科学的理论指导，才能确立民族复兴的具体目标，才能解决民族复兴过程中面临的各种问题，才能凝聚各方面的力量。习近平总书记在党的十九大报告中指出："中华民族伟大复兴，绝不是轻轻松松、敲锣打鼓就能实现的。全党必须准备付出更为艰巨、更为艰苦的努力。"[1] 正因为如此，党的十九大修改通过的《中国共产党章程》确立了习近平新时代中国特色社会主义思想的指导地位，强调习近平

---

① 《十九大以来重要文献选编》上，中央文献出版社 2019 年版，第 11 页。

新时代中国特色社会主义思想"是全党全国人民为实现中华民族伟大复兴而奋斗的行动指南，必须长期坚持并不断发展"①。如前所述，习近平新时代中国特色社会主义思想是基于新时代中国特色社会主义实践的理论创造，已形成了一个完整的理论体系，具有科学性、人民性、实践性等显著特征，经受了实践的检验，赢得了人民群众的支持，这是习近平新时代中国特色社会主义思想确立为指导思想的主要依据。将习近平新时代中国特色社会主义思想确立为指导思想，既实现了党的指导思想的与时俱进，又为实现中华民族伟大复兴提供了思想保障。

展现世界社会主义的生机和活力。习近平新时代中国特色社会主义思想开辟了中国特色社会主义的新境界，既推进了中国特色社会主义理论与实践的发展，又展现了世界社会主义的光明前景，为世界社会主义带来生机和活力。中国共产党肩负引领世界社会主义发展的历史重任，中国要为人类作出更大贡献，首先要为世界社会主义发展作出贡献。党的十九大报告指出，中国特色社会主义进入新时代，"在世界社会主义发展史上"具有重大意义。② 习近平新时代中国特色社会主义思想对于世界社会主义的发展具有引领作用，将进一步推动世界社会主义的发展，彰显社会主义制度的优越性。

奉献国际社会的中国智慧和中国方案。习近平新时代中国特色社会主义思想实现了对西方"历史终结论""文明冲突论"和西方中心主义的超越。美国学者弗朗西斯·福山认为，世界历史终结于资本主义，自由民主可能形成"人类社会形态进步的终点"与"人类统治的最后形态"。中国特色社会主义的成功与习近平新时代中

---

① 《中国共产党第十九次全国代表大会文件汇编》，人民出版社 2017 年版，第69 页。
② 《十九大以来重要文献选编》上，中央文献出版社 2019 年版，第9 页。

国特色社会主义思想所展现的社会主义前景，是对"历史终结论"无声的回应。美国学者塞缪尔·亨廷顿认为，冷战结束后，主宰全球的将是文明的冲突。习近平新时代中国特色社会主义思想所倡导的"共同、综合、合作、可持续的新安全观"，"开放创新、包容互惠的发展前景"，"和而不同、兼收并蓄的文明交流"，实现了对"文明冲突论"的超越。不少西方学者、政要认为，西方的发展道路是人类文明发展、人类社会演进的唯一道路，西方的今天就是世界的明天，盲目推崇西方模式、西方道路。中国道路的成功以事实表明，人类文明发展可以有而且也应该有另外的道路，不应该是西方模式一统天下，习近平新时代中国特色社会主义思想阐明了中国道路的内涵，实现了对西方中心主义的超越。习近平新时代中国特色社会主义思想彰显了中国特色社会主义道路自信、理论自信、制度自信、文化自信，是用中国概念、中国话语总结中国经验、表达中国主张、讲述中国故事的新时代中国化马克思主义，是奉献国际社会的中国智慧和中国方案。

习近平新时代中国特色社会主义思想是发展中的理论，随着中国特色社会主义实践的发展，习近平新时代中国特色社会主义思想也将进一步丰富和发展，成为更加完善、更加成熟的理论体系。

第七章

# 马克思主义中国化的
# 历史经验与当代启示

　　中国共产党自成立之日起，就确立马克思主义的指导地位，运用马克思主义的基本原理和马克思主义的立场、观点、方法，分析解决中国革命、建设、改革过程中面临的具体问题，形成了中国化马克思主义，并指导中国革命、建设、改革取得了成功。回顾马克思主义中国化的百年历程，总结马克思主义中国化的历史经验，对于开辟 21 世纪马克思主义中国化新境界富有启迪意义。

# 一、马克思主义中国化的历史地位

最近一段时期，学术界在谈到历史研究的视野与方法时，大历史观备受青睐和推崇。究其原因，在于大历史观能以宽广、深邃的视野观察历史，既有助于消解历史研究碎片化带来的弊端，也有助于揭示历史发展的进程、规律与趋势，更为客观地呈现历史、评价历史。习近平总书记在谈到五四运动研究时指出，要坚持大历史观，把五四运动放到中华民族5000多年文明史、中国人民近代以来170多年斗争史、中国共产党90多年奋斗史中来认识和把握。[①] 其实，评价马克思主义中国化的历史地位也应引入大历史观，将其置于马克思主义发展史、中华文明发展史、中国近现代历史、中国共产党历史、世界社会主义发展史、人类思想发展史的历史坐标、历史场景下来评价，才能充分展现马克思主义中国化的历史意义和历史地位。

## （一）马克思主义的当代价值彰显和创新发展

马克思主义中国化的历程，就是把马克思主义基本原理同中国具体实际、时代特征相结合，形成中国化马克思主义的过程。马克思主义中国化使马克思主义由"西方形态"转化为"东方形态"和"中国形态"，彰显了马克思主义的理论魅力和当代价值，大大丰富了马克思主义理论宝库。

---

① 《习近平在中共中央政治局第十四次集体学习时强调　加强对五四运动和五四精神的研究　激励广大青年为民族复兴不懈奋斗》，《人民日报》2019年4月21日。

　　马克思主义产生于西方社会土壤，就其理论来源而言，主要是西方思想的精华。但马克思主义的价值突破了地域限制，对全人类的解放具有指导意义。中国革命、建设、改革是在马克思主义指导下进行的，无产阶级通过革命取得政权、生产力决定生产关系、人民群众是历史的创造者、人类社会最终走向共产主义等马克思主义基本原理，为中国革命、建设、改革方针政策的制定提供了基本遵循。从实际出发、具体问题具体分析、矛盾分析法、辩证分析法等马克思主义基本方法，为中国革命、建设、改革的理论发展、实践创新提供了方法指引。中国革命、建设、改革的成功彰显了马克思主义的基本原理、基本方法、理论旨趣的当代价值，表征了马克思主义的科学性和真理性。

　　中国革命、建设、改革既为马克思主义的创新发展提出了诉求，也为马克思主义的创新发展创造了条件。中国革命、建设、改革过程中的实践探索、经验积累，为马克思主义中国化提供了素材。新民主主义革命理论、新民主主义社会理论、社会主义改造理论、社会主义建设理论、中国特色社会主义理论体系的创立，丰富和发展了马克思主义。特别是习近平新时代中国特色社会主义思想是当代中国马克思主义、21 世纪马克思主义，为马克思主义的当代发展拓展了空间和视野。

　　共产党执政规律、社会主义建设规律、人类社会发展规律，是马克思主义致力于探求和回答的问题。马克思、恩格斯所处的时代，由于共产党执政、社会主义建设未能成为现实，对三大规律的认识不可避免带有时代局限。列宁所处的时代，经历第一次世界大战之后，资本主义的弊端进一步暴露，共产党执政、社会主义建设有一定的实践经验积累，对三大规律的认识作出了重要贡献。随着中国共产党长期执政、中国特色社会主义实践经验的积累，"中国之治"和"西方之乱"的反差，中国共产党深化了对三大规律的认识，凝聚为马克思主义中国化的理论成果。比如，共产党执政要将生产力的发展放在首位，坚持以人民为中心的根本立场；社会主义建设要坚持党的集中统一领导，通过改革开放获得发展动力；构建人类命运共同体是人类社会发展的诉求。这些理论成果，深化了对三大规律的认识，创新和发展了马克思主义。

将马克思主义中国化置于马克思主义发展的历史进程来考察，既有利于彰显马克思主义的当代价值，又有助于展现中国化马克思主义在马克思主义发展史上的地位，呈现中国革命、建设、改革与马克思主义创新发展的互动关系。

## （二）中华文明的传承与创造性转化、创新性发展

中华文明源远流长，经过历史积淀而形成的中华优秀传统文化，植根在中国人内心，潜移默化地影响中国人的思想方式和行为方式，成为马克思主义中国化发生、发展的历史底蕴和文化支撑。

马克思主义中国化是在中华文明基础上发生的，中华文明是马克思主义中国化展开的文化底蕴。比如，改革开放过程中之所以强调独立自主，从社会主义初级阶段的基本国情出发选择发展道路，建设中国特色社会主义；改革开放之所以采取渐进式的行动策略，注重各种关系的协调与平衡；改革开放之所以对外来文化、外来经验采取包容态度，大胆引进和吸收；海外华侨华人之所以纷纷回国投资，或以其他方式效力祖国改革开放，说到底，中华文明所孕育的自强、务实、尚和、持中、兼容、爱国等中华优秀传统文化发挥了重要作用，由此彰显了中华优秀传统文化的当代价值和魅力。

马克思主义中国化在继承中华优秀传统文化的同时，实现了中华优秀传统文化的创造性转化、创新性发展，赋予中华优秀传统文

化生机和活力。毛泽东思想形成过程中，运用传统治学方法来诠释党的实事求是思想路线；运用传统治国主张诠释国家治理的"大仁政"与"小仁政"；运用传统的"百花齐放""百家争鸣"阐释文化发展方针；运用传统"贵和"思想倡导国家关系之和、民族关系之和、政党关系之和、人与人关系之和。如此，实现了中华优秀传统文化的创造性转化、创新性发展，赋予中华优秀传统文化新的生命力。习近平总书记在庆祝改革开放 40 周年大会上的讲话指出："以数千年大历史观之，变革和开放总体上是中国的历史常态。"①改革开放光大了中华民族变革、开放的历史传统，弘扬了中华民族的创造精神、奋斗精神、团结精神、梦想精神，实现了中华优秀传统文化的转化发展。

马克思主义中国化为中华文明积淀增添了新内容。马克思主义中国化的理论成果，中国共产党人在革命、建设、改革过程中所创造的中国道路、中国经验、中国方案、中国智慧，中国共产党和中国人民在革命、建设、改革过程中所孕育的革命精神，成为中华文明的新积淀、新标志，中华文明随着马克思主义中国化而得到发展。

### （三）开启中国近代历史的新篇章

近代中国的历史是屈辱的历史，也是谋求民族独立和人民解放、国家富强和人民幸福的历史。马克思主义中国化是在近代中国历史背景下展开的，开启了近代中国历史的新篇章。

近代中国的历史经验是推动马克思主义中国化的重要力量。中国先进知识分子之所以将马克思主义传入中国，就是为了在科学理

---

① 《十九大以来重要文献选编》上，中央文献出版社 2019 年版，第 738 页。

论指导下找到救国救民的道路，中国革命、建设、改革道路正是在马克思主义指导下接续探索的结果。邓小平在谈到改革开放时，多次提到近代中国落后挨打的经验。他说："总结历史经验，中国长期处于停滞和落后状态的一个重要原因是闭关自守。经验证明，关起门来搞建设是不能成功的，中国的发展离不开世界。"① 近代中国的历史经验是推动改革开放的重要力量。

马克思主义中国化洗刷了近代中国的屈辱。在马克思主义指导下，随着中国革命、建设、改革的成功，中华民族从被欺凌的境地，日渐接近世界舞台的中央，迎来了从站起来、富起来到强起来的伟大飞跃，改写了近代中国的历史。习近平总书记在庆祝改革开放 40 周年大会上的讲话指出，建立中国共产党、成立中华人民共和国、推进改革开放和中国特色社会主义事业，是"近代以来实现中华民族伟大复兴的三大里程碑"②。"三大里程碑"都是在马克思主义指导下取得的成功，由此彰显了马克思主义对于中国近代历史发展产生的深远影响。

## （四）党的指导思想的与时俱进

从思想维度来考察，中国共产党的历史是一部推进马克思主义中国化的历史。马克思主义中国化体现了中国共产党人的理论担当，实现了党的指导思想的与时俱进，赢得了中国革命、建设、改革的成功。

马克思主义中国化的历史进程，实现了两次历史性飞跃。以毛泽东为代表的中国共产党人，立足于"站起来"，把马克思主义基

---

① 《邓小平文选》第 3 卷，人民出版社 1993 年版，第 78 页。
② 《十九大以来重要文献选编》上，中央文献出版社 2019 年版，第 721 页。

本原理同中国革命和建设的具体实际、时代特征相结合，形成毛泽东思想，开启马克思主义中国化的历史进程。毛泽东思想集中阐释了新民主主义革命道路、社会主义革命道路、社会主义建设道路的科学内涵、实践要求，实现了马克思主义中国化第一次历史性飞跃。以邓小平、江泽民、胡锦涛为代表的中国共产党人，立足于使中华民族"富起来"，以解决温饱和全面建设小康社会为阶段性目标，在总结中华人民共和国成立以来正反两方面经验、国内外社会主义建设历史经验以及改革开放以来中国特色社会主义实践新鲜经验的基础上，科学回答了"什么是社会主义、怎样建设社会主义""建设什么样的党、怎样建设党""实现什么样的发展、怎样发展"等重大理论和实践问题，形成了邓小平理论、"三个代表"重要思想、科学发展观，成为中国特色社会主义理论体系的主体内容，实现了马克思主义中国化第二次历史性飞跃。中国特色社会主义进入新时代，如何实现由大到强，全面建成社会主义现代化强国，实现中华民族伟大复兴，成为摆在中国共产党人面前新的时代课题。以习近平同志为核心的党中央，立足于使中华民族"强起来"，以实现中华民族伟大复兴为时代担当，顺应新时代的发展诉求，从理论和实践结合上系统回答了"新时代坚持和发展什么样的中国特色社会主义、怎样坚持和发展中国特色社会主义"这一时代之问，创立了习近平新时代中国特色社会主义思想，以一系列具有原创性的新理念新思想新战略，实现了理论上的重大突破和创新，开辟了马克思主义中国化的新境界，写出了马克思主义中国化的新篇章，为马克思主义在 21 世纪的发展作出了原创性贡献。马克思主义中国化的两次历史性飞跃和新时代中国特色社会主义理论体系的发展，彰显了中国共产党人的理论创新、理论创造能力和发展马克思主义的责任担当。

马克思主义中国化的理论成果，实现了党的指导思想的与时俱进。继党的七大将毛泽东思想作为指导思想写进党章之后，党的十五大、党的十六大、党的十八大、党的十九大通过的党章，先后确立了邓小平理论、"三个代表"重要思想、科学发展观、习近平新时代中国特色社会主义思想的指导地位，使党的指导思想随时代而不断丰富和发展。

马克思主义中国化的理论成果，为中国革命、建设、改革提供了实践指南。在毛泽东思想指引下，新民主主义革命得以胜利、中华人民共和国得以成立、社会主义基本制度得以在中国确立，并建立了完整的国民经济体系，奠定了发展的基础，完成了"站起来"的历史任务。在中国特色社会主义理论体系指引下，国家的面貌、人民的面貌、中华民族的面貌发生了根本性变化，解决了温饱问题，达到总体小康水平，初步实现了"富起来"的发展目标。党的十八大以来，在习近平新时代中国特色社会主义思想指引下，党和国家事业发生了历史性变革，开启了"强起来"的时代。从"站起来""富起来"到"强起来"的伟大飞跃，彰显了马克思主义中国化的实践力量和中国化马克思主义的实践作用。

## （五）世界社会主义发展的中国智慧

马克思主义中国化，使世界社会主义运动由西方发展到东方，引领世界社会主义运动的样本由苏联模式发展为中国道路，并使世界社会主义运动走出了低谷，展现了世界社会主义的光明前景。

十月革命的胜利是社会主义在西方的实践，随后建立的社会主义国家仍主要集中在东欧。随着中国新民主主义革命胜利和社会主义改造成功，社会主义国家在东方建立起来，从而改变了世界政治力量的对比。马克思主义中国化一定程度上改变了世界格局，促进了世界社会主义阵营的发展壮大。

从十月革命胜利到苏联解体，世界社会主义运动以苏联模式为样本，各社会主义国家照搬苏联经验居多，独立探索偏少。中国共产党自苏共二十大之后开始独立探索社会主义建设道路，随着改革开放的推进，中国特色社会主义道路的内涵日渐清晰，中国成为世界社会主义的领头羊，中国道路、中国经验、中国智慧为世界社会主义国家提供了有益的启发和借鉴。

东欧剧变、苏联解体后，世界社会主义如何发展，这是社会主义国家正在探索和思考的问题，也是全球正在关注和讨论的问题。党的十九大报告指出，中国特色社会主义进入新时代，"意味着科学社会主义在二十一世纪的中国焕发出强大生机活力，在世界上高高举起了中国特色社会主义伟大旗帜"①，在世界社会主义发展史上具有重大意义。中国特色社会主义的成功，驱散了世界社会主义的阴霾，使世界社会主义走出困境，昭示世界社会主义的光明前景。中国特色社会主义的成功，使中国成为21世纪科学社会主义的理论策源地、实践探索地、制度创新地，成为世界社会主义发展的中流砥柱。

## （六）人类思想宝库的积淀与拓展

马克思主义是人类思想的精华，马克思主义中国化既拓展了人类思想宝库，也诠释了人类文明发展规律。

纵观人类思想史的长河，才能透视出马克思主义的历史地位。习近平总书记在纪念马克思诞辰200周年大会上的讲话指出："马克思的思想理论源于那个时代又超越了那个时代，既是那个时代精

---

① 《十九大以来重要文献选编》上，中央文献出版社2019年版，第7—8页。

神的精华又是整个人类精神的精华。"① 评价马克思主义的历史地位，应置于人类思想精华的高度来评价。马克思主义中国化既展示了马克思主义作为人类思想精华的意义，又为人类思想宝库增添了新内容。无论是毛泽东思想，还是中国特色社会主义理论体系，在人类思想史上将占有重要地位。

随着国际地位的提升，中国从世界舞台的边缘逐渐走近世界舞台的中心，国际影响力、引领力、感召力增强，国际社会期待中国为全球治理作出更大贡献，习近平新时代中国特色社会主义思想蕴含全球治理的中国方案。在庆祝中国共产党成立95周年大会上，习近平总书记指出："中国将积极参与全球治理体系建设，努力为完善全球治理贡献中国智慧，同世界各国人民一道，推动国际秩序和全球治理体系朝着更加公正合理方向发展。"② 事实上，党的十八大以来，中国围绕全球治理提出了系列主张。

全球治理基本理念的确立。全球治理秉持何种理念和原则，直接关系全球治理的成效和国际秩序的建构。2015年10月，习近平总书记在主持十八届中共中央政治局第二十七次集体学习时指出："要推动全球治理理念创新发展，积极发掘中华文化中积极的处世之道和治理理念同当今时代的共鸣点，继续丰富打造人类命运共同体等主张，弘扬共商共建共享的全球治理理念。"③ 共商共建共享，意味着全球治理的事情大家一起商量办法，更加完善的全球治理体系大家一起建设，由此产生的全球治理成果由大家一起分享。在庆祝中国共产党成立95周年大会上，习近平总书记再次强调："什么

① 《十九大以来重要文献选编》上，中央文献出版社2019年版，第423页。
② 《习近平谈治国理政》第2卷，外文出版社2017年版，第41—42页。
③ 《推动全球治理体制更加公正更加合理 为我国发展和世界和平创造有利条件》，《人民日报》2015年10月14日。

样的国际秩序和全球治理体系对世界好、对世界各国人民好，要由各国人民商量，不能由一家说了算，不能由少数人说了算。"① 共商共建共享确立为全球治理基本理念，有利于维护国际社会的公平正义，有利于国际社会新秩序的建立。

全球治理重大问题的中国方案。和平与发展是全人类共同的愿望，是当今全球治理面临的重大问题。为解决和平与发展问题，习近平总书记提出构建"人类命运共同体"的倡议，得到国际社会的支持和赞同。2017 年 1 月，习近平主席在联合国日内瓦总部发表演讲时指出："让和平的薪火代代相传，让发展的动力源源不断，让文明的光芒熠熠生辉，是各国人民的期待，也是我们这一代政治家应有的担当。中国方案是：构建人类命运共同体，实现共赢共享。"② 构建"人类命运共同体"的倡议正在从理念转化为行动，写入联合国相关决议，对全球治理产生实质性影响。为解决和平与发展问题，中国提出"一带一路"倡议，得到沿线国家和国际组织积极响应和支持，对沿线国家经济发展的带动作用开始显现。因此，"一带一路"不是概念的倡导，而是全面务实合作的行动。

全球治理具体问题的中国方案。当今全球治理面临的问题日渐增多，习近平总书记针对全球治理面临的具体问题，提出了自己的主张。比如，全球治理体制变革正处在历史转折点上，随着全球性挑战增多，加强全球治理、推进全球治理体制变革已是大势所趋；全球经济治理体系必须反映世界经济格局的深刻变化，增加新兴市场国家和发展中国家的代表性和发言权；应该致力于构建创新、活力、联动、包容的世界经济，通过创新驱动发展和结构性改革，为

---

① 《习近平谈治国理政》第 2 卷，外文出版社 2017 年版，第 41 页。

② 《习近平谈治国理政》第 2 卷，外文出版社 2017 年版，第 539 页。

各国增长注入动力，使世界经济焕发活力。这些具体主张，对于推进全球治理体系变革与治理能力提升，富有建设性和指导性。同时，中国发起成立亚洲基础设施投资银行等新型多边金融机构，积极参与制定海洋、极地、网络、外空、核安全、反腐败、气候变化等新型领域治理规则，提出了中国的具体主张和解决方案。

中国化马克思主义揭示了人类文明发展规律。美国学者亨廷顿认为，冷战结束后，主宰全球的将是文化之间或文明之间的冲突，主要是目前世界七种文明（西方文明、儒教文明、日本文明、伊斯兰文明、印度文明、斯拉夫文明、拉丁美洲文明）的冲突，而伊斯兰文明和儒教文明可能共同对西方文明进行威胁或提出挑战。"文明冲突论"带有明显的美国中心主义色彩，也与中国历来倡导世界各种文明相互包容、兼收并蓄的精神相悖。党的十九大报告指出："要尊重世界文明多样性，以文明交流超越文明隔阂、文明互鉴超越文明冲突、文明共存超越文明优越。"① 这种新型文明观，迥异于"文明冲突论"。2014 年 3 月，习近平主席在联合国教科文组织总部的演讲指出："文明因交流而多彩，文明因互鉴而丰富。文明交流互鉴，是推动人类文明进步和世界和平发展的重要动力"；"只要秉持包容精神，就不存在什么'文明冲突'，就可以实现文明和谐"。② 这是对"文明冲突论"的直接回应。习近平新时代中国特色社会主义思想蕴含的文明观，是对"文明冲突论"的突破和超越。

马克思主义中国化形成的理论成果具有多方面的内容，从不同维度进行评价，才能认清马克思主义中国化的历史地位，彰显马克思主义中国化的理论意义和实践意义、本土意义和世界意义。

---

① 《十九大以来重要文献选编》上，中央文献出版社 2019 年版，第 41—42 页。
② 习近平：《在联合国教科文组织总部的演讲》，《人民日报》2014 年 3 月 28 日。

# 二、马克思主义中国化的历史经验

马克思主义中国化的宝贵经验，最根本的一条，是将马克思主义基本原理与中国具体实际、时代特征相结合，实现马克思主义中国化和中国经验马克思主义化。马克思主义中国化的宝贵经验，对于新时代增强开辟马克思主义中国化新境界的理论自觉、推进当代中国马克思主义和 21 世纪马克思主义的发展，具有重要启迪意义。

## （一）立足国情，贴近实际，使中国化马克思主义具有鲜明的本土特色

正确认识国情、把握实际，这是推进马克思主义中国化的前提。马克思主义创始人反对把他们的理论当作教条，强调基本原理的实际运用，"随时随地都要以当时的历史条件为转移"。中国共产党人在推进马克思主义中国化过程中，既反对脱离国情的教条主义，也反对否定理论指导作用的经验主义。毛泽东通过深入调查研究，认清中国国情，分析了半殖民地半封建社会和中华人民共和国成立后中国社会的特点，运用马克思主义基本原理解决了新民主主义革命、社会主义革命和社会主义建设过程中面临的具体问题。改革开放之后，中国共产党深化了对基本国情的认识，认定我国处于社会主义初级阶段，强调从中国实际出发，走中国特色社会主义道路，创立了中国特色社会主义理论体系。经过长期努力，中国特色社会主义进入新时代，社会主义初级阶段的基本国情没有变，但我国社会主要矛盾已发生变化，习近平新时代中国特色社会主义思想的形成，将马克思主义中国化推向新阶段。

正是立足基本国情，结合具体实际，马克思主义才得以在中国大地上开枝散叶，结出丰硕理论果实，并引发中华文明的深刻变革和中国面貌的深刻变化。

## （二）紧扣时代，与时俱进，使中国化马克思主义具有浓郁的时代气息

时代是理论之母，科学把握时代，认清时代主题和时代特点，是推进马克思主义中国化的基础。马克思主义诞生 170 多年来，人类社会发生了翻天覆地的变化，马克思主义在时代变迁中不但没有黯然失色，反而历久弥新，更加散发出真理的光芒，奥妙就在于马克思主义具有与时俱进的理论品质，随时代变化而发展。恩格斯曾说："我们只能在我们时代的条件下去认识，而且这些条件达到什么程度，我们就认识到什么程度。"[①] 马克思主义传入中国 100 多年来，尽管世界仍处于资本主义与社会主义两种制度并存、资本主义向社会主义过渡的时代，但时代主题和时代特点发生了重大变化。毛泽东思想是战争与革命时代的产物，中国特色社会主义理论体系是和平与发展时代的产物，都体现了时代主题、时代特点，顺应了时代诉求，带有浓郁的时代气息。中国特色社会主义进入新时代，和平与发展仍然是时代主题，但我国社会主要矛盾发展了变化，中华民族迎来了从站起来、富起来到强起来的伟大飞跃，世界正经历百年未有之大变局，习近平新时代中国特色社会主义思想正是在把握世界发展大势、应对全球共同挑战、维护人类共同利益的过程中创立并不断丰富发展的，体现了当今时代主题和时代特点。

---

① 《马克思恩格斯文集》第 9 卷，人民出版社 2009 年版，第 494 页。

## （三）借鉴传统，转化传统，使中国化马克思主义具有深厚的文化底蕴

中华民族创造了灿烂的古代文明，源远流长，未曾中断，为人类文明发展作出了重要贡献。马克思主义跨越百余年时空，从西方到东方，在中国焕发出强大生机活力，一个重要原因在于马克思主义与中华优秀传统文化相结合，赋予马克思主义民族形式，为马克思主义增添民族内容。中华优秀传统文化是中华民族的"根"和"魂"，它的丰富哲学思想、人文精神、教化思想、道德理念以及小康、大同的社会理想等，同马克思主义有相通契合之处，为实现马克思主义中国化提供了丰富的思想资源与文化滋养。比如，德治与法治相结合是传统的国家治理之道，这一传统为中华人民共和国的国家治理方式所传承。江泽民指出："法律和道德作为上层建筑的组成部分，都是维护社会秩序、规范人们思想和行为的重要手段，它们相互联系、相互补充。法治以其权威性和强制手段规范社会成员的行为，德治以其说服力和劝导力提高社会成员的思想认识和道德觉悟。"[1] 马克思主义传入中国之后，正是在与中华优秀传统文化的不断碰撞融合之中，开启了马克思主义中国化历程，形成了具有中国特色、中国风格、中国气派的马克思主义。无论是毛泽东思想、中国特色社会主义理论体系，还是习近平新时代中国特色社会主义思想，都大量吸收了中华优秀传统文化的精华，实现了中华优秀传统文化的创造性转化与创新性发展，使中华优秀传统文化重现生机和活力，也使中国化马克思主义获得了中华优秀传统文化的底蕴和支撑。

---

① 《江泽民文选》第 3 卷，人民出版社 2006 年版，第 91 页。

## （四）武装人民，服务人民，使中国化马克思主义具有广泛的群众基础

马克思主义是为人民谋幸福、为人类求解放的理论。马克思、恩格斯历来重视将理论与工人运动相结合，发挥马克思主义对工人运动的指导作用。马克思指出："批判的武器当然不能代替武器的批判，物质力量只能用物质力量来摧毁；但是理论一经掌握群众，也会变成物质力量。"[1] 马克思主义掌握群众、武装群众的过程，是马克思主义指导人民群众认识世界、改造世界，化为人民群众实践行动，变为物质力量的过程。脱离人民群众的实践，马克思主义将沦为"经院哲学"和"书斋理论"。中国共产党人在推进马克思主义中国化过程中，一方面能顺应人民群众的理论诉求，结合人民群众的实践需要，用通俗化、大众化的语言和形式，诠释、传播马克思主义理论，实现马克思主义通俗化、大众化，使马克思主义走向人民群众，指导人民群众的实践；另一方面能总结人民群众的实践经验、实践积累，从人民群众的实践中吸取养分和智慧。中国化马克思主义的形成和发展，是人民群众实践经验的总结和升华，离开人民群众的实践经验，中国化马克思主义就会成为无源之水、无本之木。人民群众在理解、接受和运用马克思主义的过程中，自身的理论素养、实践能力得到提升，成为中国革命、建设、改革的主体。

## （五）面向世界，博采众长，使中国化马克思主义具有开阔的世界视野

马克思、恩格斯是世界公民，马克思主义是世界历史的产物和

---

[1] 《马克思恩格斯文集》第 1 卷，人民出版社 2009 年版，第 11 页。

人类知识的结晶，是在批判吸收人类全部知识的基础上产生的。中国共产党人在推进马克思主义中国化过程中，能以世界眼光学习借鉴人类优秀文明成果，并结合中国实际加以创造性运用。比如，政治民主是世界的潮流，通过构建民主制度保障人民民主权利、满足人民民主诉求是世界通行的做法。中国通过健全民主制度、丰富民主形式、拓宽民主渠道，使各方面制度和国家治理更好地体现人民意志、保障人民权益、激发人民创造，确保人民依法通过各种途径和形式管理国家事务、经济文化事业和社会事务。如此，既保障了人民民主权利、反映了人民民主诉求，也顺应了民主化的世界潮流和发展趋势。又如，市场经济作为资源配置的有效方式，是人类文明发展的创造。市场经济既可以与资本主义结合，又可以与社会主义结合。改革开放以来，实现社会主义与市场经济的有机结合，将社会主义市场经济作为基本经济制度，这是借鉴人类文明的结果。强调市场在资源配置中的决定性作用，并不是说市场是万能的。市场主要反映眼前利益、局部利益，存在自发性和盲目性。我国在强调市场决定性作用的同时，要求发挥政府调控作用，对经济活动进行必要的调控，以弥补市场的不足，形成市场作用和政府作用有机统一、相互补充、相互协调、相互促进的格局，这是对马克思主义政治经济学的重大贡献。再如，法治兴则国兴，法治强则国强。综观世界历史，凡是顺利实现现代化的国家，都选择法治方式治理国家。相反，一些国家虽然一度实现经济社会快速发展，但并没有顺利迈进现代化的门槛，而是陷入这样或那样的困境，究其原因，很大程度上与法治不彰有关。改革开放以来，依法治国被确定为党领导人民治理国家的基本方略，依法执政被确定为党治国理政的基本方式，中国特色社会主义法律体系基本形成，依法治国成为国家治理的基本方式，依法治国的效能日渐彰显。① 习近平总书记指出："我们从来不排斥任何有利于中国发展进步的他国国家治理经验，而是坚持以我为主、为我所用，去其糟粕、取其精华。"② 同时，中国化马克思主义一经形成，又将影响人类文明发展进程。如习近平新时代中国特色社会主义思想对于世界社会主义发展、对于发展中国家走向现代化，具有一定借鉴和参考意义。

马克思主义中国化的历史经验，诠释了马克思主义中国化的具体要求和中国化马克思主义的理论品质，为开辟马克思主义中国化新境界提供了方法指引。

# 三、马克思主义中国化的当代启示

回顾马克思主义中国化的百年历程，总结马克思主义中国化的历史经验，目的在于继续推进马克思主义中国化，以发展当代中国马克思主义、21 世纪马克思主义。

## （一）与时代同步伐，关注和回答时代提出的重大课题

时代是思想之母，时代催生理论，任何理论的产生及其发展，都植根于深刻的时代背景。中国特色社会主义进入新时代为马克思主义中国化提供了新动力、确立了新坐标、创造了新条件，成为马克思主义中国化的新机遇。同时，新时代国际社会出现了新特点，

---

① 参见陈金龙：《论中国制度优势形成的内在机理》，《湖湘论坛》2020 年第 3 期。
② 习近平：《坚持和完善中国特色社会主义制度　推进国家治理体系和治理能力现代化》，《求是》2020 年第 1 期。

如世界经济复苏乏力、局部冲突和动荡频发、全球性问题加剧、逆全球化思潮泛起，以及新冠肺炎疫情的蔓延加剧了国际社会的矛盾和冲突。世界怎么了、人类社会向何处去，这是国际社会亟待回答的问题。时代的更替不易，但时代主题和时代特点在不断变化发展，我们要善于聆听时代声音，与时代同步伐，及时回答时代提出的重大课题，立时代潮头，发时代先声，才能开辟马克思主义中国化的新境界，发展当代中国马克思主义、21世纪马克思主义。

## （二）以问题为导向，关注和回答实践提出的重大问题

实践是理论之源，马克思主义中国化必须面向实践，及时回答实践中提出的重大问题，才能找到马克思主义中国化的突破口和生长点。马克思主义中国化的每一次重大发展，都离不开实践诉求与实践经验的总结。马克思主义是真理，但必须在回应问题、解决问题的过程中彰显真理的力量。发展当代中国马克思主义、21世纪马克思主义，必须立足社会主义初级阶段的基本国情，面向当代中国的具体实践，以问题为导向，关注和回答实践提出的重大问题，用发展着的实践推动马克思主义的发展。问题是时代的声音，新时代中国特色社会主义的实践有诸多问题需要解决。比如，发展不平衡不充分的问题如何解决，如何全面深化改革、扩大开放的领域和视野，如何实现国家治理体系与治理能力现代化，如何实践新发展理念，如何构建新发展格局，如何统筹安全与发展，如何推动构建人类命运共同体，回答这些问题，将促进马克思主义中国化的发展。

## （三）与人民共命运，总结和升华人民群众的实践智慧

人民是马克思主义中国化的主体之一，人民群众的理论诉求是推动马克思主义的重要力量，人民群众的实践智慧是马克思主义中

国化的理论来源。马克思主义中国化的生命力扎根于人民群众的实践之中，新时代发展当代中国马克思主义、21世纪马克思主义，必须与人民同呼吸共命运，既要顺应人民群众的理论诉求，发挥人民群众的主体作用，推动马克思主义通俗化、大众化，又要善于总结和升华人民群众的实践创造和实践智慧，形成马克思主义中国化新成果。

### （四）以传统为底蕴，实现中华优秀传统文化的创造性转化、创新性发展

中华优秀传统文化是马克思主义中国化的文化根基和文化土壤，实现马克思主义与中华优秀传统文化的结合，既有利于中华优秀传统文化的创造性转化与创新性发展，也有利于中国化马克思主义民族形式、中国特色的形成。发展当代中国马克思主义、21世纪马克思主义，必须坚持不忘本来、吸收外来、面向未来，以传统为底蕴，实现马克思主义与中华优秀传统文化的创造性结合，以建构具有中国特色、中国风格、中国气派的马克思主义，既彰显中华优秀传统文化的当代魅力，又展现马克思主义的发展性和开放性。

### （五）以世界为关切，面向国际社会贡献中国智慧、提供中国方案

当今世界发展正经历百年未有之大变局，处于大发展大变革大调整时期，不稳定性、不确定性增加，世界社会主义运动、发展中国家现代化进程都面临各种挑战，西方发达资本主义国家也面临诸多发展困境。中国的发展成就让世界聚焦中国智慧，寻求中国的发展经验。新时代马克思主义中国化的重要使命就是推动中国经验马克思主义化，为解决人类问题贡献中国智慧、提供中国方案，让马

克思主义中国化焕发出强大生命力和创造力，以发展当代中国马克思主义、21 世纪马克思主义。

马克思主义中国化是中国共产党人永续接力的过程，与时代同步伐，以问题为导向，与人民共命运，以传统为底蕴，以世界为关切，诠释了新时代马克思主义中国化的基本方法，也是发展当代中国马克思主义、21 世纪马克思主义的基本途径。

中国共产党的百年历史，马克思主义中国化结出了丰硕的理论成果和实践成果，书写了人类历史上的精彩篇章。展望未来，立足中华民族伟大复兴战略全局和世界百年未有之大变局，深刻把握历史之变、时代之变、世界之变，马克思主义中国化将展现更为亮丽的画卷，创造人类历史新的奇迹。

# 参考文献

《马克思恩格斯文集》第1—10卷，人民出版社2009年版。

《马克思恩格斯选集》第1—4卷，人民出版社1995、2012年版。

《列宁选集》第1—4卷，人民出版社1995、2012年版。

《列宁专题文集（论资本主义）》，人民出版社2009年版。

《建党以来重要文献选编（1921—1949）》第1—26册，中央文献出版社2011年版。

《中共中央文件选集（1949年10月—1966年5月）》第1—50册，人民出版社2013年版。

《建国以来重要文献选编》第1—20册，中央文献出版社1992—1998年版。

《三中全会以来重要文献选编》上、下，人民出版社1982年版。

《十二大以来重要文献选编》上、中、下，人民出版社1986、1988年版。

《十三大以来重要文献选编》上、中、下，人民出版社1991、1993年版。

《十四大以来重要文献选编》上、中、下，人民出版社1996、1997、1999年版。

《十五大以来重要文献选编》上、中、下，人民出版社 2000、2001、2003 年版。

《十六大以来重要文献选编》上、中、下，中央文献出版社 2005、2006、2008 年版。

《十七大以来重要文献选编》上、中、下，中央文献出版社 2009、2011、2013 年版。

《十八大以来重要文献选编》上、中、下，中央文献出版社 2014、2016、2018 年版。

《十九大以来重要文献选编》上，中央文献出版社 2019 年版。

《毛泽东选集》第 1—4 卷，人民出版社 1991 年版。

《毛泽东文集》第 1—8 卷，人民出版社 1993—1999 年版。

《建国以来毛泽东文稿》第 1—13 册，中央文献出版社 1987—1998 年版。

《毛泽东年谱（1893—1949）》上、中、下册，中央文献出版社 2013 年版。

《毛泽东年谱（1949—1976）》第 1—6 卷，中央文献出版社 2013 年版。

《刘少奇论新中国经济建设》，中央文献出版社 1993 年版。

《刘少奇年谱（1898—1969）》上、下卷，中央文献出版社 1996 年版。

《周恩来选集》上、下卷，人民出版社 1980、1984 年版。

《瞿秋白文集（政治理论编）》第 1—8 卷，人民出版社 2013 年版。

《蔡和森文集》上、下卷，人民出版社 2013 年版。

《邓小平文选》第 1—3 卷，人民出版社 1993、1994 年版。

《邓小平年谱（1975—1997）》上、下册，中央文献出版社

2004 年版。

《邓小平思想年谱（1975—1997）》，中央文献出版社 1998 年版。

《陈云文集》第 1—3 卷，中央文献出版社 2005 年版。

《江泽民文选》第 1—3 卷，人民出版社 2006 年版。

《胡锦涛文选》第 1—3 卷，人民出版社 2016 年版。

《习近平谈治国理政》第 1—3 卷，外文出版社 2017、2018、2020 年版。

习近平：《摆脱贫困》，福建人民出版社 1992 年版。

习近平：《之江新语》，浙江人民出版社 2007 年版。

习近平：《知之深　爱之切》，河北人民出版社 2015 年版。

中共中央党史研究室：《中国共产党历史》第 1—2 卷，中共党史出版社 2011 年版。

中共中央宣传部：《习近平新时代中国特色社会主义思想学习纲要》，学习出版社、人民出版社 2019 年版。

高军编：《中国社会性质问题论战（资料选辑）》上、下册，人民出版社 1984 年版。

当代中国研究所：《新中国 70 年》，当代中国出版社 2019 年版。

陈先达等：《马克思主义基础理论若干重大问题研究》，经济科学出版社 2009 年版。

赵曜主编：《马克思列宁主义基本问题》，人民出版社 2002 年版。

顾海良主编：《马克思主义发展史》，中国人民大学出版社 2009 年版。

顾海良总主编：《马克思主义中国化史》第 1—4 卷，中国人民大学出版社 2018 年版。

李捷：《马克思主义中国化新飞跃是怎样到来的》，湘潭大学出版社 2019 年版。

龚育之：《党史札记末编》，中共党史出版社 2008 年版。

石仲泉：《我观邓小平》，中共党史出版社 2004 年版。

吴冷西：《中苏论战十年》，中央文献出版社 1999 年版。

金民卿：《马克思主义中国化的思想逻辑》，社会科学文献出版社 2018 年版。

金民卿：《马克思主义中国化研究文稿》，社会科学文献出版社 2018 年版。

秦宣：《中国特色社会主义史》上、下册，高等教育出版社 2009 年版。

秦刚主编：《中国特色社会主义理论体系》，中共中央党校出版社 2008 年版。

侯惠勤等：《马克思主义中国化理论创新 30 年》，中国社会科学出版社 2008 年版。

辛向阳主编：《中国特色社会主义道路研究》，河北人民出版社 2011 年版。

张维为：《中国震撼——一个"文明型国家"的崛起》，上海人民出版社 2011 年版。

韩保江：《中国奇迹与中国发展模式》，四川人民出版社 2008 年版。

赵剑英、吴波主编：《论中国模式》上、下卷，中国社会科学出版社 2010 年版。

江金权：《"中国模式"研究——中国经济发展道路解析》，人民出版社 2007 年版。

张宇:《中国的转型模式:反思与创新》,经济科学出版社 2006 年版。

陈金龙:《马克思主义中国化进程中的话语建构》,中山大学出版社 2020 年版。

〔英〕马丁·雅克:《当中国统治世界:中国的崛起和西方世界的衰落》,张莉、刘曲译,中信出版社 2010 年版。

〔美〕傅高义:《邓小平时代》,冯克利译,生活·读书·新知三联书店 2013 年版。

〔美〕亨利·基辛格:《论中国》,胡利平等译,中信出版社 2012 年版。

〔美〕爱德华·W. 萨义德:《知识分子论》,单德兴译,生活·读书·新知三联书店 2002 年版。

# 后　记

2021 年是中国共产党成立 100 周年，《马克思主义中国化一百年》是中共广东省委宣传部为庆祝中国共产党成立 100 周年组织编写的《中国共产党理论武装一百年丛书》之一。

本书是集体合作的成果，具体分工如下：第一章、第六章、第七章由华南师范大学马克思主义学院陈金龙撰写；第二章、第三章由华南师范大学马克思主义学院张鹏辉撰写；第四章由华南农业大学马克思主义学院杨亮撰写；第五章由华南师范大学马克思主义学院李丹撰写。全书由陈金龙拟定提纲，并负责统稿。

马克思主义中国化基本理论、历史进程、理论成果的研究，学术界已有丰厚积累，本书写作过程中参考和借鉴了学术界关于马克思主义中国化的相关研究成果。在此，谨向这些成果的作者、编者表示诚挚的谢意。

本书的研究和出版，得到中共广东省委宣传部、广东人民出版社的大力支持，在此谨向中共广东省委宣传部、广东人民出版社的领导表达虔诚的敬意。责任编辑字斟句酌，为本书的出版付出了艰辛的劳动，其专业精神令人感佩。

本书涉及的时间跨度大，史料浩如烟海，书中粗疏之处在所难免，敬请广大读者批评指正。

马克思主义中国化的实践在延展，马克思主义中国化的研究亦无止境。我们的团队将继续深化对马克思主义中国化历史、现实与基础理论的研究，为建构马克思主义中国化的学科体系、学术体系、话语体系贡献绵薄之力。

陈金龙

2021 年 5 月